新阶梯法学规划课程系列教材

侦查学原理

PRINCIPLES OF CRIMINAL INVESTIGATION

主 编 任惠华

撰稿人（以撰写章节先后为序）

任惠华 李 忆 马 兵

蔡艺生 王 颖

法律出版社
LAW PRESS · CHINA
北京

总　　序

教学质量是高等学校的生命线；重视教材建设，是提高教学质量的重要环节。早在2005年，教育部就以1号文件下发了《关于进一步加强高等学校本科教学工作的若干意见》，要求"加强教材建设，确保高质量教材进课堂……对发展迅速和应用性强的课程，要不断更新教材内容，积极开发新教材，并使高质量的新版教材成为教材选用的主体"，而且特别强调教材应当"具有中国特色、中国风格和中国气派"。教材是课程及教学内容的载体，是在校大学生获得知识的重要途径。教材的编写过程本身，有利于及时反映社会状况的最新变化和学术研究的最新成果，有利于改进教学方法、提高教学水平、增强科研能力。这都是对教学与科研的反思和总结。通过教材的编写，还可以促使教师总结教育教学规律，了解学生的知识需求，培养热爱教学和关爱学生的教育情怀，实现教师、教材与学生三者的有机联结与良性互动。

依法治国是党领导人民治理国家的基本方略，高等法学教育是国家法治发展的重要依托。我国高等法学教育大众化的快速推进，引发了人们对法学教育质量的疑虑，进而促使法学教育工作者深刻思索如何改革法学教学方式、如何完善法学课程体系等问题。法学教育必须适应法律职业对法律人在知识、能力等方面的实际需求，而法学教育的进一步改革和发展又必须以法学核心课程教材建设为基础。如果说法学核心课程的确立，是对我国法学教育历史经验深刻反思的成果，是对养成法学思维方式所需基本知识体系的科学总结；那么，编撰高质量的法学核心课程配套教材，就是目前高等法学教育工作者不可推卸的责任。

西南政法大学前身是1950年成立的以刘伯承元帅为校长的西南人民革命大学。1953年，以西南人民革命大学为基础，合并重庆大学、四川大学、贵州大学、云南大学、重庆财经学院的法律院（系）成立西南政法学院。1958年，中央公安学院重庆分院又并入我校。特殊的建校背景，使学校汇集了当时西南地区法学和法律界的主要资源，也因此被誉为"新中国政法类的西南联合大学"。在我校的发展历程中，先后经历了多次隶属关系变更。“文革”期间曾一度被迫停办。1977年，经中央批准恢复法学本科招生。1978年，经国务院批准为全国重点大学，是司法部部属政法院校中唯一的全国重点大学。1979年，开始招收法学硕士研究生，是改革开放以后全国首批硕士学位授权单位。1993年，被国务院学位委员会批准为博士学位授权单位。1995年，经原国家教委和司法部批准，更名为西南政法大学。2003年，被国务院学位委员会确定为全国首批法学一级学科博士学位授权点；同年，经人事部批准设立法学博士后科研流动站。2012年10月24日，教育部、重庆人民政府签署共建西南政法大学协议，教育部副部长杜玉波在共建合作协议签字仪式讲话中指出：“西南政法大学办学历史悠久，为国家培养和输送了众多优秀人才，推动了国家的法制昌明，被誉为‘新中国法学教育的黄埔军校’。”同年，西南政法大学同时入选教育部、中央政法委员会公布的应用型、复合型法律职业人才教育培养基地、涉外法律人才教育培养基地和西部基层法律人才教育培养基地等全部三类首批国家级卓越法律人才教育培养基地。

经过六十多年的建设，学校正在发展成为以法学为主，法学与政治学、经济学、管理学、文学等多学科协调发展的特色鲜明、优势突出的研究型高水平大学。学校与美国、英国、德国、法国、俄罗斯、加拿大、意大利、日本和泰国等国家以及我国香港、澳门和台湾地区的一些大学，建立了校际友好关系，进行广泛而深入的学术交流与合作。

高水平大学应当有高水平的教材。作为国内规模最大的法学人才教育培养基地，西南政法大学历来高度重视本科教学质量及本科教材建设，不仅培养了一大批具有较强教学研究能力的中青年学者，而且逐步形成了自己独具特色的教学模式和教材风格。面对新世纪新阶段法学教育的变化，学校做出积极反应，在提高本科教学质量方面，做出了更大的努力。学校在总结已有教材编写经验的基础上，广泛吸取国内外其他法学教材的长处，与法律出版社合作，编写出版本套教材，以践行我校法学教育理论性与实践性充分结合的办学理念，并积极努力为我国高等法学教育事业做出自己新的更大的贡献。

本套教材以发展着的马克思主义为指导，坚持社会主义法治理念，贯彻和实践科学发展观，遵循理论联系实际的原则，力求适应国内依法治国与构建和谐社会的新要求，适应国际经济全球化发展的新态势，准确把握现代法治精神，在吸纳国内外法学研究最新成果的基础上，树立精品意识与创新观念，按国家级规划教材的高标准致力于打造符合国家精品课程要求的品牌教材。为了确保编写质量，我校通过专家论证，由教材委员会遴选高水平教师主持本套教材的编写和修订任务，并在教材建设经费上给予了重点支持。我们对本套教材的特色要求是：通过对基本知识点的重点阐述，保证学生掌握基础理论；通过对学术前沿问题的介绍，拓展学生视野，启发学生思维；通过对基本技能训练的指导，提高学生处理法律事务和应对国家司法考试的能力；通过课后作业的问题设计，引导学生独立思考、深入研究。

本套教材主要作为高等学校法学专业本科教学用书，也可供报考法学各专业研究生复习备考使用。

西南政法大学教材委员会

2013 年 7 月

编写说明

“侦查学原理”是侦查学专业的必修课。随着新的历史时期侦查学理论研究的不断深入,该门课程的内容得到了极大的丰富和发展。为了适应新的形势下该门课程和教学需要,西南政法大学刑事侦查学院部分教师在广泛调研和不断探索的基础上,编写了该教材,并对教材的体系和内容进行了部分调整。《侦查学原理》分为上、下两篇,上篇论及的是侦查的概念、价值、功能、历史、原则等与侦查相关的一般问题,下篇阐释了侦查学的对象体系、学科性质、学科历史、基础理论等问题。《侦查学原理》由任惠华主编,李忆、马兵、蔡艺生和王颖参编。全书由主编提出大纲并审稿。参编人员分工如下:

任惠华:第一、二、三、四、八、十二、十三、十六章;

李　忆:第五、七、十四章;

马　兵:第六、九、十五章;

蔡艺生:第十章;

王　颖:第十一章。

全书由西南政法大学陈祥印教授审定。

由于各方面的原因,该教材中可能有许多疏漏甚至错误之处,全书的文风和体例也不尽一致,敬请各位读者批评、指正。

编者

目　　录

上　　篇

下　　篇

上　　篇

第一章 侦查概念

第一节 侦查的概念

侦查的概念是研究侦查的逻辑起点。侦查的概念具有多维性，既有字形和字义的含义，又有法律的规定，更有学理上的定位。

一、侦查的字义考证

（一）“侦”、“查”、“察”的字义辨析

1. 侦。“侦”在字形上由三部分组成：“人”、“匕”和“贝”。“侦”字最早见于《易经》中，据《辞源》称：侦，有两种含义：第一种是指问；第二种是指探伺。《辞海》称：侦，探伺；暗中察看。[1]《现代汉语词典》称：侦，暗中察看；调查；—探｜—查。[2]

孟康称“诇音侦”，而《辞源》却称：诇（音 xiòng），有两种含义：第一种是指告密；第二种是侦察，刺探。[3]《辞海》则称：诇（音 xiòng），侦察；刺探。[4]《现代汉语词典》称：诇，xiòng〈书〉刺探：—察（侦查）。[5] 可见，今人与古人考证“诇”字的字音有一定出入，但字义较为一致。

由上可见，古人多用“伺”来解释“侦”与“诇”。关于“伺”字，《辞源》称：

---

〔1〕《辞海》，上海辞书出版社 1989 年版，第 270 页。

〔2〕《现代汉语词典》，商务印书馆 1996 年版，第 1597 页。

〔3〕《辞源》（第 4 册），商务印书馆 1983 年版，第 2884 页。

〔4〕《辞海》，上海辞书出版社 1989 年版，第 441 页。

〔5〕《现代汉语词典》，商务印书馆 1996 年版，第 1415 页。

伺,侦察,等候。古通作“司”,或作“司见”。[1]《辞海》称:伺,侦候,探察,如伺便、伺机。[2]《现代汉语词典》称:伺,观察;守候,窥—|—隙|—机。[3]

从字义上看,“侦”与“诇”意指暗中或秘密的刺探、调查,观察、查看,强调其暗中或秘密的特点;而“伺”,则意指观察、候望,其暗中或秘密的特点不显著,因而表意刺探时,前面加“微”或“窥”来修饰。

2. 查、察。关于“查”字,《辞源》称:查,有五种含义。其中第二种含义是考察、检点,其余与侦查不直接相关。[4]《辞海》称:查,寻检,如查究、查核。[5]《现代汉语词典》称:查,检查;调查。[6]

关于“察”字,《辞源》称:察,有五种含义。其中,第一种为观察,第二种为考核、调查。其余含义与侦察不直接相关。[7]《辞海》称:察,有五种含义。第一种为细看、详审,第二种是考察、调查。[8]《现代汉语词典》称:察,仔细看;调查:观—|考—|—其言,观其行。[9]

显然,“查”与“察”字义基本相同,都有查看、观察、调查、查究、查究、查勘、查核之义,但二者在字义上都没有明显的暗中或秘密的特点。因而,它们与古代汉语中的“伺”的字义相似。

(二)“侦查”与“侦察”

关于“侦查”,古汉语中尚未见这一词条。关于“侦察”,《辞源》称:“侦察”,暗中察看。《后汉书九十 · 乌桓传》:“为汉侦察匈奴动静。”[10]可见这里是作军事术语。《辞海》称:侦察,“为获取军事斗争所需敌方或有关战区的情况而采取的措施。按任务范围分为战略侦察、战役侦察和战术侦察;按活动空间分为地面侦察,海上(水中)侦察和空中侦察;按活动方式分为武装侦查、技术侦查和谍报侦察。采用的主要手段有:观察、窃听、搜索、捕俘、战斗侦察、照

〔1〕《辞源》(第1册),商务印书馆1979年版,第192页。
〔2〕《辞海》,上海辞书出版社1989年版,第266页。
〔3〕《现代汉语词典》,商务印书馆1996年版,第1198页。
〔4〕《辞源》(第2册),商务印书馆1980年版,第1549页。
〔5〕《辞海》,上海辞书出版社1989年版,第1447页。
〔6〕《现代汉语词典》,商务印书馆1996年版,第131页。
〔7〕《辞源》(第2册),商务印书馆1980年版,第860页。
〔8〕《辞海》,上海辞书出版社1989年版,第1162页。
〔9〕《现代汉语词典》,商务印书馆1996年版,第132页。
〔10〕《辞源》(第1册),商务印书馆1979年版,第243~244页。

相侦察、雷达侦查、无线电侦听与测向、调查询问、搜集文件资料等”。[1]显然，现代意义上的“侦察”一词也是作为军事术语使用。

《辞源》中有关“诇”的词条有：“诇察”、“诇伺”、“诇逻”等词。诇察，意指侦查。[2] 诇伺，意指谍探。[3] 诇逻，意指侦察巡逻。其都是军事术语。

综观古汉语中有关“侦”或“诇”的词条，多数与军事斗争有关，其余则用于政治斗争术语，均不是法律术语。这显然与中国古代侦查体制融于政治、军事体系中而未能独立有重要的关系。由于历史的惯性，“侦察”这一术语作为军事术语沿用至今自然不足为奇，作为法律术语在今天使用显然是一种语言习惯上的继承。而“侦查”这一术语应该是在引进国外法律时，结合“侦”与“查”的字义组合起来的新词，其目的自然有将“侦查”这一法律术语与军事和政治分开的意愿。因而，“侦查”一词的生成与使用伴随着中国近现代法治发展的脉络，侦查为社会和法律所承认，也就蕴含着法治的精神。

而在司法实践中，无论使用“侦察”还是“侦查”，由于它们的词义相同而只是使用的习惯不同，因而都应是指刑事诉讼中对案件的侦办工作，其意指并无任何区别。同时，考虑到法律术语的严肃性与规范性，所有的法律（有关刑事诉讼中案件办理工作的法律）都应统一用“侦察”或“侦查”，而不能此法律用“侦查”，彼法律用“侦察”，或同一法律中混用“侦查”和“侦察”。在司法实践中，亦应作同样的规范用语工作。目前，《中华人民共和国刑事诉讼法》中统一使用“侦查”这一术语，而《中华人民共和国国家安全法》和《中华人民共和国人民警察法》中却“侦查”与“侦察”混用，公安机关和安全机关的一些部门规章和文件中也常常是“侦查”与“侦察”混用。

二、侦查的概念

法律术语都是从司法实践中来，经理论阐释被公认，由正式的法律明文规定加以确认后，方完成其成为标准的法律术语的历程。一般而言，对侦查概念的论析，应先从其学理解释入手，再到其法理解释。但由于我国现行《刑事诉讼法》中已有对侦查的概念的法理解释，国内各界对侦查的概念的学理解释也多是从《刑事诉讼法》中的这一界说演绎而来的。

---

〔1〕《辞海》，上海辞书出版社1989年版，第270页。

〔2〕《辞源》（第4册），商务印书馆1983年版，第2884页。

〔3〕《辞源》（第4册），商务印书馆1983年版，第2884页。

(一)侦查概念的法律规定

不同国家和地区的刑事诉讼法或侦查法规对侦查的法律规定因受不同的政治、文化、法律等背景的制约,表现出不同的侧重。

我国《刑事诉讼法》第 82 条第 1 项明文界定了侦查的概念:"侦查是指公安机关、人民检察院在办理案件过程中,依照法律进行的专门调查工作和有关的强制性措施。"这一概念强调了侦查是工作和措施。

我国台湾地区 1983 年"刑事诉讼法"第二编第一章第二节规定:"侦查为准备起诉之程序,故因决断是否提起公诉起见,应汇集决断时所必须之资料。"这一概念将侦查视为程序。

澳门 1996 年《刑事诉讼法典》第二部分第六卷第二编第 240 条规定:"侦查系指为调查犯罪是否存在、确定行为人及行为人之责任,以及发现及收集证据,以便就是否提起控诉作出决定而采取之一切措施之总体。"这一概念认为侦查是措施。

国外绝大多数国家关注侦查的具体内容,而很少有在法律中对侦查的界定。《英国 1996 年刑事侦查与起诉法》第二编首先规定:"侦查是指警察或其他负有查明案件情况义务的人所进行的为确定被告人是否犯有某项罪行或被告人是否有罪所进行的活动。"这一概念将侦查定位于活动。

(二)侦查概念的学理解释

我国学者们对侦查的界定多采取将"公安机关、人民检察院"改为"侦查机关"或"有侦查权的机关",此处显然犯了用"侦查"解释"侦查"的逻辑错误。或不具体指明侦查主体,以及作了其他相关的修饰,来对刑事诉讼法对侦查的界定加以演绎。例如,"刑事侦查,是指国家法律赋予有侦查权的机关在刑事诉讼活动中,为了查明案情,收集证据,揭露证实犯罪和揭发犯罪人,依照法律进行的专门调查工作和有关的强制性措施的总称。"[1] 又如,侦查是"刑事诉讼中为搜集证据、审查证据、揭露犯罪、查缉犯罪人以及追究刑事责任而进行的专门调查工作和有关的强制措施。在我国,侦查权由公安机关、国家安全机关和人民检察院行使,其他任何国家机关、团体和个人都无权行使"。[2]

日本理论界认为,"侦查是侦查机关以达到提起公诉及实行公诉为目的而

---

〔1〕 陈祥印主编:《刑事侦查学》,成都科技大学出版社 1997 年版,第 1 页。

〔2〕 《法学词典》,上海辞书出版社 1989 年版,第 613 ~ 614 页。

发现犯罪人和收集证据的程序”。[1] 这是基于“诉讼的侦查观”的侦查的概念。日本关于侦查结构的理论还有“弹劾的侦查观”和“纠问的侦查观”。弹劾的侦查观认为，侦查不过是侦查机关单独进行的审判准备活动，实行强制处分就是为了在审判时把被告人交送法院；纠问的侦查观认为，侦查是侦查机关调查被疑人的程序，强制处分也是为了这个目的。不同的“侦查观”的持有者对于侦查的界说也不同。

《简明不列颠百科全书》称，侦查（Criminal investigation），指研究犯罪和抓捕罪犯的各种方法的总和。[2] 美国侦查理论界有人认为侦查与民事调查无明确的界限。例如，有的学者认为，“侦查（也可译为调查）是用以将足以导致成功的刑事起诉或民事诉讼的事实发现、确定（指它们与一件违法事件有关联上），收集、保存，并随后作为证据准备于预期的法律程序的手段”。这是由当事人主义诉讼观支持的对抗制侦查模式下的侦查的界说。这种观点淡化了民事调查与侦查的界限，在刑事诉讼中将国家侦查机关和犯罪嫌疑人及其辩护人都视为当事人，主张当事人平等原则，不承认任何一方当事人有优于他方当事人的调查权（而事实上也有力量对比悬殊的现实存在）。

（三）侦查概念的确立

要确立侦查的概念，必须明确侦查的一些基本构成要素：

1. 侦查的主体。一般而言，侦查的主体资格必须由国家权力机构授予。从世界范围内看，各国法律都把侦查权授予了警察机关和检察机关，我国的《刑事诉讼法》也不例外。

2. 侦查的目的。不同的侦查模式下有不同的侦查观。侦查的最主要目的是查明案件情况，收集犯罪证据，揭露证实犯罪，揭发犯罪人。

3. 侦查的对象。侦查的对象是刑事案件，是与刑事案件有关的人、物、场所。只有被立案侦查的犯罪事件才是侦查的对象。从理论上而言，任何人、物、场所都有可能成为侦查的对象。

4. 侦查的内容。侦查的内容包括侦查机关采取的各种调查性措施和强制性措施。而侦查权的核心是刑事调查。

5. 侦查的性质。从不同的角度对侦查的性质可以有不同的解读。从程序

---

〔1〕 肖贤富主编：《现代日本法论》，法律出版社 1998 年版，第 462 页。

〔2〕《简明不列颠百科全书》，中国大百科全书出版社 1984 年版，第 669 页。

法的角度，侦查是诉讼准备程序，是由众多步骤组成的一个过程。从实体上看，侦查是一项工作，是一种活动，更是一些措施。

综上，可以认为，侦查是警察机关或检察机关为了查明刑事案件情况、收集犯罪证据而对与案件有关的人、物、场所采取的调查性措施和强制性措施。

第二节 侦查权的特点

一、侦查权的概念

(一)侦查权概念的种种表述

与对侦查的界定不同，世界各国的刑事诉讼法中皆有对侦查权的具体内容，如收集证据的手段、查缉犯罪嫌疑人的措施等方面的具体规定，但尚未见关于侦查权的法定概念，有关论著中对侦查权的表述多为一般性的界定。总的来说，大致有以下五种表述：

1. 从权力的性质及其内容方面进行的定义。如有的论著认为，侦查权是国家司法权的一部分，指依照法律进行专门调查工作和采用有关强制措施的权力。[1] 另有论著认为，侦查权是“依法对刑事案件侦缉查讯的权力。是国家追究犯罪人刑事责任的权力之一”。[2]

2. 从权力的任务及其内容方面进行的定义。有的论著认为，“侦查权是指依法收集证据，揭露和证实犯罪，查缉犯罪人，以及实施必要的强制性措施的权力”。[3] 另有论著认为，“侦查权是依照法律对刑事案件进行专门调查工作，以收集证据，查明犯罪事实和查获犯罪人，以及采取强制措施的权力”。[4]

3. 从权力主体、任务及其内容方面进行的定义。有论著认为，侦查权“是指在办理刑事案件过程中，法律赋予某些司法机关为发现并收集与案件有关和各种证据，揭露和证实犯罪，查获犯罪人，依法进行的专门调查工作和有关

---

〔1〕 曾龙跃主编：《中国检察百科辞典》，黑龙江人民出版社1993年版，第60页。

〔2〕 邹瑜、顾明主编：《法学大辞典》，中国政法大学出版社1991年版，第991页。

〔3〕 杨殿升、张若羽、张玉镶著：《刑事侦查学》，北京大学出版社1993年版，第14页。

〔4〕 参见杨春洗、高铭暄、马克昌、余叔通主编：《刑事法学大辞书》，南京大学出版社1990年版，第645～646页。

强制性措施的权力”。[1] 有人认为,“侦查权是指侦查机关在刑事诉讼活动中,为了查明案情、收集证据,揭露犯罪和揭发犯罪人,享有依照法律进行的专门调查工作和有关的强制措施的权力”。[2]

4. 从权力主体、目的、运作条件及其结果方面进行的定义。有的学者认为,“侦查权,本属公诉权作用之一种;唯二者各自独立并不互为终结”。[3] 并指出:“依一般之趋向,侦查权,宜归于警察,公诉权属于检察官,并为保障个人之自由,对于侦查权行使之方式,亦以法律加以限制……”[4]另有学者认为,“侦查权属于检察官、司法警官及司法警察,乃为实施侦查上之一切处分之权也,亦系公诉权作用之一种,受处分者应有服从之义务,故侦查机关行使侦查权有绝对性,不以刑罚权存在为必要,即知有犯罪嫌疑者,应实施侦查……”[5]

5. 从侦查权主体及其内容方面进行的定义。有的论著认为,侦查权是“依法实施侦查行为和采取有关的强制措施,搜集证据,查缉犯罪人,查明犯罪事实的权力。是国家侦查机关特有的法定权力”。[6] 有的论著认为,侦查权是侦查机关的调查取证权,采取强制措施权、预审权、依法移送起诉权,以及为了查获犯罪分子而必须采取的紧急措施、特殊措施权。并随后指出采取秘密调查手段,使用秘密力量和特殊技术方法等特殊措施权是有别于侦查权的“侦察权”,只有一些侦查机关有“侦察权”。[7]

上述各种表述,从不同方面给侦查权的概念进行了定义,都有其合理之处,但都不全面。

（二）侦查权概念的确立

科学地表述侦查的概念,是正确理解与完善侦查权问题的基础。

概念是反映客观事物的一般性和本质性特征的一种基本思维形式,侦查权的科学概念也必须反映侦查权的本质特征,即侦查权的概念应当既能把侦查权与其他权力区别开来,又能把侦查权与侦查的其他方面的内容区别开来。因此,应根据概念的科学性要求来分析、限定侦查权应当包括的内容。

---

〔1〕 刘复之主编:《中华人民共和国法律大辞书》,长春出版社 1991 年版,第 1312 ~ 1313 页。

〔2〕 杜树生著:“检察机关侦查权研究”,西南政法大学 1998 年硕士学位论文。

〔3〕 陈朴生著:《刑事诉讼法论》,台湾正中书局 1971 年版,第 142 页。

〔4〕 陈朴生著:《刑事诉讼法实务》,台湾海天印刷有限公司 1982 年版,第 269 页。

〔5〕 刁荣华著:《刑事诉讼法释论》(上册),台湾汉苑出版社 1978 年版,第 295 页。

〔6〕 参见公安部政治部编:《刑事侦察学导论》,警察教育出版社 1997 年版,第 207 ~ 208 页。

〔7〕 曾庆敏主编:《法学大辞典》,上海辞书出版社 1998 年版,第 1021 页。

1. 侦查权的概念中，应当包括侦查权的职能主体即侦查主体的内容。

前述的第一、第二种观点关于侦查权界定的表述中，都没有包含侦查主体的内容，而只指出了侦查权属于国家司法权的一部分。而就司法权而言，在多数域外国家是指法院对具体争讼事件适用法律及解释法律，以及确定权力义务关系的权力；在我国则泛指审判权、检察权、侦查权、刑罚执行权，[1]这些权能分别由不同机关的不同职能部门行使，且依照我国现行法律规定，有些权能存在交叉关系。因而，第三、第四、第五种观点对侦查主体的限定也不准确。侦查权的概念不对侦查主体加以明确，势必减少了侦查权的内涵，而扩大了侦查权的外延。因此，在承认侦查权属于国家司法权一部分的前提下，应在侦查权的概念中明确这种司法权的执行主体即侦查主体的内容。

2. 在侦查权的概念中，应当包括侦查权运作的限制条件的内容。

在前述第一、第二和第五种观点关于侦查权界定的表述中，都没有包含侦查权运作的限制条件的内容。侦查权是国家通过法律赋予侦查主体的权能，“但是一切有权力的人都容易滥用权力，这是万古不易的一条经验。有权力的人使用权力一直到遇有界限的地方才休止”。[2]侦查权作为国家司法权的一部分，其运作如果是任意的，就会出现滥用、泛化，危害社会和个人。因此，必须限定在什么阶段使用侦查权、为达何种目的使用侦查权和针对什么对象使用侦查权这三个条件。当今世界各国绝大多数都通过法律把侦查阶段纳入刑事诉讼程序，正是因为刑事诉讼程序在办理刑事案件中对权力的制约具有重要的意义。它是保护人身、财产及其他权益的重要手段，只有在严格的刑事诉讼程序的制约下，实现侦查的行为，尤其是强制侦查行为如搜查、拘留、逮捕等手段才不致被滥用。而且，侦查权不是在整个刑事诉讼过程中都可以使用的权力，这就涉及侦查的目的问题。侦查的目的主要是查明案件的全部情况，确定是否存在犯罪嫌疑和追究刑事责任的可能，在程序和实体上为起诉或不起诉做好准备。这一特定目的也决定了侦查权作用的特定对象。根据我国法律规定，侦查阶段被追诉的人称为“犯罪嫌疑人”，被追诉的事称为“犯罪事实”，联系犯罪嫌疑人和犯罪事实的是证据。依无罪推定原则，在法庭宣判前，犯罪

---

[1] 杨春洗、高铭暄、马克昌、余叔通主编：《刑事法学大辞书》，南京大学出版社 1990 年版，第 496 页。

[2] [法]孟德斯鸠著：《论法的精神》(上册)，张雁深译，商务印书馆 1961 年版，第 154 页。

和犯罪人都处于不确定的状态，那么侦查阶段被追诉的事应为案件的犯罪嫌疑事实，以有别于庭审后认定的犯罪事实。

3. 在侦查权的概念中，应当包括执行实现侦查权的手段的内容。

从前述第一、第二、第三和第五种观点对侦查权的界定可以看出，我国大陆学者主要是通过对《刑事诉讼法》所规定的“侦查”的诠释来界定侦查权的，这些表述都肯定了侦查权的专门性和强制性内容。如此界定，正是由于侦查手段的国家强制性和专门性体现了侦查权的强制性和专门属性，世界各国均无一例外地将强制的、专门的手段的执行权赋予侦查权的主体。但在具体表述上，前述第一、第二、第三和第五种界定中都采用列举的方法来描述侦查手段。其优点是便于人们通过对侦查权的界定直接了解侦查权的具体内容，但其明显的缺点是不够严谨和全面。应用“特定的侦查手段”加以概括，方能减少侦查手段的内涵、扩大其外延，使侦查权的概念更科学。

综上所述，侦查权是国家侦查机关和侦查人员为实现侦查目的，依法定的侦查程序，运用特定的侦查手段开展侦查活动的权力。

二、侦查权的性质

侦查权作为一种特殊职权，其特性是其权能确立与内容构成的基础，因此，有必要对侦查权的性质加以深入剖析和归纳。笔者认为，侦查权具有以下几个方面的重要属性：

（一）侦查权的阶级性和国家主权属性

马克思主义认为，犯罪是一种违反社会行为规范而且对社会具有严重危害性的行为，它和人类社会统治关系都产生于相同的条件，并且是“反对统治关系的斗争”。[1] 因而，自犯罪产生以来，代表统治利益的阶级和代表社会利益的阶级都同犯罪展开了不懈的斗争。随着社会的发展，犯罪的行为方式由简单向复杂演化，同犯罪作斗争已非个人和小群体的能力所能及，必须依赖全社会的整体合力和专司其职的权力主体方能行之有效。控制犯罪越来越成为统治阶级和全社会的共同利益，侦查职能的产生及其国家权力化就成为历史的必然。而作为国家权力的侦查权，必然由统治阶级所掌握并为统治阶级的利益服务，这就决定了侦查权鲜明的阶级性。例如，我国是人民民主专政的社会主义国家，决定了我国的侦查权具有鲜明的无产阶级性质，侦查权的行使

---

〔1〕《马克思恩格斯全集》（第3卷），人民出版社1972年版，第379页。

必须为无产阶级的利益服务，必须以工人阶级和广大人民的利益为出发点，控制犯罪，保障人权，以实现人民民主专政和无产阶级的历史使命。

侦查权作为国家权力的一部分，是国家主权的具体体现之一，其本质上是在一国之内进行的。任何一个主权国家都不能允许其他国家在本国领土内任意进行侦查活动，这是国际法公认的原则。所以，一旦某个国家遇到涉外因素的侦查，只能请求各该当事国予以国际侦查协助（以作为请求国侦查权的域外延伸）。这种互助既是请求国国家主权的体现，也是尊重被请求国国家主权的具体体现，互助双方处于平等地位。这种侦查互助与治外法权有本质的区别，因为治外法权的被缔约方实际上是处于主权（主要表现在司法权上）部分或全部丧失的地位。例如，鸦片战争后，帝国主义列强在中国各口岸、商埠建立的租界地设立了"会捕房"或"巡捕房"等行使侦查权的机构，就是对当时中国国家主权的粗暴践踏，是当时中国司法制度半殖民地半封建化的集中体现。

（二）侦查权的司法权和行政权双重属性

司法的意义即为狭义的法的适用，而狭义的法的适用的过程就是诉讼过程。侦查活动作为刑事诉讼活动的重要阶段，其目的是正确判明案件事实，最终为实现国家刑罚权的司法活动提供基础、创造条件；侦查活动的内容主要表现为调查、取证和揭露事实真相，是司法活动的重要组成部分，因而，侦查职能是司法职能的组成部分。此外，各国的侦查主体都是司法主体或准司法主体，侦查权均被视为司法权作用之一种。

由于侦查权能的任务是主动、持续地执行法律规范，调整侦查法律关系中的各种利益关系，实现法律尤其是刑事法律作为规范全社会成员行为准则的目的，因而这种权能具有执法权的性质。而执法权不同于严格意义上的司法，司法的任务在于适用法律，即运用法律处理各种利益纠纷，具有被动性，以"不告不理"为原则，如果没有纠纷或没有告发，就不能去"挖掘"纠纷或动员告发。[1] 侦查活动的任务除为适用法律做准备外，还包括维护社会秩序的内容，因而这种活动具有社会管理的特征，而行政管理正是行政权的重要任务；再从侦查权能的手段内容上看，大多与行政调查的手段一脉相承而异于法庭调查等纯粹意义上的司法手段；各国的侦查主体与治安主体都密不可分，既是由于历史的原因，更是由于侦查权能的实现必须以行政管理职能为基础。因此，侦

---

〔1〕 参见叶必丰："行政执法中若干问题析论"，载《法学》1997年第8期。

查权具有较大的行政权属性。

(三)侦查权的法定性和强制性

侦查权的取得及其运作都是由国家法律加以规定的。国家通过宪法、刑事诉讼法和其他法律赋予特定的主体以侦查权,承担侦查职能,非经授权的主体无权行使侦查权。侦查权的运作是刑事诉讼的组成部分,必须严格遵守刑法、刑事诉讼法及其他有关法律的规定,即侦查程序具有法定性。同时,侦查权运作的结果即侦查终结具有一定的法律效力:对于侦查终结移送起诉处分而言,该处分具有对犯罪嫌疑人和案件继续追诉的法律效力;对于侦查终结撤销案件处分而言,该处分具有结束本案程序,放弃对犯罪嫌疑人和案件追诉的法律效力。

侦查权的实施是以国家强制力为后盾的,在侦查活动中,查缉犯罪嫌疑人,搜集物证、书证等职权行为都可以借助国家强制力。侦查权的国家权力化就已表明侦查活动的非均势对抗性,这集中表现在国家通过法律明确赋予了侦查主体执行强制侦查手段的权力(如搜查、扣押、通缉、拘传、拘留、逮捕等),必要时甚至可以使用武器。因此,侦查权本质上具有强制性。即使在实行所谓“双轨制侦查”制度的国家,律师或民间侦探组织在办案过程中也无权使用搜查、拘传及其他强制侦查手段,若需使用,必须由国家侦查机关组织实施。[1]因此,侦查权的强制性是其与民间证据调查权相区别的重要标志。

(四)侦查权的专门性和独立性

侦查权作为国家追诉权,必须由专门机关的专门职能部门及其具有侦查员资格的侦查人员来执行这项权力,其他任何机关、团体和个人或侦查机关的非侦查职能部门及不具备侦查员资格的工作人员都无权行使侦查权,否则就是违法侦查。实现侦查权的手段是由国家法律专门规定并赋予侦查主体的,这些手段集专门性、强制性于一体,与民事调查或行政执法调查手段有显著的区别。侦查权的实现过程又是一种专门的职业技巧,是一种专门化的斗争艺术,侦查主体通过侦查策略的运筹,灵活地组织使用侦查措施和技术手段,形成对个案、类案和所有案件的特殊与一般、微观与宏观的侦破方法体系。

侦查权作为国家司法权的一部分,其权能独立是一个国家司法制度现代化程度的重要标志之一。只有保证侦查权的独立性,才能保证侦查权的专门

〔1〕 参见邹明理:“现代私人侦探组织若干问题初探”,载《侦查》1998年第3期。

性，也才能体现侦查权的法定性。我国《刑事诉讼法》第5条只规定了审判权、检察权独立，却无规定侦查权独立的对应条文。侦查权的独立性是由侦查的司法属性和特殊要求决定的，其基本含义是侦查主体依法独立行使侦查权，其他任何机关、团体和个人不得干涉。侦查权独立的意义体现在保障侦查主体严格司法、严格执法、不纵不枉、提高效率方面。在我国，由于特定的历史与现实条件，干预线索调查、干预立案、干预使用侦查手段和干预移送起诉的现象时有发生。上述干预侦查权的现象在职务犯罪侦查方面尤为突出。有些地方的党政部门的个别领导，对于自己管辖范围内犯了罪的党员或干部，不是依法交由专门机关侦查，而以组织调查取代专门机关的侦查。比如，有些地方的纪检部门、政法委就查办了一些贪污、受贿案件。[1] 这显然是越权的行为，在查清确为犯罪嫌疑之后，应交有管辖权的侦查机关立案侦查。又如，在一些新闻媒体披露的某些贪贿案件的侦破中，纪委书记当专案组长，把侦查机关置于从属地位，这属于违法侦查，这种违背法律程序干扰侦查的做法是有悖于法治精神的。某些党政领导批条子、讲人情干扰侦查权的现象更是常有的。当然，侦查权的独立性并不排除侦查权的行使要受到内部和外部的制约，接受党的领导、法律的监督和社会的监督。

（五）侦查权的主动性和职责性

侦查权作为国家追诉权，具有积极的主动性。首先，从侦查的发动（通常称提起侦查）程序看，“侦查之发生，并不以刑罚权已否存在为前提”。[2] 只要侦查主体对自行发现或者报案、举报、控告的犯罪嫌疑事件经判断认为有侦查的必要，就应开始侦查追诉活动，行使侦查权。由于侦查的提起与具体实施都是由侦查主体代表国家主动实行的，这就与刑事自诉、民事和行政诉讼由有关社会个体提起有根本的区别。其次，实现侦查权的手段具有主动性，侦查中使用的各种侦查手段是以主动进攻，查明犯罪嫌疑、收集证据、缉捕犯罪嫌疑人为直接目标指向的。最后，侦查权的地位具有主动性，侦查权以国家强制力为后盾，以同犯罪作斗争的正义使命为己任，得到国家和社会的支持。而作为对立面的犯罪分子则处于被动的、劣势的地位，即使是犯罪集团或黑社会组织，其能量与代表国家权力的侦查权相比，相差也是十分悬

---

〔1〕 参见张玉镶：“关于侦查的几个主要法律问题的思考”，载《中外法学》1998年第2期。

〔2〕 陈朴生著：《刑事诉讼法论》，台湾正中书局1971年版，第146页。

殊的。

侦查权既是职权,又是职责,它是不可放弃的。首先,侦查主体代表国家执行侦查权,决定了侦查主体并非侦查权完全意义上的处分主体,侦查处分权属于国家。而侦查主体只是执行主体,具有绝对不可放弃执行的义务,因而这种权力不同于普通权利主体的可以放弃的“权利”。其次,国家法律赋予侦查主体以侦查权,同时也就意味着侦查主体负有对犯罪的追诉职责。即只要符合启动侦查的条件,侦查主体就必须依法开展侦查活动,维护国家和社会的利益,忠实地履行自己的职责;否则,就是失职,应承担相应的法律责任。可见,侦查权的不可放弃性,既是由于国家权力的本质决定的,也是由于追诉职能的特性决定的。

三、侦查权确立的原则

(一)侦查权要依法授予

侦查权要依法授予,是指侦查权的获得要经由特定的机关依法定的程序赋予。也就是说,侦查权的主体资格必须合法。在我国,侦查权是由国家最高权力机关通过立法授予。1979 年,第五届全国人民代表大会第二次会议通过的《中华人民共和国刑事诉讼法》明确地将侦查权授予公安机关和人民检察院;1983 年,第六届全国人民代表大会常务委员会第二十三次会议通过的有关决定确立了国家安全机关的侦查主体资格;此后,全国人民代表大会及其常务委员会通过的《中华人民共和国监狱法》和作出的有关决定又相继授予监狱和军队保卫部门侦查权。目前,在我国只有上述通过国家最高权力机关授权的机关才享有开展侦查活动、实施刑事诉讼法所规定的侦查措施的权力,除此之外的一切机关都无权开展侦查。

侦查权是国家权力的重要组成部分,其范围覆盖全国甚至涉及境外(如国际侦查协作),其目的是代表国家实现刑事诉讼的控制犯罪与保障人权统一的目标,其强制性足以对公民的人身自由加以暂时剥夺或限制,对公民的财产权予以暂时剥夺,对公民的名誉权造成终身影响等。因此,侦查权的授予应是国家基本法律的内容,而非国家最高行政机关或最高司法机关以及它们的某一个部门制定的特别法或行政法规所能授予的,也非某一地方立法机关制定的法律所能予以确立的,更非某一政策性文件可以规范的。这是由侦查权在国家权力中的独特地位所决定的。

侦查权作为国家权力的一部分,也是国家主权的具体体现之一,其本质是在一国内进行。任何一个主权国家都不能允许其他国家在本国领土内进行侦查活动,这是国际法公认的原则。所以,一旦某个国家遇到涉外因素的侦查,只能请求各当事国予以国际侦查协作,以作为请求国侦查权的域外延伸。这种互助既是请求国国家主权的体现,也是尊重被请求国国家主权的反映,互助双方处于平等地位。这种侦查互助与作为治外法权的领事裁判权有着本质的区别。

(二)侦查权的确立不可泛化

如前所述,侦查权是一种国家司法权,它的行使往往涉及公民的人身权利和民主权利,因此,侦查权绝不能泛化,侦查权的主体资格要受到严格限制。世界各国立法机关大多将侦查权赋予了代表国家专政职能的警察机关和作为国家起诉机关的检察机关,这一立法精神非常明确,就是要严格限制侦查权的扩散,最大限度地控制侦查权的分布范围。这是世界范围内侦查权立法的基本趋势,也是刑事诉讼向文明化方向发展,强化其保护人权职能的反映。我国的《刑事诉讼法》顺应了这一世界潮流,根据我国侦查权立法的历史经验和新时期侦查权发展的客观需要,将我国的侦查权授予了公安机关、检察机关、国家安全机关、监狱和军队保卫部门。上述机关都是我国的刑事司法部门,有着长时期同犯罪作斗争的经验,拥有侦查权是合适的。

对侦查权主体资格的限制程度反映了一定历史时期社会文明和进步的状况。我国历史上某些时代所奉行的特务式统治就是侦查权泛化的集中体现。国民党统治时期,除了其警察机关和检察机关拥有法定侦查权外,党务机关(如“中统”)、军事机关(如“军统”)、行政机关、宪兵机关甚至基层组织都在广泛的范围内实际上行使着侦查权,以致形成了法西斯式的恐怖统治局面。

侦查权是否泛化不仅仅是立法限制的问题,还涉及侦查权主体内部侦查权的配置问题。笔者认为,具有侦查权主体资格的机关,其内部设置实施侦查权的机构和个人也应有着严格的限制,非侦查机构人员不得从事侦查。如公安机关作为侦查权主体,其内部政治侦查、经济侦查、刑事侦查、预审、禁毒、文化保卫、交通管理等部门具有侦查职能。此外,其所设置的许多行业公安机关(如民航、铁路、水上运输、林业、海关公安机关)和企业公安机关都承担着侦查的任务。这种机构设置模式反映了我国的社会历史要求,但怎样做到侦查权在内部的优化配置,保证侦查权的集中统一,仍是公安机关侦查体制改革中不可回避的问题。

（三）侦查权不可委托、转让和放弃

侦查权所蕴含的各种调查性措施和强制性措施都是法律手段，是国家权力的具体体现。基于侦查权的这种属性，侦查权主体只有执行侦查权的职责，而无处分侦查权的权力，即侦查权主体不可把执行侦查权的职责委托给非侦查权主体，或把自己执行侦查权的权力转让给非侦查权主体。例如，在侦查实践中，有些侦查机关有时因侦查力量不足，委托治安人员、基层保卫人员执行诸如讯问犯罪嫌疑人、搜查等侦查措施。这种做法有悖于侦查权运行的基本要求，不仅容易造成对侦查对象合法权利的不法侵害，而且其所获取的所谓“证据”因不符合法定证据的要求而无法在刑事诉讼中使用。

侦查权也不可取代。有些地方的党政部门的个别领导，由于缺乏法制观念，对于自己管辖范围内犯罪的党员或干部，用组织调查取代侦查机关的侦查，甚至直接办理贪污、贿赂案件。由于这些部门不具备侦查权主体的组织、人员和物质条件，加之必然与犯罪的党员或干部有党务或行政上的联系，因而常常使犯罪事件不了了之，或形成僵案，最后以党纪或行政处分代替刑事法律的追究。显然，这种取代侦查的做法不符合现代法治精神。

侦查权既是职权，又是职责，对于侦查权主体，侦查权不可放弃。首先，侦查主体代表国家执行侦查权，决定了侦查权主体并非侦查权完全意义上的处分主体，侦查处分权属于国家。而侦查权主体只是执行主体，具有绝对不可放弃执行的义务，因而，这种权力不同于普通权利主体的可以放弃的“权利”。其次，国家法律赋予侦查主体侦查权，同时也就意味着侦查主体负有对犯罪的追诉职责。即只要符合启动侦查的条件，侦查权主体就必须依法开展侦查活动，维护国家和社会的利益，忠实地履行自己的职责；否则，就应当承担相应的法律责任。可见，侦查权的不可放弃性，既是由国家权力的本质决定的，也是由追诉职能的特性决定的。

（四）侦查权不得滥用

侦查权主体依法行使侦查权是履行职务的活动，是代表国家意志而非代表个人意志的活动，体现的是国家意志而非个人意志。但是，由于侦查权的实施最终体现为侦查人员个人的行为，因此，侦查权的滥用在世界各国都会或多或少地有所表现。首先，表现为侦查主体绝对地追求揭露犯罪，查明案件真相，发现和缉捕犯罪嫌疑人，而忽视了对侦查对象合法权益的保护与尊重，不依法定条件和程序，滥拘、滥捕以及滥用其他可能侵犯被侦查对象合法权益的侦查措施。其次,表现为侦查权主体对侦查对象实行"有罪推定",而无视其合法权益,甚至进行刑讯逼供。这两种情况实际上是以刑事不法来对付盖然性的犯罪,是有悖于侦查法制精神的内在要求的。最后,表现为某些有侦查权主体资格的侦查人员搞所谓的"个人侦查",将侦查权用于办理自己或他人的非刑事诉讼活动范畴的事务,甚至以合法身份掩盖非法行为。例如,出于个人目的对他人非法绑架、拘留、非法拘禁、非法搜查等。上述种种表现有悖于侦查权的基本属性,是对侦查权的滥用。侦查权主体执行侦查权,必须在刑事诉讼活动中根据不同的条件情况,依法定程序进行。对于侦查人员滥用侦查权的行为,有关法律包括刑事法律都作了明确地禁止性规定。违反这些规定,应对侦查权主体给予相应的处分,直至追究刑事责任。

(五)侦查权的实施要受制约

侦查权是国家法律赋予侦查权主体的权能,"但是一切有权力的人都容易滥用权力,这是万古不易的一条经验。有权力的人们使用权力一直到遇到有界限的地方才休止"。因此,应限定在什么阶段使用侦查权和使用侦查权的具体程序等,要求侦查权主体遵照执行。这就是通常而言的刑事诉讼法本身对侦查权的制约。但这种制约多为静态的制约,而非能动的制约,只有每一个侦查权主体自觉遵守,方能发挥其制约作用,即取决于侦查权主体的"自律"。我国传统上多强调侦查权主体的"自律",寄希望于通过提高侦查权主体的政治觉悟、法律水平、业务技能等方面来加强其"自律",而对侦查权的"他律"重视不够。因此,笔者认为,应加强对侦查权的"他律",即加强对侦查权的权力制约,而这种制约包括内部制约和外部制约两个方面。

对侦查权的内部制约有两条基本思路:第一,通过侦查机关内部上级对侦查权主体的领导关系来对侦查权主体的职权活动进行制约。上级领导对侦查权主体的职权活动有直接的指挥、指导、评价权,对其违法失职的发现较为直接,对其职务后果的奖惩也为侦查权主体所关注。因此,发挥侦查权主体上级领导的权威来制约侦查权主体执行侦查权无疑是对侦查权的内部制约的有效途径。第二,通过同级侦查主体优化侦查权的配置来制约侦查权。其方式有三:一是建立侦查权的分解制度,强化侦查活动的动态约束机制,加强侦查行为之间的互相制约,防止某一部门或个人对侦查权的垄断;二是实行侦查职能管理交叉制度,加强对侦查职务活动的双向制约和交叉制约;三是实行侦查权主体限任制度,定期换岗以及实行地域回避、任职回避和公务回避制度等。

对侦查权的外部制约也有两条基本思路:第一,通过外界的权力规范侦查权主体的义务和责任来制约侦查权。侦查权既是一种权力,又是侦查权主体必须依法履行的义务,若侦查权主体不依法履行该义务,就要承担法律责任。在这种外部制约的具体方式上,世界各国普遍采用法律监督和行政监察两种方式。在法律监督方面,西方国家普遍实行立法机关对侦查机关进行政务监督的方式(包括质询、调查、弹劾和不信任表决等方式)。欧美国家和日本普遍实行强制侦查的司法令状原则,即强制性侦查措施除紧急情况外,需法官签发令状方能实施,否则追究侦查权主体的责任。德国、日本和我国台湾地区的检察官可以对刑事警察进行指挥并对其违反职责的行为予以惩处。例如,在我国台湾地区,“刑事警察受检察官之命执行职务时,如有废弛职务情事,其主管应接受检察官之提请,依法予以惩处”。在我国,侦查权的法律监督主要是检察监督。在行政监察方面,西方资本主义国家通过建立议会行政监察专员制度,由行政监察专员对包括侦查权在内的国家行政权、司法权、军事权的执行情况进行监督,受理公民对上述权力主体提起的诉讼。在我国,根据《行政监察法》的规定,行政监察是通过各级行政监察机关来监督检查同级或下级国家权力主体遵守和执行法律的情况,对违纪人员予以行政处分来实现的。第二,通过权利制约侦查权。现代国家学说认为,国家权力是集中了分散行使的公民权利而形成的,国家权力的实施又保证了公民拥有权利。在国家权力向公民权利的分流过程中,因国家权力而生并受法律义务所保障的公民的法律权利的行使可以反过来制约国家权力的扩张。依此立论,对侦查权的制约,就可以通过广泛的分配权利、优化权利结构和强化权利救济等途径来实现。在犯罪嫌疑人的权利方面,多数国家的刑事诉讼法都规定了犯罪嫌疑人申请回避的权利和对其认为侦查权主体的侵权行为有提出申诉、控告的权利以及赋予犯罪嫌疑人在侦查阶段较早和较充分地获取法律帮助的权利。许多国家还不同程度地赋予了被讯问的犯罪嫌疑人以沉默权。在被害人一方的权利方面,多数国家的法律都赋予其申请回避的权利、自诉的权利以及对包括侦查主体在内的追诉方的消极处分(如不立案、撤销案件、不起诉等)的申诉和申请复议的权利等。

侦查权要受到制约并不排斥侦查权作为一种独立的权力而存在。侦查权是由特定的主体依照特定的法律实施的一种专门化程度很高的权力,其权能是否独立是一个国家司法制度现代化与否的重要标志。只有保证侦查权的独立性，才能保证侦查权的专门性，也才能体现侦查权的法定性。因此，要求任何机关、团体和个人都不得干扰侦查权主体依法行使侦查权。在我国，由于特定的历史与现实条件，党政机关及其领导干扰侦查权行使的情况时有发生。有些地方的党政部门的个别领导，对其管辖范围内犯罪的党员或干部，不是依法交由侦查机关侦查，而是以组织调查取代侦查。有些地方的纪律检查部门、政法委员会、监察部门直接查办和处理一些贪污、贿赂犯罪案件。这种违背法律程序干扰侦查权的做法完全违背了法治精神。某些党政领导干部批条子、定调子、讲人情、干扰侦查权更是一种腐败现象和不正之风。上述情形要通过行政的、法律的、社会的等途径予以坚决排除。

第二章　侦查价值

第一节　侦查的内外价值

一、侦查价值的概念

“价值”是一个经济上的术语，意为体现在商品中的社会必要劳动，是物满足人和社会需求的属性。19世纪，在一些思想家和哲学流派的影响和推动下，“价值”这一概念开始延伸到哲学和社会学的各个领域。“价值”在法哲学上通常包含两方面的含义：一方面，是指法律制度的伦理目标或道德思想，即法律制度赖以存在的道德根据及其在运作中要实现的理想结果，如正义、自由、平等、秩序、安全、公共福利等；另一方面，价值又可指人们据以确定或判断一项好的法律制度和法律程序的标准，它是在对法律制度和法律程序进行评价过程中作为具体的准则而存在的，而且人们在构建一项法律制度和法律程序时也会把它作为具体的尺度。

根据以上的论述，侦查价值应是人们通过设置侦查程序，开展侦查活动所要达到的理想目标和人们评价侦查活动的客观标准。通过对侦查价值的研究，一方面，有利于树立正确的侦查价值观，使侦查程序的设置能够坚持正确的价值导向；另一方面，有助于采取有效的措施，尽量地避免侦查的负面价值，提高侦查行为的社会效益。

二、侦查的外在价值

侦查的外在价值，是指人们评价侦查在揭露和证实犯罪、揭发犯罪人方面的功效的客观尺度。

一般而言，侦查机关在侦查程序中通过实施侦查行为，能够有效地查明案件事实，为起诉和审判提供确实充分的证据，因此，侦查具有工具和手段的价值。

工具主义价值理论是以边沁的功利主义法学理论为基础，认为所有的法律制度都是用以实现最大多数人的最大幸福即“功利原则”的工具。国家制定法律赋予侦查机关侦查权的目的在于收集证据，查获犯罪人，并对犯罪嫌疑人采取相应的强制措施，防止犯罪嫌疑人继续危害社会，以保护广大人民的利益。根据工具主义的理论，如果一种侦查程序能够查明案件的客观事实，不论侦查机关在侦查过程中采取了何种侦查措施，甚至侵犯了犯罪嫌疑人或其他人的合法权利，这种侦查程序也具有工具价值。反之，如果侦查程序不能揭露案件真实，即使它具有存在的合理依据，能够维护广大社会成员的利益，这种侦查程序也不具有工具价值。

评价侦查的工具价值有一定的标准。侦查是否体现其作为工具和手段的价值，其最低要求是：

一是客观性要求。即侦查中发现和收集的证据，必须能够揭露犯罪的客观事实，“再现”犯罪；如果侦查不能重现犯罪，或者是对客观事实的歪曲反映，那么，侦查就不是发现客观事实的手段。

二是主要事实要求。刑事审判中对被告人定罪量刑依据的是案件的主要事实，不是案件的全部事实；侦查终结的基本条件是案件事实已经查清，或不具备继续侦查的条件，根据已查明的事实和证据能够作出刑事追诉或不追诉（或撤销案件）的结论。

三是利益最大保护原则。侦查不仅要保护相关社会成员的利益，而且要保护犯罪嫌疑人的权利，二者兼顾。在二者发生冲突时，取向于体现国家整体利益的利益。

三、侦查的内在价值

侦查的内在价值，是指人们据以评价侦查是否具有善的品质的标准。侦查程序不论是否具备好的结果的能力，只要它本身具备了一些独立的价值标准，则可以认为它具备了一种内在的善。这些价值标准通过具体的价值目标体现。

（一）侦查的秩序价值

秩序是人类社会在广泛意义上追寻的一项价值目标。对秩序的理解，既可把它看成一种既定的状态，即指自然和人类社会的一切事物按一定规律的安排所形成的固定的、有规则的合理关系状态,也可以把它看成自然、社会运动过程的一致性、连续性和确定性的体现。显然,世界存在自然秩序和社会秩序,法律实际建立的是社会秩序。社会秩序是整个社会有条不紊的状态。社会秩序不是针对个人而言,它强调的是“社会统合”、“社会连带”及“个人与社会的和谐”。因此,秩序是构成人类理想的要素,同时也是人类社会活动的基本目标。在侦查程序所追求的众多目标中,秩序价值虽不是其核心价值,但秩序作为人类生存、社会发展和阶级统治的基础,是侦查程序最基础的价值。

秩序在侦查中的价值内涵主要体现在以下三个方面:

1. 以文明的侦查秩序恢复业已破坏的社会秩序。犯罪作为一种特殊的社会现象,造成的直接后果是对社会秩序的破坏。因此,侦查的最基本的任务是查明犯罪事实,确定犯罪嫌疑人。在确定犯罪嫌疑人后,不足以恢复被犯罪行为破坏的社会秩序,所以还必须对犯罪嫌疑人采取必要的措施,防止其逃避侦查、审判和继续进行犯罪活动。查明案件事实和对犯罪嫌疑人采取强制措施在方式及手段上存在两种不同的途径。一种途径是野蛮的方式,即利用秘密或侵犯犯罪嫌疑人、他人合法权益的手段收集证据,对犯罪嫌疑人采取惨无人道、灭绝人性的强制措施。这种野蛮的方式虽然有助于查明案件情况,能有力打击犯罪,但同时又滋生了犯罪,给社会可能带来更严重的损害。另一种途径是侦查机关按照法律规定的秩序收集证据,对需要采取强制措施的犯罪嫌疑人依照法定的方式适用法定种类的强制措施,收集证据、查明犯罪嫌疑人以不破坏正常的生产和生活秩序为前提,不对社会和个人的合法权益造成损害。这种方式才有利于恢复正常的社会秩序,有利于生产力的发展、社会的进步。

2. 以国家强制力恢复统治秩序的威严。犯罪是严重危害社会的行为,即具有严重的社会危害性。从犯罪的阶级本质属性上看,犯罪的社会危害性就是某种行为在一定历史时期内对统治阶级的利益和统治秩序造成的损害。犯罪分子实施犯罪行为,是犯罪分子对现行法律和统治秩序的藐视,因而,对犯罪行为进行侦查,发现犯罪证据,确定犯罪嫌疑人,最后将案件移交公诉机关提起公诉,并由审判机关对犯罪行为进行定罪量刑,实际上是对法律和统治秩序的尊严和权威的恢复和重塑过程,而这一过程只有借助国家强力才能实现。在侦查程序中,国家强力一是体现在侦查主体资格上,二是体现在侦查权内容上。

3. 以程序性规范建立侦查机关权力运作秩序。侦查机关作为用以维护法律或统治秩序的司法机关,其本身的行为必须是合符秩序的,尤其是在权力的行使方面更应如此。因为权力的行使有两种潜在的后果:一是权力的正常行使有利于保护统治阶级的利益,维护统治秩序;二是权力的滥用不仅侵害了公民和社会的整体利益,而且损害了统治阶级的整体利益,危及统治秩序。两种结果截然相反。因此,在有国家强力支持的前提下,作为刑事司法权重要组成部分的侦查权的行使更应慎重。所以,从遵守和维护秩序的角度看,侦查秩序的价值在于建立权力运作秩序,即通过规定侦查主体的权力界限、权力行使方式、程序及侦查主体权力间的制约和协调,使权力运作规范化、制度化、法律化。

(二)侦查的正义价值

正义是法律制度所要实现的最高理想和目标,也是人们用来评价和判断一种法律制度是否具有正当根据的价值标准。作为法律制度的重要组成部分,侦查程序本身只有符合正义的要求,才能具备一种内在的品质。正义是人类社会的美德,它本身属于一种道德价值或道德标准。正义的含义因阶级、历史的不同而存在差别。对侦查程序而言,其正义价值包括实体正义(结果正义)和程序正义(过程正义)两个方面。

1. 侦查的实体正义价值。实体正义,是指人们对实体上的权利、义务和责任确定时所要遵循的价值标准。从动态上看,侦查机关进行侦查活动的过程就是把刑法、刑事诉讼法所确定的原则和规则用于具体的案件,确定犯罪嫌疑人的行为应否受到刑事追诉的过程。侦查机关在侦查终结后作出移送起诉或撤销案件的决定是否正当、合理,其评判标准是看它能否使每个人的合法权益受到保护。从静态上看,国家制定刑法的目的在于以法律规范的形式对特定的权利、义务和责任作出调整,这种调整应符合实体正义的一般要求。因此,实体正义又可视为作为法律制度组成部分的刑法所要实现的目标。在一般情况下,侦查机关通过准确地适用刑法中有关犯罪构成的规定,对构成犯罪、需要追究刑事责任的行为立案,实施侦查行为,在侦查终结后移送检察机关提起公诉,以追究犯罪嫌疑人的刑事责任。对不构成犯罪或不需要追究刑事责任的行为不立案,不实施侦查行为;或实施侦查行为后发现不应追究刑事责任或证据不足的,应当撤销案件,以实现刑事打击犯罪、保护无罪的目的。

2. 侦查的程序正义价值。程序正义,是指法律程序在具体运作过程中所要实现的价值目标,是一种“过程价值”。一项法律程序是否具有程序正义所要求的品质，要看它是否使那些受程序结果影响的人受到应得的待遇，而不是看它能否产生好的结果。

程序正义包括侦查公开和权利保障两个方面。侦查公开，是指侦查过程须向犯罪嫌疑人和社会公开，除特殊情况外不得秘密进行。侦查是强大的国家侦查机关对犯罪嫌疑人个人实施国家权力的活动，后者居于弱者的地位。秘密侦查不仅易使犯罪嫌疑人个人的合法权利受到侵犯、无法求助于法律规定的救助措施，而且易使侦查机关因缺乏社会监督，导致侦查权的滥用，侵犯犯罪嫌疑人和其他社会成员的利益。权利保障，是指在侦查过程中，犯罪嫌疑人应享有相应的权利，侦查机关应为犯罪嫌疑人行使权利提供必要的保障。为此，各国刑事诉讼法都规定了犯罪嫌疑人在侦查程序中所享有的各种权利。

（三）侦查的效益价值

1. 侦查效益价值概述。效益原为经济学上的名词，是指有效产出减去实际投入后的结果，即反映投入与产出的关系。随着社会的发展，“效益”一词广泛运用于社会学领域，法学也不例外。在追究犯罪嫌疑人刑事责任的过程中，侦查人员同样需要追求效益。因为国家投入侦查活动的司法资源十分有限，如果在侦查活动中不提高效益，侦查机关就不能顺利履行其职能，大量的刑事案件可能会因为来不及侦查而造成积压。另外，犯罪分子在实施犯罪后会毁灭、伪造证据，而且由于自然原因证据也会逐渐灭失。如果不及时进行侦查，收集、固定和保全证据，可能导致无法及时破案，严重影响侦查机关在人们心目中的地位和威信。此外，侦查期限的拖延会严重损害犯罪嫌疑人、被害人、证人的利益。犯罪嫌疑人在法院作出生效判决之前，其自由、财产、乃至生命等实体权利处于待判定的状态，他本人也处在犯罪嫌疑人的地位，影响其名誉和信誉，影响他与别人的交往。对于那些被羁押的犯罪嫌疑人而言，侦查期限的延长还意味着其人身自由被限制的期限延长。同时，由于侦查机关的多次调查询问，被害人、证人受到诉讼的牵连，影响其正常的工作和生活。因此，我国《刑事诉讼法》规定，侦查程序应遵循迅速及时原则。

2. 侦查效益价值的内涵。侦查程序的效益价值包括经济效益和社会效益两个方面。经济效益，是指取得的经济利益与投入的各种物质资源之差。取得的经济利益通常为挽回的经济损失，如侦查过程中发现的赃款、赃物；投入的各种物质资源包括人力、物力、财力等。侦查的经济效益一般为负数。

因为追究犯罪人的刑事责任的目的在于保护广大人民群众的利益，恢复被犯罪行为破坏的社会秩序,所以侦查还会带来社会效益,即精神价值。犯罪人实施犯罪行为,会给被害人造成直接损害,也间接地损害了其他社会成员的利益。被害人和其他人迫切要求追究犯罪人的刑事责任,惩罚犯罪行为。对犯罪行为进行立案侦查,追究犯罪人的刑事责任,能够满足人们的这种需求。侦查过程中对犯罪嫌疑人采取强制措施,可以防止犯罪分子继续危害社会。对社会上可能犯罪的危险分子而言,强制措施的运用还具有威慑作用。

3. 提高侦查效益价值的原则。为了提高侦查的效益价值,侦查程序的设计应遵循以下原则:

一是迅速及时原则。侦查是一项战机性很强的工作,不得有丝毫的迟缓和拖延。一方面,犯罪分子实施犯罪时行动快、逃跑快、销赃快,要求侦查机关行动迅速,以快制快;另一方面,因为自然的原因,证据往往会发生变化,或消失毁灭,或出现由于时过境迁证人记忆模糊、被害人死亡等情况。因此,在决定立案侦查后,应当争取在最短的时间内,以最快的速度,迅速赶赴现场,收集证据,查找犯罪线索,确定侦查方向和侦查范围,对查明的犯罪嫌疑人及时采取强制措施,只有这样才能发挥侦查在打击犯罪中的作用。

二是简化原则。侦查程序设计得越烦琐、复杂,侦查人员在侦查中所受到的限制则越多,侦查中的经济耗费就越大。这是因为烦琐的程序不仅会降低侦查的速度,而且易使单位时间内的人力、物力和财力的投入受到更大的耗费。因此,侦查程序应力求简捷便利,以节省不必要的损耗。但程序的简化必须有一个必要的限度,要以查明案情为前提。

三是侦查资源合理配置原则。在一定时期内,国家对刑事诉讼活动投入的侦查资源是相对固定和有限的。国家只有使这些资源得到最佳的合理配置,才能在不损害正义目标实现的前提下提高侦查活动的效益价值。要提高侦查活动的效益,就必须使侦查产生的经济、社会效益与投入的司法资源成正比。因此,案件越复杂重大,影响越大,侦查活动产生的社会效益越大,侦查机关对这种案件进行侦查时投入的人力、物力和财力就应当相应地增大。同时,对案情简单和罪行轻微的刑事案件,侦查机关则应相应地投入较少的司法资源。

第二节　侦查的价值间的冲突和协调

侦查程序的内在价值和外在价值之间以及内在价值各项价值目标之间在具体的实现过程中,由于价值取向和追求的目标不同,不可避免地会发生冲突。为了缓和矛盾,必须对各项价值进行协调。

一、侦查内在价值和外在价值之关系

(一)侦查内在价值和外在价值的冲突

从实证分析的结果来看,公正的侦查程序在一定程度上的确有利于发现、收集证据,查明案情,促进公正结果的产生,这是侦查程序的内在价值与外在价值主要一致之处。但公正的侦查程序和侦查结果之间仍存在矛盾和冲突,概括起来,侦查程序内外价值之间的冲突可表现为下面三种情形:

1. 公正的侦查程序产生了不公正的结果。例如,侦查人员严格遵守各项程序要求,但无法发现线索,查实案情,使有罪的人逃避法律制裁。

2. 不公正的侦查程序产生了公正的侦查结果。如侦查人员在侦查过程中对犯罪嫌疑人进行刑讯逼供,迫使犯罪嫌疑人交待了自己的罪行,然后再根据犯罪嫌疑人的供述寻找证据,进一步核实证据,使案情得以查明。在这里公正的结果通过非公正的程序产生,侦查程序的内在价值与外在价值之间未能保持一致。

3. 公正的侦查程序与公正的侦查结果之间没有内在联系。在这种情形下,程序本身尽管符合公正标准,但它在查清案情方面徒具形式,没有任何实际意义。

侦查的内在价值与外在价值之间之所以会产生冲突,不仅是由于一些偶然因素的作用,而且也有侦查程序本身的原因。首先,公正的侦查程序和公正的侦查结果各自有一套独立的价值标准体系,符合程序公正性的侦查程序并不一定具备产生公正结果的能力。这是因为程序的公正性是相对的,人类社会从来就不存在一种绝对公正的侦查模式,侦查模式的公正标准是在克服历史和现实侦查模式的特定的不公正性的基础上制定的。其次,公正的侦查程序更可能产生公正的侦查结果,这是就一般情况且相对于不公正的程序而言的。但在某些情况下,公正的侦查程序本身在客观上就具有产生非正义侦查结果的可能性。比如,英美国家赋予犯罪嫌疑人沉默权,犯罪嫌疑人对侦查人员的讯问有拒绝回答的权利。侦查人员可能因为犯罪嫌疑人行使沉默权而无法收集到确实充分的证据,犯罪分子得以逃避法律的惩罚。这种案情无法查实的结果就是不公正的结果。

(二)侦查内在价值和外在价值的协调

尽管侦查程序的内在价值与外在价值之间存在矛盾和冲突,但它们之间也具有一致性。为了最大限度地提高侦查程序内外价值的一致性,消除和淡化矛盾,应对内外价值作出必要的调整,并遵循下列协调原则:

1. 兼顾原则。确保侦查程序本身与侦查的结果同时符合正义的要求,这是一种最为理想的侦查模式。为此,就必须树立一种侦查程序的内在价值和外在价值兼顾的观念。兼顾原则要求对侦查程序的内在价值和外在价值给予同等的重视,通过侦查活动的进行,使犯罪嫌疑人受到最低限度的公正对待,确保有罪人受到追究。只有这样,才能确保公正的要求在整个侦查活动中得到全面、彻底的实现。"重程序轻结果"实际上否定了程序所应具备的内在价值,将程序仅仅视为附属于结果的工具;而"重程序轻结果"又把程序的内在价值置于至高无上的地位,忽视"公正结果"的社会效应。

2. 权衡原则。一旦侦查程序本身的公正性与结果的公正性无法同时兼顾,侦查人员必须对两项价值进行选择,要么放弃实体结果的真实性,追求程序的公正性;要么使犯罪嫌疑人受到不公正的待遇,侵犯其合法权利,以确保侦查结果的真实性。为避免片面追求某一方面的价值,侦查人员必须对两种价值进行权衡,以便作出合理的选择。这种权衡应当遵守以下几项具体要求:

一是以不枉为追求的首要目的。侦查程序的理想结果是查明案件事实,不枉不纵,使有罪者受到审判机关的定罪量刑,无辜者免受追诉并尽快洗脱罪嫌。但在不枉与不纵难以同时实现时,应以不枉为首先追求的目标。

二是严格遵守国际公认的最低限度程序公正标准。这些公正标准一般都在国际公约中以具体权利保障规则的形式体现出来,是普遍适用于各国的刑事诉讼活动的最低伦理和文明标准。

三是使侦查程序的公正性保持适当的限度。程序公正固然是一个理想的价值目标,但它涉及对国家利益与个人利益的平衡问题。这种公正性必须在一定限度内得到保障,无论是立法者还是侦查人员,都不能为了实现程序公正而不计任何后果和代价牺牲国家的根本利益和社会的整体利益。

二、侦查内在价值中各价值目标之间的关系

正义、秩序和效益是侦查程序共同追求的基本目标，这些基本的目标既相互渗透、相互包含，在一定条件下又相互对立、相互冲突，从而以其多元的价值形态交织在侦查价值之中。

（一）侦查内在价值中各价值目标间的冲突

正义、秩序和效益三种价值目标在一般情况下是一致的。侦查人员遵守法定的侦查程序，在立案后迅速开展侦查活动，查明犯罪事实，依法对犯罪嫌疑人采取强制措施，侦查终结后，将案件移送到检察机关审查起诉，使犯罪嫌疑人受到刑事追诉，被犯罪行为破坏的社会秩序得以恢复，正义得以实现。相反，如果无辜者错误地受到追诉，不仅正义不能实现，司法资源被白白浪费，而且破坏了稳定的社会秩序。但是，三种价值目标之间也会发生冲突，这些冲突主要表现在以下三个方面：

1. 侦查资源的有限性和对秩序稳定的追求从总体上限制了侦查机关对正义的绝对追求。由于国家投入的侦查资源是有限的，侦查机关不可能为查明每一个疑难案件的事实真相而无限期地开展侦查工作，因为离案件发生时间越久远，侦查工作越难以进行，证据越难收集。同时，案件发生一段时间后，随着时间的推移，社会秩序可能已经稳定，若重新开展侦查工作，稳定的社会秩序将被扰乱，不利于社会的发展和统治阶级的统治秩序。因而，司法资源的有限性和业已稳定的社会秩序会迫使侦查人员放弃对正义的绝对追求，以保证经济效益的提高和社会的稳定。所以，我国《刑事诉讼法》规定，对于公安机关补充侦查的案件，人民检察院仍然认为证据不足的，可以作出不起诉的决定。

2. 在正常情况下，侦查程序正义性的增强会直接导致侦查资源的增加，以至于降低侦查活动的经济效益，被犯罪破坏的社会秩序长期不能恢复。正义是一个发展变化的概念，具有开放性。人类刑事诉讼制度的发展史在一定意义上可以视为程序公正程度不断提高的过程。侦查程序公正性的不断增强必然使犯罪嫌疑人的权利受到更加充分的保护，程序的烦琐程度相应提高，这一切又会导致侦查速度的降低、侦查资源耗费量的增加，甚至可能导致刑事案件的积压，被犯罪破坏的社会秩序不能及时得到恢复，侦查程序维护社会秩序的作用不能充分发挥。

3. 对经济效益价值的追求往往会使对正义的要求无法在侦查程序过程和结果中实现，业已破坏的社会秩序同样不能恢复。侦查活动的公正进行必然耗费一定的司法资源，恢复被破坏的社会秩序同样需要消耗一定的人力、物力和财力。但侦查程序公正性、合理性的提高和恢复理想的社会秩序又会使侦查资源耗费增加。与此同时，侦查机关通过侦查活动来查明案件事实和恢复社会秩序，要有相当数量的侦查资源投入作为保障，而且随着刑事案件在社会影响程度及复杂程度和对社会秩序造成严重破坏程度的增大，侦查机关投入的人力、物力和财力也应相应增加。但一旦侦查人员对程序的经济价值过于偏重，为确保侦查活动正常进行所必需的最低数量的侦查资源得到提供，那么，实体正义和程序正义就很难实现，侦查的秩序价值同样也得不到实现。

(二)侦查内在价值各价值目标的协调

如何协调侦查程序各价值目标之间的关系，最大限度地发挥侦查人员主侦查程序在打击犯罪、保护无辜中的作用，是各国刑事诉讼都面临的问题。各国根据本国政治、经济、法律文化和思想观念的不同，决定本国侦查程序的价值取向。如英美法系国家侧重程序的公正性，加强了人权保护，赋予犯罪人较多的对抗侦查机关的权利，对侦查机关的约束较多；而大陆法系国家强调的是打击犯罪，对侦查机关赋予较大的权力，犯罪嫌疑人的权利受到相对多的限制。当正义、秩序和效益价值之间冲突时，一般应以下列原则协调：

1. 兼顾原则。正义、秩序和效益为侦查程序的三项独立的价值标准，各有作用范围。兼顾原则要求在确保侦查过程和侦查结果符合正义要求的同时还应顾及恢复被犯罪行为破坏的社会秩序和使稳定的社会秩序不至于被破坏，并应当使侦查活动的经济效益得到适当提高，即尽可能以较少的侦查资源破获更多的刑事案件。同时，在对一项侦查程序进行评价时，应当建立三套独立的标准和尺度。只要侦查程序不符合其中的任何一项标准，就应当对该项侦查程序进行适当的修改或重新构建。

2. 正义、秩序优先原则。与正义和秩序相比，程序经济性毕竟属于次一级的价值标准，因此，不能为提高侦查活动的经济效益而不惜牺牲正义和秩序价值。在对正义、秩序和效益价值进行选择时，应当将正义、秩序作为优先选择和实现的价值目标。只有在正义和秩序得到实现的前提下，才能谈得上提高经济效益。同时，对程序经济价值的追求，也不能妨碍正义目标实现和秩序稳定，否则即为本末倒置。

第三章　侦 查 功 能

关于侦查的功能，历史上有许多学说，如报复说、预防说、防卫说、折中说等。在我国，侦查作为社会管理职能的一部分和刑事诉讼的一个重要阶段，其基本任务就是对已经立案的刑事案件，依照法定程序收集、审查各种证据材料，及时地查明犯罪事实，预防和减少犯罪案件的发生，保护国家、集体的权力和公民的合法权利，维护国家机关和国家工作人员的声誉和廉洁，保证国家机器的运转。

第一节　侦查的揭露功能

侦查的主要任务就是侦破刑事案件，及时揭露证实犯罪，揭发犯罪人，其具体表现在：

一、收集证据，查明案情

（一）收集证据

证据问题是刑事诉讼中至关重要的问题。实践证明，只有掌握了真凭实据，才能对犯罪嫌疑人作出有罪或无罪以及罪轻或罪重的结论。侦查人员应当把收集证据作为侦查中头等重要的任务，切实做好发现证据、固定和提取证据、检验和核实证据的工作。

1. 发现证据。犯罪事实是客观存在的，犯罪分子犯罪时留下的痕迹物品也是客观存在的。这些客观存在的证据材料有些完好无损，有些则被人为的销毁、破坏、隐匿。因此，在侦查中，侦查人员首先必须采取有效的侦查措施和技术手段，如勘查现场、询问证人、搜查辨认等，及时、准确地发现这些证据事实。

2. 固定和提取证据。只有将发现的证据材料加以固定和提取，证据才能得以在刑事诉讼中发挥作用。固定和提取证据材料的方法较多,如照相、绘图、制模、笔录等。

3. 检验和核实证据。固定和提取的证据材料并不都是客观真实的,侦查人员只有将发现和提取的每一种证据材料查证属实,才能作为定案的依据。因此,必须对有关的证据材料进行检验鉴定和调查核实。

(二)查明案情

查明案情是处理刑事案件的基础。从立案侦查到侦查终结,都是围绕查明案情展开的。全面地查明案件情况,准确地确定犯罪人是侦查的一项基本任务。查明案情主要包括两个方面的内容:一是确定是否发生了犯罪事实;二是如果发生了犯罪事实,必须查明犯罪分子实施犯罪的时间、地点、手段、动机目的、侵害的对象、造成的危害后果以及犯罪人实施犯罪时的年龄和精神状态等。也就是说,凡是根据我国《刑法》规定已构成犯罪并且应当追究刑事责任的各种事实,在侦查中都必须周密地进行调查。

二、缉捕犯罪嫌疑人,追缴赃物

犯罪分子实施犯罪后总是力图千方百计地逃避法律制裁,如毁灭罪证、转移赃物、伪造证据、制造假象,或者逃跑、隐匿、串供,甚至栽赃陷害,嫁祸于人。特别是那些未实施终了的犯罪人力图既遂,知悉检举人、控告人的犯罪人可能对检举人、控告人进行报复,甚至杀人灭口。因此,侦查的另一项重要任务就是要对犯罪分子或重大犯罪嫌疑分子及时地采取必要的强制措施,以防止他们逃避侦查和继续进行新的犯罪活动。如果犯罪嫌疑人已经逃匿,侦查机关应迅速组织力量进行追缉堵截,实施追捕,或发出协查通报、通缉令,请求外地侦查机关协助查缉。

在有些案件中,犯罪分子在犯罪中非法获取了大量财物,给国家、集体和个人造成了严重的物质损失。在侦查中,特别是破案后,侦查机关应采取搜查、扣押、冻结等有效措施,向犯罪分子追缴赃物。

第二节　侦查的防范功能

综合治理、预防犯罪是全社会的共同任务。对此,职务犯罪侦查机关也理

所当然地负有不可推卸的责任。侦查中,防范控制犯罪的任务和作用主要表现在:

1. 通过侦查破案揭露犯罪和揭发犯罪人,消除犯罪嫌疑人继续进行犯罪的可能性,并以此激发广大公民同犯罪作斗争的积极性,震慑潜在犯罪人。

通过侦查破案揭露犯罪和揭发犯罪人,并采取适当措施剥夺或限制犯罪嫌疑人的人身自由,实际上是对这部分人最直接的预防行为,即可以剥夺其进行新的犯罪活动的可能性。

通过侦查破案,结合法制教育、典型案例宣传和发还赃物等活动,可以提高广大公民的法律意识,教育公民充分认识犯罪的危害性,从而激发群众对犯罪的义愤,提高他们同犯罪作斗争的积极性。

侦查中,还可以通过具体案例,宣传党和国家同犯罪作斗争的政策、法律。强大的法制宣传和生动的案例教育,不仅会使未归案的犯罪分子坦白、自首,而且对那些图谋不轨、企图犯罪的人也有警戒和震慑作用,使其不敢以身试法。

2. 加强侦查工作的基础业务建设,进行阵地控制和技术预防。

为了提高发现和控制犯罪的能力,侦查机关必须加强自身的基础业务建设,对公共场所、复杂地区和特种行业进行阵地控制,坚持专门工作和群众工作相结合,公开管理和秘密控制相结合,通过各种渠道及时发现和打击犯罪。

为了保障国家、集体财产的安全,震慑犯罪分子,侦查机关要督促有关单位和部门在重点部位安装报警装置,在公共场所和复杂地区安装监控设备,做好技术预防工作。公共场所和复杂地区通常是指车站、码头、机场、影剧院、公园、商贸金融场所,重点部位则包括枪支弹药库、重点科研单位、机密资料保管场所、金库、重要历史文物和珍宝陈列部位、物资仓库等。

3. 在侦查中,对犯罪嫌疑人进行政策、法律、前途教育,为起诉、审判被告人及改造罪犯工作打下良好基础。

侦查的教育预防功能并不仅仅限于对一般公民和有犯罪潜意识的人,还贯穿于对犯罪嫌疑人的拘捕和讯问的全过程中。在拘捕后的讯问中,针对犯罪嫌疑人的心理特点,进行必要的政策、法律、前途教育,选择一些切合犯罪嫌疑人实际情况的典型案例教育,往往能消除或缓解犯罪嫌疑人的对抗心理,从而在侦查阶段就为检察机关的起诉工作和法院的审判工作以及监狱管理机关对罪犯的改造工作打下良好的基础。

4. 侦查中，通过调研作出对犯罪的科学预测，为决策机构的决策工作提供依据；同时，通过司法建议，督促有关单位和部门堵塞漏洞，消除犯罪隐患。

侦查机关通过侦查破案和调查研究工作，科学地分析改革开放新形势下一定时期一定地区刑事犯罪活动的规律和特点，全面、客观地估量和分析社会治安形势，可以为决策机构打击犯罪的决策工作提供可靠的依据。另外，侦查机关还可以通过侦查破案发现各机关、团体和企事业单位的管理漏洞和防范的薄弱环节，推动社会治安综合治理。在认真总结侦查破案经验教训的同时，要客观分析犯罪形成的具体原因，对于发现的一些单位和部门在工作上、制度上的漏洞和空隙，要提出防范措施和改进意见，并督促有关单位和部门堵塞漏洞，消除隐患。

第三节　侦查的保障功能

一、保护国家、集体和个人的合法权益

侦查是一项国家职能活动，其根本任务就是通过揭露和证实犯罪，保护国家、集体和个人的合法权益不受侵害，尤其是要保护国家机关、企事业单位、人民团体的正常管理活动和声誉。如职务犯罪严重腐蚀党的肌体并危害国家利益，是对社会主义民主政治制度的严重破坏和法制原则的严重践踏。因此，同职务犯罪的斗争是关系到党和国家生死存亡的重大问题，而职务犯罪的侦查工作是同职务犯罪作斗争的中心任务和关键环节，任重而道远。

二、保障无罪的人免受刑事追诉

由于犯罪本身具有对已发生的事件进行回溯认识的特殊特点，因此，即使侦查工作进行得细致周密，有时也难免出现这样或那样的疏忽和错误。在被纳入侦查视线的人中，即使是被采取了强制措施的有重大犯罪嫌疑的人，也可能存在无罪的人。因而，在侦查中，特别是在审讯中，必须认真检验、核实相关材料的真伪，注意发现侦查工作中的疏忽和错误，及时地进行补救和纠正。

为了保证不放纵一个犯罪人，又不冤枉一个无罪的人，在侦查中，侦查人员不仅要注意获取能够证明犯罪嫌疑人有罪的材料和供述，而且也要注意收集能够证明犯罪嫌疑人无罪的材料，认真听取犯罪嫌疑人无罪的辩解。经过

查证，凡是发现不应当立案侦查的，应立即停止侦查；对有关人员采取了强制措施的，应立即解除强制措施，并做好善后工作。

三、保护犯罪嫌疑人的合法权利

对于涉嫌犯罪的犯罪嫌疑人，侦查机关及其侦查人员应采取有效措施保护其合法权利，保证其在侦查过程中受到公正对待。根据我国《刑事诉讼法》的规定，犯罪嫌疑人在侦查阶段享有自我辩护权、知道涉嫌罪名权、聘请律师提供法律帮助权、拒绝回答与本案无关问题权、控告权、要求回避权、使用本民族语言进行诉讼权、鉴定结论的告知权和申请补充鉴定或者重新鉴定权、申请取保候审权、核对讯问笔录权等。侦查机关及其侦查人员有责任使犯罪嫌疑人的上述权利能够得以充分实现。

第四章　侦 查 构 造

第一节　侦 查 主 体

侦查主体，是指被法律赋予侦查权的机关和个人。世界范围内，各国法律都把侦查权赋予了警察机关和检察机关，我国也不例外。由于侦查主体是一个多层次的范畴，因而其结构也是多方面的。

一、侦查主体的组织模式

（一）单轨制侦查主体和双轨制侦查主体

所谓单轨制侦查主体，是指侦查活动是由警方或检方侦查人员单独进行，而且是从属于或主要服务于公诉方的。所谓双轨制侦查主体，是指侦查活动是由官方和民间的侦查人员分别进行，而且他们分别服务于公诉方和辩护方。换言之，在单轨制下，查明案情和收集证据是以检察员和警察为代表的“官方”的责任；而在双轨制下，查明案情和收集证据则是辩诉双方的共同责任，即“谁主张某项事实，谁就应当证明这一事实”。因此，不仅检察官可以要求和指导侦查人员（一般为警察）就案件进行侦查，辩护律师也可以聘请某些专门人员（一般为私人侦探和民间鉴定人员）调查案情和收集证据。

单轨制侦查体制源于大陆法系的纠问式诉讼制度，它较为符合侦查活动的特殊要求，有利于减少侦查障碍和提高破案效率，还可以减少侦查资源的损耗和缩短诉讼时间，从而为社会节约人力、物力和财力。

双轨制侦查体制源于英美法系的控告式诉讼制度，其主要优点是有利于保障犯罪嫌疑人的合法权利和保证审判结果的公正性。此外，双轨制侦查打破了控方在刑事案件调查中一统天下的局面，为其树立了竞争对手，从而也可以在一定程序上促进警方改进自己的工作态度,提高侦查工作的效率和质量。

(二)集中型侦查主体和分散型侦查主体

集中型侦查主体有两重含义:一是一个国家的侦查人员隶属于全国统一的警察组织或其他具有执法功能的组织;二是在一个警察机构或其他具有执法功能的组织内,侦查力量集中于总部。分散型侦查主体也有两重含义:一是一个国家的侦查人员分散于各地独立的警察组织或其他具有执法功能的组织内;二是在一个警察机构或其他具有执法功能的组织内侦查力量分散于各分局或区署。

一个国家的侦查体制问题主要涉及该国家的警察体制问题,而一个国家的警察体制又是由这个国家的政治法律制度所决定的。从世界两大主要法系的情况来看,大陆法系国家的政治制度属于集中型,因而其警察体制也具有集中型的特点,即全国的警察力量都统一受中央政府的领导,或者说中央与地方警察机构之间具有隶属关系,而且不同层次上的警察机构组成一个统一的体系;英美法系国家的政治法律制度属于分散型,因而其警察机构也具有分散型的特点,即各地警察机构分别受当地政府领导,中央和地方各级警察机构之间没有隶属关系。

集中型侦查体制和分散型侦查体制各有优劣。集中型侦查有利于侦查工作的统一指挥和警区之间的协作,有利于集中力量打击严重犯罪活动和流窜犯罪活动,也有利于提高侦查人员的专案侦查水平,但它缺乏适应地区特点的执法灵活性。分散型侦查有利于加强侦查人员与本地区巡逻警察的合作,有利于侦查人员熟悉当地的社会情况和犯罪活动规律,也有利于案件侦查工作的分配和管理,但其弱点是缺乏执法的统一性和效率。

(三)专门化侦查主体和一般化侦查主体

侦查人员的分工有两种基本模式:一是根据犯罪的种类分工,即实行专门化侦查;二是根据管辖的地域进行分工,即采用一般化侦查。前者是指侦查人员分成若干专业队组,分别负责某类犯罪的侦查工作。后者是指侦查人员分成若干地区分队或派驻各个管区,分别负责其辖区内发生的所有刑事案件的侦查工作。由此可见,专门化侦查多属于集中型侦查,而一般化侦查多见于分散型侦查。

从理论上而言,专门化侦查是较一般化侦查更高层次的侦查分工方式。但从实践的角度看,二者又各有长处。专门化侦查有利于提高侦查人员的专业技能,有利于帮助侦查人员掌握某类犯罪活动的规律和特点并积累丰富的专案侦查经验,因而,有利于提高破案率,特别是重大犯罪案件和疑难犯罪案件的破案率。此外,专门化侦查有助于提高侦查人员的破案责任心和专业兴趣,还可以加快对新警员的专业培训。

一般化侦查便于对侦查工作的管理,特别是便于对侦查力量的值班安排和任务分配,还不会因“专业”划分而造成值班安排的困难和各分队承担任务的不均衡。虽然一般化侦查对侦查人员的个人素质要求较高,但它具有较大的灵活性,可以节省警力,能够较快地适应社会中犯罪情况的变化。

二、侦查主体的内部结构

侦查主体的内部结构包括多重因素,如职类结构、专业结构、能级结构、年龄结构、部门结构等。

(一)侦查主体的职类结构

侦查主体的职内结构,是指不同性质和类别的侦查人员之间的比例及其相互关系。一般来说,侦查从员的职类包括:

1. 侦查破案人员。侦查破案人员,是指以具体的刑事案件为目标,负责发现犯罪线索,收集犯罪证据,缉捕犯罪嫌疑人的侦查主体人员,是侦查工作的主导力量。

2. 刑事科技人员。刑事科技人员包括两种人员:一是刑事科研人员,即从事刑事科学技术研究工作的人员。他们通过科学技术的研究、引进、开发,创造新的刑事科学技术理论和方法,并把所获成果推广应用到侦查工作中。二是刑事技术人员,即运用刑事科学技术手段和方法发现、收取、检验和鉴定物证书证和其他犯罪证据的侦查主体人员。

3. 刑事犯罪情报人员。刑事犯罪情报人员,是指专门从事犯罪情报的收集、储存、分析、检索,并为侦查工作提供犯罪信息和线索的人员,包括刑事案件各类相关资料的统计人员、刑事犯罪情报资料计算机系统管理人员、刑事犯罪阵地控制人员和刑事特情管理人员。

4. 刑事调研人员。刑事调研人员是专门从事侦查工作各方面情况的调查、分析和研究的人员。他们的主要任务是对侦查工作中的经验、出现的新问题以及犯罪活动的新情况进行总结和归纳,提交给侦查部门的领导指挥人员,为其制定侦查决策提供依据。

5. 刑事管理人员。刑事管理人员是专职从事组织指挥、政治思想工作和后勤服务的侦查主体人员。他们的管理工作对于提高侦查工作的效能,促进、监督和保障侦查工作的顺利进行具有重要的作用。

以上几类侦查主体人员应建立一个科学而合适的比例关系。确立这一比例关系的基本原则是要以侦查破案为中心,加大侦查实战人员的比重,强化刑事技术和情报人员的力量,尽量减少管理人员。

(二)侦查主体的专业结构

侦查主体的专业结构,是指在一个侦查主体系统内相关的专业人员的比例构成及其相互关系。当代科学技术的发展日益分化和高度综合,学科、专业划分越来越细,各学科之间互相渗透,纵横交错。为了适应侦查日益复杂化的刑事犯罪的需要,要求侦查工作运用多种相关学科的知识,因此,侦查主体要由具有多种专业知识的人员构成。

从微观方面而言,侦查主体系统内所需各种专业人员及其比例关系,主要依据侦查工作的任务和同刑事犯罪斗争的需要。从宏观方面而言,侦查主体系统内所需各种专业人员及其比例关系,主要是依据侦查工作自身的发展规律和国家对治安工作的总目标来进行宏观调控。侦查主体系统内各专业人员的培养和配备,应照顾全面,加强重点。要重点培养和配备在侦查和技术领域上具有带头意义的专业人员,正确处理基础和应用、常规和尖端、重点和一般、未来和现实等的关系,做到专业配套,结构合理。

(三)侦查主体的能级结构

侦查主体的能级结构,是指不同知识和能力的侦查人员的比例构成及其相互关系,它是侦查队伍质量和效能的重要因素。

在侦查主体系统中,侦查破案、管理人员的能级结构可分为高、中、初、预备四级配备。合理的侦查主体能级结构中,应有一定数量的起领导指挥作用的高级指挥人员和高级刑事科学技术人员,占相应数量的起骨干作用的侦查人员,占多数的起"接力"作用的初级侦查人员。上述三个能级侦查人员的数量,应由高到低呈"金字塔"型配备。

最佳的能级结构,还需侦查人员之间的恰当分工和合作。因此,应与职称、警衔等配套,制定规范的各级侦查人员的职责、权限。

三、侦查主体的素质结构

(一)侦查主体的知识结构

为了适应侦查这一特定领域的工作,侦查人员必须建立起合理的知识结构。所谓合理的知识结构就是侦查人员所要掌握的知识按一定的比例和方式组合起来的有机整体。建立合理的知识结构,有利于侦查人员将自己掌握的专业知识和其他方面的知识相结合,拓宽知识视野;有利于侦查人员适应日益多变的信息社会;有利于侦查人员采用灵活的思维活动方式,发现和寻找更多的侦查途径。

1. 科学文化基础知识。这是侦查人员必须具备的基础文化知识和修养。科学文化基础知识的内容十分广泛,它既涉及社会科学、自然科学和思维科学三大门类中的内容,又涉及日常生活知识和科学知识等各个层次中的知识。其中较为常见的学科知识领域有法学、社会学、心理学、语言学、逻辑学、管理学以及数学、物理学、化学、生物学、医学等。

2. 哲学、思维科学知识。哲学是横向知识中最高层次的知识,只有熟悉哲学的基本知识,才能进行哲学思维。由于哲学思维的基本特征,是从主体和客体的关系中把握对象,以抽象的方式探求真理,获取关于对象的一般知识,所以,对侦查工作具有绝对的指导意义。

哲学作为人类思维的一种高能形态,具有能动地认识事物的普遍性和必然性、形成科学的世界观和方法论、促进理论思维发展的功能。在哲学思维的指导下,全面掌握科学的思维方式和方法,还必须具有思维科学的知识。由于侦查思维是从侦查角度研究思维的,它本质上是思维科学在侦查思维领域中的实际应用,因此,学习掌握侦查思维的知识对侦查工作有更直接和具体的作用。

3. 侦查专业知识。这是侦查主体知识结构的关键所在,主要包括:

(1)侦查业务知识。主要是侦查学和物证技术学方面的知识,如现场勘查、侦查策略、案件侦查方法、痕迹检验、文件检验、法医学等。

(2)侦查业务基础知识。如侦查运筹、侦查决策、侦查指挥以及侦查逻辑、侦查心理、侦查情报等方面的知识。

(3)与侦查业务相关的其他专业知识。如犯罪学、犯罪心理学、警察学、治安学、预审学等。

(二)侦查主体的智力结构

智力,是指人们理解、认识客观事物并运用知识和经验解决实际问题能力的总和。侦查工作是一项以智力斗争为主要内容的工作,对侦查主体的智力结构有着特殊的要求。

1. 观察能力。观察能力是认识主体通过自身的感官对发生的事件或现象进行有目的、有计划的认识的直觉过程。侦查中的观察活动是侦查人员对与刑事案件有关的人、事、物及现象的主动知觉。

观察活动是侦查活动的前提,它贯穿于侦查活动的始终。观察能力又是侦查人员获得感性知识、捕捉犯罪嫌疑线索、收集犯罪证据的基本手段。因此,首先,侦查人员要培养良好的观察习惯,如养成有目的、有计划、有选择的观察习惯,对与侦查相关的事物有重复观察和反复观察的自觉性;其次,侦查人员要具备良好的观察的心理品质,在观察时既深入、细致,又耐心、持久;最后,侦查人员还要有科学的观察方法,如边观察、边分析、边综合。

2. 记忆能力。记忆是人脑对过去所经历过的事物再现的活动。记忆力是人们对获取与适用知识和经验必不可少的能力。记忆是知识和经验的仓库,它为思维活动提供原材料。

由于侦查工作的特殊性,要求侦查人员的记忆力必须敏捷、准确、持久,即对客观事物快速反映,不歪曲其本来面目,并长期留存在自己的头脑中。侦查人员必须加强专门训练,带着明确的目标,以坚强的毅力,掌握科学的记忆方法,锻炼自己的记忆力,培养和发展自己的记忆力。

3. 分析和综合能力。分析和综合能力是由个别到整体认识事物的两个步骤。分析是认识事物时将被认识对象分解为各个部分或各个因素,分别进行观察。综合是把已分析过的事物或因素的各个部分联结成一个整体,找出其相互间的内在联系,从而作出符合事实的认识结论。

分析和综合是认识犯罪的基本方法,分析和综合能力是侦查人员智力结构的核心。侦查人员在分析和综合能力方面要求具有深刻性、广阔性、逻辑性和灵活性的要求。

4. 应变能力和自制能力。应变能力,是指对突然的事件或情况能迅速作出判断,采取随机应变措施的能力。侦查活动是一种动态的对抗活动,对抗的双方都会受到主客观各种因素的影响,使工作出现始料不及的情况或问题,打乱预定的侦查部署和行动方案,此时,侦查人员必须临阵不乱、沉着机智,果断地采取紧急措施。

自制能力,是指自我克制、自我控制的能力。侦查工作充满着矛盾、冲突和刺激,而且这些矛盾、冲突和刺激涉及犯罪嫌疑人、被害人、证人等方方面面。因此,要求侦查人员要有善于克制、调节自己情感的能力,在诸多矛盾和冲突前保持镇静,理智地处理好各种问题。

第二节 侦查客体

侦查客体即侦查活动所指向的对象。根据法律的规定,我国侦查的客体即刑事案件。每一个刑事案件都有一定的构成要素。从侦查学意义剖析,刑事案件的结构要素主要有犯罪时间、犯罪空间、犯罪主体、犯罪对象、犯罪行为五个方面。

一、犯罪时间

(一)犯罪时间的概念

犯罪时间的概念有广义和狭义之分。广义的犯罪时间,是指犯罪分子产生犯罪意图进行犯罪预备活动到实施犯罪直至被缉获归案的一个较长的时间段,包括犯罪预备时间、犯罪实施时间、销赃毁证和逃避打击时间等。狭义的犯罪时间是对侦查工作具有直接作用的、犯罪分子实施犯罪的时间,即人们通常所说的犯罪分子在犯罪现场实施犯罪活动的时间。

犯罪时间是任何刑事案件必备的要素之一。任何刑事案件的发生都必然在一定的时间段内进行。不管犯罪分子犯罪过程如何短促,行动如何迅速,都需要时间。没有犯罪时间的刑事案件客观上是不存在的。

(二)犯罪时间的意义

根据各种因素判明犯罪时间,尤其是判明犯罪分子在犯罪现场实施犯罪的时间,对刑事案件侦查有着多方面的重要意义。

1. 有利于排查犯罪嫌疑对象。利用犯罪时间排查嫌疑对象一般有三种情形:一是通过查证核实,有多个证据确能证明嫌疑对象在犯罪时间段内不在犯罪现场,而在其他地方活动,其犯罪嫌疑则可予以否定;二是犯罪嫌疑对象在犯罪时间段内的活动无法证实,或者故意编造假情节,或有多人证明嫌疑对象在犯罪时间段内曾出现在犯罪现场及其附近,则嫌疑对象疑点上升,须进一步采取侦查措施;三是有多人证实在犯罪时间段内只有嫌疑对象出现在犯罪现场而未发现第二人,则可基本肯定嫌疑对象为犯罪人。

2. 有利于刻画犯罪分子。刑事案件侦查中,根据犯罪时间常常可以推断出犯罪分子的居住范围，分析出犯罪分子是本地人还是外地人以及判断出犯罪分子的知情程度等。

3. 有利于采取紧急侦查措施。判明犯罪时间是采取紧急侦查措施的基本前提和可靠依据。尤其是距案件发生时间短，犯罪嫌疑人逃离现场不远时，可采用警犬追踪、步法追踪，或在车站、码头、路口等处设卡堵截，盘查可疑人员，进而发现犯罪嫌疑人，直接破获案件。

（三）犯罪时间差

犯罪时间差，是指犯罪人在犯罪现场上实施犯罪行为的活动与他人（如被害人、案件发现人、侦查人员）在其他场所的活动在时间上存在的一种相互交叉重叠的现象，这种相互交叉重叠反映在他们在犯罪现场上的活动在时间顺序上存在先后之别。犯罪分子在实施犯罪时总是利用周围无人、事主离去等有利时机，犯罪后又往往采用破坏、转移、伪装、掩盖等方法尽量使犯罪行为隐蔽而不被发现和揭露。犯罪时间差有下面三个方面的含义：

1. 犯罪行为的实施与被害人或其他人在犯罪现场的活动上存在时间差。这类时间差并不存在于强奸案件、抢劫案件等犯罪人与被害人有正面接触的案件中，而多存在于盗窃等案件中，个别杀人案件中也可能出现，如投毒杀人案件、爆炸杀人案件等。

2. 犯罪行为的发生与案件的发现之间存在时间差。犯罪人在犯罪过程中被人发现和现场抓获的情形较为少见，案件发生后大多要经过一段时间后才能被人发现。有些案件如贪污、贿赂案件，犯罪人第一次实施犯罪至犯罪行为的最后暴露往往都有相当长时间的周期。这一时间差的长短直接决定着案件侦查工作的速度。两者间隔时间越长，对侦查工作越不利。

3. 发现案件与侦查活动的开展存在时间差。侦查活动的开展必须以发现案件为前提。发现案件到侦查活动的开始，一般来说，间隔的时间较短，但由于路途、地形、交通工具等因素的影响，可能会延误侦查人员到达现场的时间，从而拉长这一时间差。

（四）犯罪分子常用的掩盖犯罪时间的手法

由于犯罪时间在排查犯罪嫌疑对象时有肯定犯罪嫌疑或否定犯罪嫌疑的作用，因而，犯罪分子总是利用掩盖犯罪时间的方式来逃避打击。掩盖犯罪时间的方法多种多样，主要受制于犯罪分子的性别、年龄、职业、文化知识、社会阅历、性格爱好等因素，常见的方法有：

1. 长途奔袭。长途奔袭,是指犯罪分子的日常居住地、工作地与犯罪实施地相距较远,犯罪分子利用现代化交通工具,远距离奔波,迅速实施犯罪,整个犯罪过程在较短时间内完成,从而使他人无法察觉。采用此手法掩盖犯罪时间的犯罪分子多利用下班后的时间和节假日休息时间长途奔袭实施犯罪。

2. 幕后操纵。犯罪人在实施犯罪时不出现在犯罪现场,而是扮演幕后指挥的角色,如采取雇用他人实施犯罪或利用他人实施犯罪。

3. 利用物品,推迟犯罪时间。常见的方法有:故意撕去现场上的日历;在现场上故意留下推迟犯罪时间的字条;利用定时装置延时引爆等。

4. 冒名顶替。冒名顶替有两方面的含义:一是犯罪分子在犯罪时间段内指使他人冒己之名从事某项活动;二是在实施犯罪时,冒他人之名,以转移侦查视线,嫁祸于人。

5. 出示假证。犯罪分子为了证明自己无犯罪时间,往往故意出示能够证明一定时间的物品,如火车票、汽车票、电影票等,而这些票据上所标明的时间正好是犯罪时间或与犯罪时间接近。

6. 利用他人作伪证。为犯罪分子在时间上作伪证的大多是与其有密切关系的亲朋好友。

二、犯罪空间

(一)犯罪空间的概念

犯罪空间,亦称犯罪地点,是指犯罪分子实施犯罪的处所。犯罪空间是与犯罪时间紧密联系的一个概念,依犯罪时间的先后,犯罪空间亦有预备犯罪的空间、实施犯罪的空间和处理赃物等罪证的空间之分。

犯罪空间具有三维性,与犯罪时间一样,也是一个无限延伸的概念,它可以小到一个点,大到一个国家的领土、领海、领空。而且,犯罪空间的意义绝不仅仅是指一个相对固定和静止的点或处所,而是一个运动的、联系的概念,移动的场所、有内在联系的犯罪地点间的位置关系都属于犯罪空间的范畴。

(二)犯罪空间的意义

1. 犯罪空间是审查嫌疑对象的主要依据之一。一般而言,犯罪分子要侵害一定场所的特定对象,必然要亲临一定的场所。现场上的痕迹物品和有关的证人证言证实某一个人曾到过犯罪现场,则可在一定程度上证明其有实施犯罪的嫌疑。在特定情况下,某人到过犯罪现场还可直接起到证明其犯罪的嫌疑。如在某财物保管处所的被盗保险柜上发现留有某人的手印,而此人平常又无接触此保险柜的可能，尤其是此人是有前科的外地流窜犯罪分子时，则可证实其实施了盗窃保险柜的犯罪。同样，若证实某嫌疑对象从未到过犯罪现场，在排除了与他人勾结或雇人犯罪等情形外，则可否定其犯罪嫌疑。

2. 犯罪空间是判明案件情况、开展侦查的重要依据。犯罪空间的选择、犯罪空间相互之间的联系都在一定程度上能反映出案件的某些情况。如不同的犯罪空间之间若存在特定的联系，此犯罪空间上遗留有彼犯罪空间上丢失的物品，几个犯罪空间上有同样的犯罪痕迹或反映出相同的实施犯罪的方式，则可判明是同一个或同一伙犯罪分子实施的犯罪。此外，犯罪空间上出现的一些反常现象、遗留的犯罪痕迹或异常物质常是侦查工作的重要依据和线索。

3. 犯罪空间是推断犯罪分子情况的基本依据。犯罪空间与犯罪时间等要素相结合，常常可以推断犯罪分子是本地人还是外地人、犯罪分子的启程点和落脚点距犯罪空间的距离等。从犯罪空间的环境和内部状况等情况还可以分析犯罪分子对犯罪空间的知情程度，判明是内部人员还是外部人员或是内部人员和外部人员相互勾结实施犯罪等。

三、犯罪主体

（一）犯罪主体的概念

犯罪主体在不同的诉讼阶段有不同的称呼，侦查阶段称为犯罪嫌疑人，而在审查起诉和审理判决时则称为被告人。根据我国《刑法》的有关规定，犯罪主体是指具有刑事责任能力、实施了犯罪行为的自然人或单位。其中，自然人构成了我国犯罪主体的绝大多数。在我国，已满 14 周岁，具有了解自己行为的性质、意义和后果，能自觉控制自己行为和对自己行为负责任的能力的人均有可能成为犯罪主体。任何物品、动物、死人均不能成为犯罪主体。

根据侦查的不同情形，在由事到人的刑事案件的侦查中，犯罪主体是侦查工作所要查找的对象；在由人到事的刑事案件的侦查中，犯罪主体则是侦查工作所要审查的对象。

（二）犯罪主体的形态

犯罪主体作为侦查工作的揭露对象，其活动与侦查活动是一对矛盾统一体。犯罪主体的活动总是贯穿着对抗侦查、干扰侦查等反侦查的因素。在侦查实践中，犯罪主体主要有三种基本形态：

1. 犯罪集团。所谓犯罪集团，是指由 3 人以上结成的有严密的纪律、明确的目标的犯罪组织形式。犯罪集团的犯罪能量大，内部有严密的组织分工。

一些重大的贩毒、走私案件的犯罪组织形式主要是犯罪集团。

2. 犯罪团伙。所谓犯罪团伙，是指由三人以上结成的比较松散的犯罪组织。犯罪团伙的成员一般不固定，实施犯罪具有一定的随机性，犯罪能量远不如犯罪集团大，也无强大的经济势力，如盗窃、抢劫的犯罪团伙，带有黑社会性质的犯罪团伙等。犯罪团伙若得不到及时打击，也可能发展为犯罪集团。

3. 单个犯罪人。单个犯罪人，是指一个人故意或过失实施犯罪的情形。单人犯罪虽能量较小，但隐蔽性、智能性更强，常常发展成为惯犯、累犯。

四、犯罪对象

犯罪对象，是指犯罪分子实施犯罪行为所指向的具体的人或物。犯罪对象不同于犯罪客体，它不是刑法所保护而又为犯罪行为所侵犯的、抽象的社会关系，而是这种社会关系的主体或物质表现。

刑事案件侦查中，犯罪对象最主要的两种形态是被害人和赃物。

（一）被害人

被害人又称刑事被害人，是指人身或财产受到犯罪损害的人。被害人问题，如成为被害人的原因和预防成为被害人的措施等，已成为一门新兴的学科——刑事被害人学的研究范畴。在刑事诉讼中，被害人陈述是一种诉讼证据。在刑事案件侦查中，被害人提供的情况以及通过调查所获取的被害人的社会关系（如仇怨关系，奸情关系等）、经济收支、活动情况等都是侦查工作的重要线索。有些刑事案件中没有一般意义上的被害人，如贪污、贿赂、走私案件或被害人不明显，则需要侦查工作在更深、更广的领域内挖掘线索。

被害人在刑事诉讼中的地位比较特殊，它既不同于证人，又不同于其他当事人，但由于被害人是犯罪行为的直接受害者，对犯罪情况一般知道得比较详细、具体。杀人、伤害、强奸、抢劫、诈骗、拐卖人口等案件的被害人由于同犯罪分子有过正面接触，可以提供犯罪分子的体貌特征、衣着打扮和方言口音等，有的甚至能够指认出犯罪嫌疑人。同时，由于被害人遭受犯罪行为的直接侵害，因而一般能够提供案件的有关情况。因此，在刑事案件侦查中，被害人是侦查工作的重要依靠力量。

但是，被害人陈述也容易受到主客观因素的影响。从主观方面而言，基于惩罚犯罪的偏激情绪和心态，被害人可能夸大犯罪情节，或者为隐瞒或减轻自己的过错而捏造事实，甚至伪造证据陷害无辜。从客观方面说，被害人对犯罪行为的感知、记忆可能因心情恐慌、时间久远、环境条件等因素发生错误。因此，在刑事案件侦查中利用被害人提供的情况时一定要认真地分析，审查其现实表现、与犯罪分子的关系、陈述的来源及内容等，以免使侦查工作误入歧途。

（二）赃物

赃物，是指犯罪分子由于犯罪而非法所得之物。司法实践中，有赃款、赃物并列的称呼法，但由于赃款也是一种物，因此，统称赃物为宜。由于贪利已成为犯罪分子实施犯罪的主要趋向，多数刑事案件都直接或间接地与经济利益有关联。因此，赃物在刑事案件侦查中的地位和作用不可忽视。

赃物具有各不相同的使用价值和存在形态。犯罪分子不但有获取赃物的各种手段和方法，而且有着各自不同的处置赃物的手段和方法。因此，赃物对于侦查工作就有着多方面的意义。它既可以反映出犯罪分子实施犯罪的动机和目的，也可以反映出犯罪人的需求和兴趣，还可以通过其数量，结合运赃方式和犯罪时间等，推断出实施犯罪的人数。由于赃物持有者多是犯罪分子或与犯罪分子有着直接或间接的联系，因此，控制和发现赃物，通过赃物顺迹追踪犯罪人就成了侦查有赃物的刑事案件的一条基本思路。通过各种侦查措施和手段查获的赃物以及查证核实的犯罪分子获取和处置赃物活动的证言、供词在刑事诉讼中都可以作为揭露证实犯罪的证据。

尽管犯罪对象并不是所有犯罪必须具备的构成要件，如《刑法》规定的脱逃罪、偷越国（边）境罪即没有犯罪对象。但犯罪分子所侵害的具体的人和物是广泛的，并不仅仅只局限于被害人和赃物两个方面。侦查工作应当善于发现和利用犯罪对象为侦查工作服务。

五、犯罪行为

犯罪行为是刑事案件结构要素中最核心的内容。任何犯罪行为都有一定的起因，都有一定的形态，都有一定的结果。

（一）犯罪原因

1. 犯罪原因的多层性。犯罪原因是个多层次的范畴。马克思主义犯罪学理论认为，剥削阶级制度和思想是产生犯罪的总根源。在社会主义制度下，尤其是在社会主义初级阶段，犯罪的发生与阶级斗争在一定范畴内的存在，多种经济成分的长期并存以及生产力的发展不能满足人们日益增长的物质和文化需要、剥削阶级制度和思想的残余影响有着直接的关联。

就具体犯罪行为的原因分析，既有宏观社会环境的影响，如政治因素、经济因素、文化因素、科技因素等的影响，如正确认识和处理阶级斗争问题有利于抑制犯罪,经济政策失误及管理、监督体制的缺陷易诱发经济领域犯罪、文化领域中的消极因素对社会造成污染也会对犯罪起催化剂影响等;也会受社会微观因素的制约,如家庭环境、学校环境、街区环境、职业环境等,它们分别从不同方面影响着犯罪的发生。

2. 犯罪目的和动机。侦查学研究刑事案件的犯罪原因时并不具体分析导致某一犯罪行为发生的宏观社会环境和微观社会环境,而是侧重于对与侦查工作有直接关联的犯罪动机和目的的考察。

犯罪目的,是指犯罪人实施犯罪行为希望达到的结果,它只存在于直接故意的犯罪中。凡属直接故意犯罪,都是犯罪人基于某一特定目的而实施的。间接故意犯罪和过失犯罪都无犯罪目的。不同类型的刑事案件有着不同的犯罪目的,如盗窃案件中的犯罪目的是非法窃取公私财物,故意杀人案件中的犯罪目的是非法剥夺他人生命。

犯罪动机则是指推动或促使犯罪人实施犯罪行为的内心起因。例如,为报私仇而杀人,报私仇就是杀人的动机。犯罪动机和犯罪目的是密切联系、互相作用的,但又互有区别,不能混为一谈。动机是目的的内在起因,目的是动机的具体指向。如在故意杀人案件中,犯罪人犯罪的目的是非法剥夺他人生命,但犯罪人动机有多种多样,有的是报私仇泄愤杀人,有的是毁灭罪证消灭罪迹杀人,有的是图财杀人,有的是婚姻、恋爱、家庭纠纷杀人等。又如,在盗窃案件中,犯罪人都是以非法窃取公私财物为目的,但犯罪的动机却各不相同,有的是由于腐化堕落,有的是为了贪图享受,有的是因生活困难等。

3. 犯罪动机和目的的侦查意义。犯罪的目的和动机对认定犯罪、审查立案有着各自不同的意义。犯罪的目的是某些犯罪的必备要件,如拐卖人口犯罪(以出卖为目的)。而犯罪动机一般不是犯罪的构成要件,不影响犯罪的性质,只是影响犯罪的社会危害程度,具有量刑的意义。

在刑事案件侦查中,犯罪的动机和目的是侦查工作首先要判明的重要问题,具有重要的意义。首先,犯罪的动机和目的是确定刑事案件性质的基础。刑事案件侦查中的案件性质既非事件性质,也不完全等同于刑法上的犯罪性质,其确定的主要依据并不是刑法上的犯罪结构要素,而是是否有利于侦查工作的开展。侦查中确定刑事案件性质的主要因素就是犯罪的动机和目的。如盗窃案件的性质按犯罪动机和目的可分为政治性盗窃和经济性盗窃,放火案件的性质依犯罪人的犯罪动机有报复社会放火、私仇报复放火、放火灭迹(如灭杀人之迹、灭盗窃或贪污之迹等)。其次,犯罪动机和目的是确定侦查方向和范围的重要依据。犯罪的动机和目的可以反映出犯罪人和被害人之间有无特定的因果联系,有无利害冲突,从而为确定侦查方向和侦查范围提供依据。

(二)犯罪形态

犯罪形态,是指犯罪行为的外部物质表现形式。刑事案件的犯罪形态可谓五花八门,不同的刑事案件有着不同的犯罪形态。犯罪形态包括以下几个方面的内容:

1. 犯罪的预备形态。我国《刑法》第22条规定:"为了犯罪,准备工具,制造条件的,是犯罪的预备。"刑事案件,不管是未遂的还是已遂的,大多有预备形态。除了预备犯罪工具,犯罪分子在正式实施犯罪前常常进行下列预备行为:(1)准备犯罪的手段,如为实施扒窃而学习和练习扒窃的技术;(2)为实施犯罪而事先进行调查,如窥测犯罪地点,打探被害人行踪等;(3)清除实施犯罪的障碍,如为深夜行窃,事先将被害人家中的狗毒死;(4)引诱、胁迫他人进行犯罪;(5)拟订共同犯罪的计划,进行组织分工等。

2. 犯罪工具。犯罪工具,是指犯罪人在实施犯罪过程中破坏犯罪障碍物、侵害犯罪对象等所借助的物。其中,造成他人人身伤害的犯罪工具一般称为凶器。犯罪工具的选择和使用集中体现了犯罪手段方式。

由于犯罪分子实施犯罪的手段方式多种多样,因此,被犯罪分子利用的犯罪工具也形形色色。从来源分,犯罪工具有的是犯罪分子在实施犯罪前预先准备的,有的是在实施犯罪时在犯罪现场周围或在犯罪现场就地获取的;从功能上分,犯罪工具分为破坏障碍物的工具(如撬压工具),侵害人身的凶器,掩盖犯罪的工具(如手套、汽油等),实施犯罪的辅助工具(如照明工具、搬运工具)等。

犯罪工具的判定对案件侦查有着多方面的意义,如刻画出犯罪分子有获取某种工具的条件,有使用某种工具的特殊技能,可能居住在某一特定区域或在某一特定行业工作等。犯罪工具及其痕迹还是刑事案件侦查中并案侦查的主要依据之一,也是搜查、勘验、鉴定、警犬追踪和识别等侦查措施实施的目标和基础。

3. 犯罪侵害形态。在多数情况下,对犯罪对象的侵害与犯罪分子在犯罪现场上的活动过程是同一意义。不管是对人的侵害,还是对物的侵害,犯罪分子对犯罪对象的侵害形态主要有两种:一种是公开的暴力侵害形态,另一种是秘密的非暴力侵害形态。对犯罪侵害形态的分析是一个综合而又复杂的问题,如对犯罪分子接近犯罪对象的方法、侵害犯罪对象的方法、逃离犯罪现场的方法等,须结合现场情况和被害人陈述、证人证言等全面研究。

4. 犯罪的后续形态。犯罪的后续形态,是指犯罪分子对犯罪对象实施了侵害、达到犯罪目的后实施的与其犯罪行为有关的活动,是其犯罪行为的延续。如处置赃物的行为,毁灭证据、与他人订立攻守同盟的行为,刺探侦查工作情况的行为,隐匿逃窜的行为,自首的行为等。对犯罪后续形态的分析判定是发现侦查线索和缉捕犯罪嫌疑人的基础。

(三)犯罪结果

犯罪结果,是指犯罪分子实施犯罪行为的危害结果。犯罪结果既有物质性的,也有精神性的。前者如人身伤亡,财产损失,后者如政治影响、社会影响等。

在刑事案件侦查中,犯罪结果是确定案件级别、实行侦查分级管理的主要依据。刑事案件依据其危害结果分为一般案件、重大案件和特别重大案件。根据案件分级管理的有关规定,它们分别由不同级别的侦查机关负责侦查。其中,那些犯罪结果严重,特别是重特大案件,是刑事案件侦查的主攻目标。

犯罪结果也是认识刑事案件的起点和基础。刑事侦查认识活动的基本特点之一就是逆向性。在刑事案件侦查中,侦查人员首先接触到的往往是犯罪行为的危害结果,如某人被杀、某物被盗等,侦查工作就是要从这些犯罪结果出发,查明犯罪的原因和案件的形成情况,进而查获犯罪嫌疑人。因此,犯罪结果往往是侦查认识活动的起点,对案件性质的认识、对案情的分析以及侦查工作的开展都必须以犯罪结果所反映的客观事实为依据。

潜在的犯罪结果是侦查工作需要追寻的目标,现实的犯罪结果是核实和印证犯罪嫌疑人供述的重要依据。侦查工作首先接触的并不一定都是某一犯罪结果,而仅仅是可疑的犯罪线索和犯罪嫌疑人或者是只掌握了其部分犯罪事实的犯罪嫌疑人。此时,侦查的目的就是要查明犯罪结果,犯罪的结果成为侦查工作要追寻的目标,如贪污、贿赂案件的侦查情形往往如此。但是,现实的犯罪结果,如犯罪现场情况、被害人的人身伤亡和财产损失情况,在经勘验固定和调查掌握后,又是核实犯罪嫌疑人供述或辩解的真伪、揭露证实犯罪的重要证据。

第三节　侦查行为

一、侦查行为的表现形式

侦查行为是侦查主体实施的侦查活动，是指为实现一定侦查目标而采取的侦查措施和手段。侦查行为的表现形式多种多样。

(一)根据其实施的形态，侦查行为可分为公开的侦查行为和秘密的侦查行为

公开的侦查行为，是指侦查主体公开身份、公开意图而开展的侦查活动。公开的侦查行为常发生在获取犯罪证据和对犯罪嫌疑人采取公开的查缉和强制措施之时。我国《刑事诉讼法》规定的侦查措施都是公开的侦查活动，如询问证人、被害人，勘验检查，侦查实验，搜查，通缉，逮捕，拘留等。

秘密的侦查行为，是指侦查主体隐蔽真实身份、隐蔽侦查意图而开展的侦查活动。秘密的侦查行为常发生在对重点嫌疑对象开展侦查的阶段。根据秘密侦查行为的表现形态，可将其分为外线侦查行为、内线侦查行为和技术侦查行为等，如跟踪、守候、秘密力量打入侦查、窃听等。秘密侦查所获得的材料一般不能直接作为证据使用，但却是公开侦查获取证据的基础。

(二)根据其功能，侦查行为可分为取证类侦查行为、控制类侦查行为、查缉类侦查行为、强制类侦查行为

1. 取证类侦查行为，是指法律明确规定的、以获取证据为其主要功能的侦查措施。根据我国《刑事诉讼法》的规定，我国取证类的侦查措施有讯问犯罪嫌疑人、询问证人、勘验和检查、搜查、扣押物证和书证、鉴定等。

2. 控制类侦查行为，是指控制犯罪嫌疑人和赃物等的侦查措施，如控制赃款赃物、查询冻结存款和汇款、控制阵地等。

3. 查缉类侦查行为，是指为查获和缉捕犯罪嫌疑人而采取的侦查措施，如追击堵截、通缉、清查、缉捕在逃犯罪嫌疑人等。

4. 强制类侦查行为，是指限制和剥夺犯罪嫌疑人人身自由的各项侦查措施，如逮捕、拘留等。

二、侦查行为的实施原则

(一)合法运用的原则

侦查是一项法律活动,受一定的法律规范的调节和制约。

1. 侦查行为的运用对象只能是与犯罪嫌疑案件有关的人、事、物。侦查作为刑事诉讼行为,其对象是已经立案、需要侦查的犯罪事件,即刑事案件。某一种行为是否构成犯罪以及构成何种犯罪是我国《刑法》调整的范畴。侦查活动的开展必须以刑法规定的犯罪的存在或可能存在为前提。相应地,侦查行为的实施对象只能是与犯罪有关的人、事、物,如被害人、犯罪嫌疑人、犯罪工具、赃物、犯罪嫌疑线索等。

2. 侦查行为的实施必须遵循刑事诉讼法对侦查的程序规定。刑事诉讼法中,对于讯问犯罪嫌疑人、询问证人、勘验和检查、搜查、扣押物证和书证及鉴定活动的程序以及逮捕、拘留等强制措施的条件、程序、时限等都作了明确的规定。设计上述侦查行为时必须严格遵循刑事诉讼法的有关程序规定。实施违反刑事诉讼法规定的侦查活动而获取的证明案件事实的有关材料,不能作为证据使用。

3. 侦查行为的实施还须遵循有关侦查职能部门制定的侦查法规。侦查是一项复杂的社会工作,涉及社会生活的各个领域和各个方面,仅有刑法和刑事诉讼法的原则规定显然是不够的,为此,有关侦查职能部门为了适应各自工作的需要,颁行了大量的法令、条例、规定、细则等,使侦查工作日趋制度化、法律化。如公安部就主持制定了《刑事侦查工作细则》、《刑事现场勘查细则》、《关于刑事侦察部门分管的刑事案件标准和管理制度的规定》等。这些法规是对刑法、刑事诉讼法原则规定的具体化、明确化,对现实的侦查工作具有更加切实可行的规范和指导意义,在侦查行为中必须严格遵循这些法规的规定。

(二)严密部署的原则

侦查行为的实施是一项认识活动,更是一项实践活动,建立在对犯罪情况分析判断的基础之上的侦查行为要有效的实施,还有赖于严密的部署,其具体要求是:

1. 侦查部署要有点有面,点面结合。侦查工作开展之初,由于犯罪情况往往不明确,侦查决策的依据不充分,因而在侦查的设计和部署上强调在确定的侦查方向和侦查范围内有点有面地开展工作。也就是说,既要运用侦查策略在较大的范围内去发现侦查线索,又要把侦查已发现的转为突出的、明显的线索作为侦查行为的主攻目标，做到点面结合。如此部署侦查，即使在侦查重点线索和侦查主攻目标的确定方面出现了某些偏差，也不会使整个侦查工作受到重大影响。因为可以通过面上的侦查工作逐步缩小侦查范围，及时调整侦查重心，把侦查工作推向深入。

2. 侦查措施要统一组合，交叉使用。每一项侦查措施都有其特定的功能，也都有其局限性，每一项侦查行为不可能是万能的。因此，为了迅速地推进侦查，必须使各项侦查行为在一定的侦查情势下合理组合，形成合力。实践证明，在已经确定的侦查范围内实行多层次、多种类的侦查行为组合，只要其中的一种或几种措施发挥了功能，就能迅速地发现侦查线索，推进侦查。

即使是单一的侦查措施的实施也离不开相关的侦查措施的支持和配合。如每一项侦查措施的实施都需要运用正面调查和侧面调查的方法获取有关情况，一些秘密措施的实施也需要运用其他侦查措施掩护或监控犯罪嫌疑人。只运用某一侦查略措施就能侦查终结某一个刑事案件，或者是单靠某一个侦查措施就可以圆满地达到某一侦查目标在客观上都是不可能的。

3. 公开措施和秘密措施要有机配合。侦查措施既有公开的，也有秘密的，其功能和使用的策略方法各不相同，但两者之间联系紧密，互相配合。公开的侦查措施常常被运用于掩护秘密侦查措施，秘密侦查措施常常被用于为公开的侦查措施的实施查明情况，如用秘密侦查措施查明了犯罪组织内部情况，监视控制犯罪嫌疑人，可以为公开的搜查和缉捕的实施提供可靠的依据。

(三)优化选择的原则

优化选择的原则，是指侦查行为在运筹过程中要根据具体的侦查情势，从客观存在的若干侦查措施中选择花费时间短、侦查代价小、侦查功效大的措施付诸实施。侦查措施之所以要进行优化选择，是因为受制于下列诸多因素：

1. 侦查措施的多样化。由于侦查策略有着广泛的理论渊源和实践基础，因而，侦查中形成了门类齐全的侦查策略措施体系。这些侦查措施从功能上考察，既有调查性的，又有强制性的；从运用形式上分类，既有公开的，又有秘密的；从法律属性上分析，既有刑事诉讼法规定的调查取证措施和强制措施，又有相关侦查法律中规定的侦查措施。这些侦查措施多数情况下在侦查中都有其适用性，可以解决案件侦查中的某一个或某一些问题。但是，任何侦查措施的实施都必须具备一定的客观条件，同时，也都有一定的局限性。这样，就必然涉及在具体侦查中对侦查策略措施的取舍问题。

2. 侦查思维的多维性。侦查思维的多维性,是指侦查认识活动并不是单向定位的简单思维,而是多方位、多角度的综合性思维。侦查思维的多维性是由刑事案件中因果联系的复杂性决定的。刑事案件因果联系的形式多种多样,既有一因多果,又有一果多因,还有多因多果;既有真实的,又有虚假的;既有直接的,又有间接的;既有必然的,又有偶然的等。

因果联系的复杂性要求侦查认识活动不能只沿着一条线路进行,侦查主体在侦查过程中,要不断开拓思维领域,尽可能穷尽各种可能性。在对刑事案件各种可能性的评价中,必然会有所偏重,而由各种可能性派生的侦查策略措施也就自然地需要优选。

3. 侦查工作的及时性。及时破案是对侦查工作的基本要求。由于犯罪大多是物质性的破坏活动,危害大,影响坏,因此,无论是已经实施的犯罪,还是正在预谋的犯罪,一般都应予以及时揭露和打击。侦查工作这一目标的实现有赖于在对犯罪情况全面科学分析的基础上采取有效的策略措施。

因此,侦查行为的运用必须充分考虑其效益,包括策侦查行为实施的人力、物力、财力、时间等因素,力求用最少的侦查代价达到最大的侦查效果,使侦查工作尽可能少的出现重复消耗或无谓消耗问题,从而达到及时揭露证实犯罪的目的。

(四)因势施策的原则

因势施策的原则,是指要求侦查主体要根据犯罪的具体情况和侦查的基本态势灵活实施侦查行为。任何侦查行为的实施都必须有充分的依据,侦查人员运用侦查行为的主观意图要与客观实际相符合。

1. 侦查行为的设计要知己知彼。知己知彼,是指侦查主体在设计和运用侦查行为时,必须熟悉侦查行为实施主体和实施对象的具体情况,并根据双方的实际情况施计用谋。

侦查行为的实施是一场极其复杂的智力斗争,特别是行为实施主体面对的是阴险狡诈的犯罪分子时,如何利用自己的有利条件和对方的弱点,采取隐蔽巧妙的策略方法,往往是侦查工作成败的关键。因此,侦查主体要实施侦查行为时,要深入周密地研究自身和对方的具体情况,尤其是侦查人员和犯罪嫌疑人的对比和相互关系。在分析判断犯罪情况时,侦查人员应在分析犯罪人的经验、能力和心理倾向的基础上,采用“心理换位法”设身处地地考虑在一定条件下的犯罪人会如何犯罪以及如何对付侦查,从而使侦查行为的实施建立在知己知彼的基础上。

2. 侦查行为的实施要“敌变我变”。“敌变我变”，是指侦查行为在实施过程中要根据不断变化的犯罪情况不断进行调整和改变，以适应侦查工作的需要。

客观世界瞬息万变，侦查工作也常常面临着变化。一方面，由于侦查认识活动是一种逆向思维，因而不可避免地带有模糊性和不确定性的特点，侦查的判断和推理也大多是一种或然性的结论，因而，对犯罪情况的分析判断往往随着侦查工作的推进需要修正。另一方面，犯罪活动是发展变化的，犯罪人往往采用各种方法转移侦查工作的视线，将侦查工作误入歧途，陷入僵局。面对这些不断变化的情况，侦查工作的基本策略要求是及时调整侦查方向和侦查重点，使侦查措施适应变化的犯罪情况和侦查情况。

第五章　侦查基础

第一节　刑事技术

一、刑事技术的概述

刑事技术，是指侦查活动中用于同刑事犯罪作斗争的各种专门技术手段和方法的总称。刑事技术的范围广泛，其包括的内容有：发现、提取、固定、记录事实和证据的技术手段；检验、鉴定证据的技术手段；搜集、储存、检索情报的技术手段；监视、控制犯罪活动的技术手段；防范、防伪技术手段；通讯联络技术手段。刑事技术按照专业划分，可划分为：痕迹检验技术；笔迹检验技术；人体外貌识别技术；理化检验技术；法医检验技术；生物检验技术；声纹检验技术；警犬鉴别技术；犯罪心理测定技术；照相、录像技术；刑事档案技术；电子侦查技术等。这些技术手段在打击和预防刑事犯罪中都起着十分重要的作用。

从刑事技术所涉及的范围看，刑事技术既包括了物证技术方面的内容，同时也包括了侦查技术、法医学检验技术和预防犯罪技术等内容。其中，物证技术在刑事技术中占有重要的地位。

物证技术，是指为了发现、记录、提取、检验和鉴定案件中的物证而采取的各种科学技术方法的总称。根据物证技术检验的对象，可将其分为：

形象痕迹的检验技术。如手印、脚印、工具痕迹、车辆痕迹等检验，均属于形象痕迹检验技术的范围。

枪弹痕迹的检验技术。枪弹痕迹的检验分为弹头和弹壳上的痕迹检验，其主要是通过对有关的枪弹痕迹的检验，对发射枪支进行同一认定。

笔迹检验技术。通过对与犯罪有关的字迹进行鉴定，确定字迹是何人书写的,是在何种条件下书写的,书写人的年龄、文化程度等情况。

伪造文书检验技术。主要是针对伪造的字迹、伪造的票证、伪造的印章进行检验。除了上述内容外,物证技术还包括了指纹登记技术、外貌识别技术和照片鉴定技术等。

二、刑事技术在侦查中的地位和作用

刑事技术、侦查情报、刑事特情是侦查中不可缺少的侦查手段,它们共同构成了侦查的三大支柱。其中,刑事技术又是三大支柱的基础。刑事技术贯穿侦查工作的始终,它在侦查活动中的作用主要表现在:

1. 运用刑事技术手段记录、固定刑事犯罪现场和犯罪事实,客观、准确地为侦查工作提供第一手资料。

2. 通过勘验、检查、搜查等活动,广泛搜集与犯罪有关的资料,为查明事件性质,分析判断案情,确定侦查方向和侦查范围,部署侦查计划和实施侦查活动提供科学依据。

3. 利用刑事技术手段和方法,发现与审查犯罪嫌疑人,缩小侦查范围,提高侦查工作效率。

4. 发现、固定、收取、保全、鉴定与犯罪有关的专门性问题,确定犯罪事实,证实犯罪人,为揭露和打击刑事犯罪活动提供有力的证据。

5. 通过鉴定和侦查破案活动,搜集、储存犯罪情报资料,建立刑事技术档案,为侦查破案,查找犯罪嫌疑人以及通缉、辨认在逃罪犯提供线索和依据。

6. 针对刑事犯罪活动的规律和特点,研究制定技术防范措施和防伪设施,以遏止和减少犯罪。

三、我国刑事技术工作的机构设置

我国刑事技术的体制是在同刑事犯罪活动作斗争的实践中不断发展和完善的。目前,我国刑事技术业务工作和科学研究工作主要由以下几方面的力量构成:

(一)各级侦查部门的技术机构

各级侦查部门的技术机构是刑事技术的业务指导和实战单位,是刑事技术的基础力量。它的主要任务是承担刑事技术建设的规划与业务指导、检验与鉴定工作,为侦查破案服务。同时,结合实际工作中的问题,开展科学研究,采用新的检验鉴定技术和方法,扩大检验鉴定的领域和范围。

(二)刑事技术的研究机构

刑事技术研究机构是开展刑事技术研究的骨干力量。它的主要任务是承担系统的、急需的、技术难度较大的专门课题的研究任务。同时,它也承担一部分刑事技术的检验鉴定任务。

(三)从事刑事技术教育的高等、中等院校

从事刑事技术教育的高等、中等院校其主要的任务是培养不同层次的刑事技术人才,并结合教学和科研开展刑事技术科研工作,协助侦查业务部门解决有关的刑事技术难题。

从目前我国刑事技术的范围看,公安部刑事案件侦查局技术处和最高人民检察院技术局是本系统刑事技术工作的最高行政管理部门,负责刑事技术工作的管理与发展规划的制订,拟定有关的规章制度,指导本系统的刑事技术工作。其中,公安部、最高人民检察院和司法部所属的研究所是全国刑事技术科研和检验鉴定的中心。公安部、司法部和有关部、委所属高等院校的刑事技术教学部门,除承担培养刑事技术专门人才外,也承担了部分刑事技术的科研任务和刑事技术的检验鉴定任务。省、地(市)县各级刑事技术部门承担着辖区内各自管理的指导任务、取证任务、鉴定任务和部分科研任务。

为了加强刑事技术的现代化、科学化建设,从20世纪80年代初开始,公安部和最高人民检察院就在全国范围内开展了组建两级技术中心和三级技术点的建设工作。公安部和最高人民检察院的研究所是一级技术中心。一级技术中心除了装备常规的刑事技术检验设备外,还重点装备了先进的仪器设备。一级技术中心主要负责全国疑难物证的鉴定和复核工作,负责刑事技术鉴定中新技术和新方法的研究、引进和推广工作以及对刑事技术人员的培训工作。各省、市、自治区的刑事技术机构是二级技术中心。各地根据刑事技术工作的需要,配置有较为先进、全面的常规检验鉴定设备。二级技术中心主要负责其辖区内刑事技术检验鉴定的复核任务,并且结合本地区的实际情况,组织相关刑事技术项目的研究,引进和利用新的科研成果,提高刑事技术的检验鉴定水平,对辖区内的刑事技术工作进行指导。刑事技术的一级点设在省会城市或200万人口以上大城市的公、检侦查部门,它们承担管辖地区重大、特大案件的现场勘查以及疑难物证的检验鉴定和复核工作,指导市、县级的刑事技术工作。刑事技术二级点设在地区或省辖市的公、检侦查部门,它们主要承担刑事技术检验鉴定的初级复核工作,参与重大、特大刑事案件的现场勘查,对辖区内的三级技术点进行业务指导。刑事技术三级技术点设在市(县)或市辖区的侦查部门,它的主要任务是运用刑事技术手段勘查现场,开展刑事技术的检验鉴定工作,为侦查破案提供线索和证据。

第二节　侦 查 情 报

一、侦查情报概述

(一)侦查情报的概念及种类

1. 侦查情报的概念。侦查情报,是指通过各种合法及有效的手段和方法获取的,供侦查部门及其他有关部门打击犯罪和预防犯罪使用,具有侦查价值的线索和情况。

2. 侦查情报的种类。

(1)根据侦查情报不同的物质表现形式分为文字情报、声像情报和实物情报。

文字情报,是指用文字形式记录下来的侦查情报资料,如各种文字情报档案、卡片、资料登记、书信、票据、便条、合同等。

声像情报,是指以声音或图像形式表现出来的侦查情报。其特点是:声像情报是以画面、图像或声音这些媒介来传递和表现的,如通过电影、电视、录像、幻灯、绘画、广播、录音、电话等方式进行传递和表现的情报。

(2)根据侦查情报使用频率的不同分为一次过程情报和复用情报。

一次过程情报又称短效情报,它是指某些侦查情报只经过输入——处理——输出这样一个过程便完成了使命,以后不再重复使用。

复用情报又称长效情报,它是指某些侦查情报经过输入——处理——输出的同时,又转入储存以备再次输出。复用情报多为档案情报。

(3)根据侦查情报的功能不同分为证据式情报和线索式情报。

证据式情报,是指在侦查过程中获得的,既能在侦查过程中作为线索或依据查明犯罪人和犯罪事实,又能在刑事诉讼中对犯罪人和犯罪事实起证明作用的情报。如犯罪的痕迹物品;知情人的证言;赃物、赃款;犯罪嫌疑人的供述和检举等。

线索式情报,是指只能在侦查中作为线索使用,而不能在刑事诉讼中作为证据使用的情报资料。如侦查情报工作中,凡是通过秘密手段和方法获取的侦查情报,都只能作为线索,而不能直接作为证据使用。

(4)根据侦查情报作用的不同分为战略性情报和战术性情报。

战略性情报,是指包含有犯罪的规律、特点及其发展、变化趋势,能为侦查工作和预防犯罪工作制订总体规划,预测犯罪活动的动向,实施带有全局性和总体性的侦查活动提供依据的侦查情报。

战术性情报,是指包含与犯罪有关的某一具体事件或情节或现象的信息,为实施侦查工作的某一项具体活动或措施而服务的侦查情报。

(5)根据侦查情报适用的范围不同分为个案性情报、类案性情报和防范性情报。

个案性情报,是指在个案侦查中使用的侦查情报。个案性情报的特点为:一方面,情报的内容往往与某一具体的刑事案件有关;另一方面,个案性情报主要是为侦查破案服务。

类案性情报,是指与类案有关并在类案侦查中使用的侦查情报。

防范性情报,是指用于犯罪工作的侦查情报。其适用的范围主要包括预防犯罪的工作,如制订预防犯罪的规划,分析犯罪活动的动向,实施预防犯罪的具体措施及其依据。

(二)侦查情报的作用和任务

1. 侦查情报工作的作用。侦查的过程就是搜集和运用侦查情报的过程。侦查实践证明,加强侦查情报工作的建设,不仅可以多方面收集犯罪信息,提供侦查线索和诉讼证据,提高侦查破案工作的效率,而且还能够及时发现预谋犯罪活动,制止重大预谋犯罪案件的发生,达到主动进攻,先发制敌的目的。侦查情报在侦查中的作用具体表现在:

(1)侦查情报能为侦查破案工作提供大量的侦查线索和证据,加快刑事案件的侦破进程,提高侦查工作效率。刑事案件的侦查需要大量可供分析、决策的线索、证据和依据,而侦查情报工作正是通过搜集大量的与犯罪有关的情报资料,经过分析、鉴别后为侦查破案工作提供线索和依据。因此,侦查情报工作的好坏常常直接影响到侦查工作的进程和效率。

(2)侦查情报有利于加强侦查机关的协调联系,是打击流窜犯罪和有组织犯罪的有力手段。当前,刑事犯罪活动出现了许多新的情况和新的变化,流窜犯罪、有组织犯罪日益突出。因此,侦查工作必须打破划定的行政区划界限,在侦查机关各部门之间、地区之间建立起侦查情报网络和协同作战体系,依据侦查情报发现与缉捕犯罪人。

(3)侦查情报是争取侦查工作主动权,实行先发制敌的一项根本性措施。侦查破案和预防犯罪是侦查工作不可分割的两个部分。侦查机关要掌握同刑事犯罪作斗争的主动权,常常需要通过侦查情报工作来搜集大量的与犯罪有关的情报资料,并根据掌握的情报资料制定出防范控制的规划、措施和具体的行动方案,将刑事犯罪制止和消灭在预谋阶段。

(4)侦查情报工作能够为侦查工作的科学决策,掌握同刑事犯罪作斗争的主动权提供依据。侦查情报可以揭示刑事犯罪活动的规律特点,反映刑事犯罪活动的动向、趋势,从而使侦查机关能够作出科学的决策,有针对性地采取侦查措施、侦查手段和侦查方法,真正掌握侦查工作的主动权。

2. 侦查情报工作的任务。为侦查破案和预防犯罪服务的宗旨决定了侦查情报工作的任务是:

(1)广辟侦查情报信息资料来源,搜集侦查情报,及时发现刑事犯罪活动和预谋犯罪的线索。

(2)对侦查情报进行整理、分析,为侦查破案和预防犯罪提供依据。

(3)加强侦查情报工作的自身建设,努力提高侦查情报的服务效率。

二、侦查情报工作的主要内容

(一)侦查情报的搜集

侦查情报的搜集,是指侦查部门和侦查人员运用各种侦查措施和侦查手段以及其他合法有效的方法去获取各种与犯罪有关的情报资料的过程。侦查情报的搜集是侦查情报部门获取和积累情报资料的一种手段,也是做好情报管理工作的前提和基础。

1. 侦查情报搜集的范围。侦查情报搜集的内容和范围十分广泛,只要是侦查破案和预防犯罪所需要的信息以及与刑事犯罪活动有关的一切事实、现象和其他信息都属于侦查情报搜集的范围。其具体的范围包括:

(1)人员情报资料。人员情报资料包括:已经查获或已经查明的刑事犯罪分子的情况资料;逃跑的劳改犯、未决犯以及在劳动教养、少管中脱逃的人员情报资料;通缉的案犯以及逃跑后的犯罪分子的情报资料;刑事嫌疑分子情报资料;流窜犯罪分子情报资料;犯罪团伙、犯罪集团情报资料;国外、境外犯罪分子情报资料;失踪人情报资料;不知名尸体情报资料;盲流人员情报资料;城市流动人口情报资料。

(2)案件情报资料。案件情报资料包括:各类刑事案件的情报资料;预谋犯罪案件的情报资料;流窜犯罪案件的情报资料;团伙犯罪、集团犯罪案件的情报资料;系列犯罪案件的情报资料;各类未破犯罪案件的情报资料等。

(3)物品情报资料。物品情报资料包括:刑事犯罪案件中的各种痕迹物品资料;可能与刑事案件有关的物品资料;各类可疑物品资料;刑事案件中损失的物品资料;样品、样本资料等。

(4)犯罪线索情报资料。犯罪线索情报资料包括:各种与已经发生的犯罪活动有联系的人、事、物的线索资料;通缉、通报的刑事犯罪线索资料;在阵地控制、侦查破案、预审工作中发现的犯罪线索资料;侦查部门上下级之间、相邻地区侦查部门之间以及友邻单位之间交流的各种犯罪线索情报资料;一定地区和范围的社情、敌情等情报资料;其他与侦查破案和预防犯罪有关的情况、线索等情报资料。

2. 侦查情报搜集的方法。由于侦查情报的种类、特性不同,侦查情报对其搜集方法的要求也有所不同。侦查情报搜集的基本方法可采取侦查情报部门的专业人员搜集和依靠广大侦查人员搜集相结合,侦查部门搜集与其他部门提供相结合,集中搜集与平时工作积累相结合的方法进行。具体的搜集方法是:

(1)通过各种侦查措施和侦查手段进行搜集。如在刑事案件侦查中,通过调查访问、搜查、辨认、通缉通报、阵地控制等侦查措施和侦查手段搜集侦查情报资料。

(2)通过运用刑事技术手段搜集侦查情报资料。

(3)利用侦查隐蔽力量和治安耳目搜集侦查情报资料。

(4)通过侦查破案工作搜集侦查情报资料。

(5)通过查对刑事档案搜集侦查情报资料。

(6)通过其他方法搜集侦查情报资料。如通过与工商、税务、海关、纪检等部门进行情况交流,搜集有关侦查情报资料;通过预防犯罪中的刑嫌调控搜集与案件有关的线索;通过有关的报刊、杂志以及其他媒体的信息,搜集有关的社情、敌情等情报资料。

(二)侦查情报的鉴别

1. 侦查情报的鉴别及任务。侦查情报的鉴别,是指对搜集到的侦查情报,根据其来源、搜集的方法和途径及其他加工方法的不同,进行分析、评断,以确定其效用大小和可靠与否的一项专门工作。

侦查情报鉴别的任务：

(1)确定情报对侦查工作是否有效以及情报效用的大小。

首先，对侦查活动中搜集到的情报，要通过鉴别确定其是否是有效情报。在侦查实践中，难免也会有对侦查工作无作用或对侦查工作具有反作用的情报存在。因此，对侦查情报的鉴别，就是要将情报中的虚假情报、无用情报和过时情报剔除，避免其误导侦查工作。

其次，对于有效情报，应通过鉴别确定其效用的大小。由于侦查情报的来源、内容和形式不同，使得情报的作用各不相同。因此，通过侦查情报的鉴别工作，以确定每一个情报的价值，为下一步情报的利用创造条件。

(2)确定情报的可靠程度。侦查情报可靠性程度的高低直接影响到侦查工作的成败。因此，侦查工作中对情报的利用前提是对侦查情报的可靠程度进行分析、判断，通过对侦查情报的鉴别，从情报的来源、搜集和其他加工方法入手进行考察评断，以确定侦查情报的可靠性。

(3)侦查情报鉴别工作中，在条件允许和侦查工作需要的前提下，应对某一侦查情报被利用以后的效果作出预测。在鉴别侦查情报的有效性和可靠性的基础上，可结合具体案件的实际情况，预测某一情报使用后，可能会出现什么样的结果，以及在情报的利用中是否需要注意某些问题等。

2. 侦查情报的鉴别方法。

(1)复查法。复查法是指对于某些有条件进行重新审查的情报，对其从来源、搜集及其他加工方法等方面进行复查，以鉴别、查明情报是否在这些环节上出了差错从而影响到其有效性和可靠性。

(2)逻辑分析法。逻辑分析法是指对某些条件不允许进行重新审查的情报，通过逻辑推理、分析去发现和寻找影响情报有效性和可靠性的因素，从而消除、解决这种因素的一种鉴别方法。

(3)比较法。比较法是指将需要鉴别的情报和其他不同类情报及同类情报进行比较，以确定其有效性和可靠性的一种鉴别方法。

3. 侦查情报鉴别的途径。侦查实践中，侦查情报的鉴别途径主要有以下几种：

(1)从侦查情报运动的各个环节入手进行鉴别。侦查情报的运动过程包括情报的来源、搜集、储存、检索等工作环节，而在这些环节中，影响侦查情报有效性和可靠性的因素众多。因此,通过对侦查情报的鉴别,确定侦查情报的可靠性和有效性。具体鉴别的内容包括:从情报的来源入手进行鉴别;从情报的搜集过程入手进行鉴别;从情报的储存、检索过程入手进行鉴别。

(2)从侦查情报的类型和特征入手进行鉴别。通过不同类型的情报所反映出来的特征进行鉴别分析,找出影响侦查情报有效性和可靠性的因素。侦查实践中常见的侦查情报鉴别有:物品型情报的鉴别;档案型情报的鉴别;证人证言型情报的鉴别;鉴定检验型情报的鉴别。

(3)从侦查情报和其他情报之间、侦查情报与案情之间的关系入手进行鉴别。通过考察侦查情报与侦查情报之间、侦查情报与案情之间的吻合程度,情报在案件侦查中的地位和作用来判明侦查情报的有效性和可靠性。

(4)通过使用侦查情报进行鉴别。这是一种特殊的鉴别途径。一般而言,只有那些在鉴别阶段无法确定其有效性和可靠性,但它又与侦查工作具有一定关联的侦查情报,才有必要将其放在侦查破案的过程中,边使用边鉴别其有效性和可靠性。

(三)侦查情报的储存

侦查情报的储存,是指将搜集到的侦查情报按照一定的方法和规则进行分类、整理,形成有序的档案,以备应用的一项专门工作。

侦查情报储存的内容包括:犯罪分子基本情况储存;指纹储存;犯罪分子外貌特征储存;犯罪手段与方法储存;案件痕迹物品储存;有关人员提供的线索、情况储存;样品、样本资料储存。

侦查情报储存的方式有文字储存、图像储存、音像储存、实物储存、痕迹的复制品储存。侦查情报资料储存的方法主要有手工储存和计算机储存,其中以计算机储存为主。

手工储存,是指对搜集的侦查情报资料进行分析整理,检查核实有无差错,分析判断用途,确定分类项目和内容,分门别类地按照规范要求填写索引卡、册,然后采用不同的方法分类编排、存放,以备需要时检索。手工储存的方法主要有归类分档储存法、索引查字储存法。

计算机储存,是针对侦查情报工作量大、专业技术性强的要求而采取的有效的储存方法。利用计算机储存侦查情报资料具有储存容量大、信息处理功能强、检索速度快、便于信息管理以及实现信息资源共享等优越性。运用计算机储存侦查情报资料的方法一般是:第一,由计算机程序员根据情报资料的规范要求，确定所储存信息的数据结构、软件功能，使用一定的系统编制软件进行应用程序设计；第二，由计算机操作人员在终端设备上根据程序运行要求，输入信息；第三，对已存入计算机系统内的情报资料，通过计算机服务子程序实现对情报资料准确性的校验，并通过建立相应的索引文件，提高检索速度。

（四）侦查情报的检索

侦查情报的检索，是指根据侦查工作的需要，通过检索语言和检索指令，从大量的储存情报中查找出符合提问特征的侦查情报资料的过程。侦查情报检索是一项专业性极强的工作。不同种类的情报的检索差别很大，侦查情报的检索一般都需要专业技术人员进行。

侦查情报检索的方法可以分为两大类：一类是人工检索的方法；另一类是计算机检索的方法。

侦查情报的人工检索，是指运用手工的方法检索侦查情报资料。人工检索具体是通过分类索引查找和主题词索引查找的方法对侦查情报资料进行检索的。分类索引查找法，是以储存时情报资料卡片按照储存的分类顺序安放到相应的档格或抽屉之中为前提而采取的一种检索方法。主题词索引查找法是以用主题词法储存情报为前提的，检索时先确定与条件相一致的检索用词，然后根据字顺排列寻找到属于同一主题的卡片。

侦查情报的计算机检索是将计算机技术运用于侦查情报资料领域所产生的一种检索方法。计算机在侦查情报检索中的运用过程是：当用户要求查询某一情报时，由情报人员（操作人员）根据用户所提供的条件，借助分类表、主题词表等工具，编写出检索式，然后将其输入计算机，计算机则按照检索式，在储存的情报资料库中进行自动搜寻和比对，找出符合检索式的全部情报资料，最后通过打字机或屏幕显示出来。

（五）侦查情报的利用

侦查情报的利用，是指在侦查破案和预防犯罪过程中，以侦查情报作为线索和依据，分析、判断案情，制订侦查计划，确定侦查方向和侦查范围，发现嫌疑线索，获取有关痕迹物证，查明犯罪事实和犯罪人以及制订预防犯罪的规划，构建预防犯罪的网络，实施预防犯罪的具体工作的实践过程。

在侦查实践中，对侦查情报的利用因其对象、范围的不同，可以分为：个案侦查中的情报利用；类案侦查中的情报利用；有组织犯罪侦查中的情报利用；

预防犯罪中的情报利用。

三、侦查情报工作现代化

目前,我国侦查情报工作现代化主要体现为侦查情报的信息化建设中的“金盾工程”和侦查信息化工作平台。

(一)“金盾工程”

“金盾工程”是以公安信息网络为先导,以各项公安工作信息化为主要内容,建立统一指挥、快速反应、协调作战机制,在全国范围内开展公安信息化的工程。

从1984年公安系统计算机网络建设正式启动后,我国公安系统分期启动了“中国犯罪信息中心”(CCIC),并于1994年年底正式运行。为适应我国现代经济和社会条件下实现动态管理和打击犯罪的需要,实现“科技强警”,增强公安系统统一指挥、快速、协调作战、打击犯罪的能力,提高公安工作效率和侦查破案水平,公安部于1998年提出建设“金盾工程”,并进行了调研、立项等基础准备工作。

“金盾工程”一期(1999~2005年)的重点是建设好一、二、三级信息通信网络以及大部分应用数据库和共享平台等工程。“金盾工程”二期(2005~2007年)的主要任务是完善三级网及延伸终端建设,全面完成基础研究部门所需要的应用系统,全面实现公安工作通信多媒体化,业务信息共享。“金盾工程”建设主要包括:公安基础通信设施和网络平台建设;公安计算机应用系统建设;公安工作信息化标准和规范体系建设;公安网络和信息安全保障系统建设;公安工作信息化运行管理体系建设;全国公共信息网络安全监控中心建设等。

“金盾工程”实质上就是公安通信网络与计算机信息系统建设工程,它是利用现代化信息通信技术,增强公安机关快速反应、协调作战的能力,提高公安机关的工作效率和侦查破案水平,适应新形势下社会治安的动态管理,目的是实现以全国犯罪信息中心为核心,以各项公安业务应用为基础的信息共享和综合利用,为各项公安工作提供强有力的信息支持。

(二)侦查信息化工作平台

侦查信息化工作平台是侦查信息化工作的前提和基础,侦查信息化的功效取决于平台的层次和功能,高层次的侦查信息化必须有现代化的网络平台作为保障。所谓平台的高层次与现代化,是指搭建平台的材料设备的先进性、平台网络互联的广泛性、在网络中传播的情报信息的丰富性和有价性、情报信息传播的快速性、情报信息获取的便捷性。

侦查信息化工作平台包含着丰富的内涵，是一个集计算机技术、网络通信技术、数据库管理技术为一体的大型网络系统。为了搭建一个高层次的现代化平台，一方面，要充分利用现有的各种网络资源，特别是要依托现有的“金盾网”等各种现成的公安专用网络；另一方面，要开发建设各种子系统、数据库，并使这些子系统、数据库与网络平台相联，向网络平台注入庞大的各种各样有价值的情报信息。

1. 侦查信息化工作平台是一个依托“金盾工程”，同时在“金盾工程”基础上继续开发的以违法犯罪信息系统为核心的网络化环境。这一网络化环境由各级信息通信网络构成，主要包括基础通信设施和网络平台等。建成的网络平台遍布全国各地，与处于各种空间的侦查部门相联，在这一网络环境里容纳与传递的信息是各种各样的犯罪情报信息及其他信息。

2. 这一网络环境还包含有大小不等，或者相容，或者并列的各种应用子系统和数据库。在这一环境里，除了核心系统——犯罪情报信息系统外，还捆绑有指纹自动识别系统、足迹查询图形比对系统、追逃工作系统、案件受理系统、现场绘图系统、串并案查询系统、人像组合系统、专家分析系统、数字图像处理分析系统、物证图像处理系统、监控录像模糊图像分析系统等。同时，还有DNA数据库、违法人员数据库、通信资料数据库、身份证数据库、车辆数据库、枪支数据库、贵重物品数据库、金属数据库、鞋类数据库、油漆数据库、植物数据库、布料数据库、纤维数据库、塑料数据库、土壤数据库、工具数据库等与其相联。这些子系统和数据库将随着技术的进步而不断增加，各种数据库的内容也将不断丰富。

四、侦查情报资料建立的基本要求

（一）主动服务

侦查机关要在同刑事犯罪的斗争中争取主动，重要的一点就是必须获得可靠的犯罪情报资料，获得的情报资料越多、越可靠，检索、传递得越及时，打击和防范犯罪活动就越有力。因此，刑事犯罪情报资料建设必须主动为侦查破案和预防犯罪工作服务。刑事犯罪情报资料工作人员要有强烈的事业心、责任感和侦查意识，想侦查破案之所想，急侦查破案之所急，不断对犯罪情报资料进行分析研究，发现新情况、新问题、新线索，主动向有关部门提供。

（二）依靠群众

刑事犯罪情报资料建设必须广开资料来源，而犯罪情报资料量多、面广，侦查机关仅依靠自己的力量是做不好的，必须充分依靠群众，包括依靠治安、监所管理、基层公安保卫组织的共同工作，才能获取各种犯罪资料。

（三）统一管理

我国幅员辽阔，人口众多，行政区划数、级较多，对犯罪情报资料建设如不实行统一工作规范、统一管理模式，势必形成情报资料分散、规格各异，各地区、各部门各自为战的局面，既不能满足同不受地域限制的犯罪活动作斗争的需要，也不利于实现全国计算机网络化的要求。因此，犯罪情报资料建设要统一制定各工作环节的工作规范，包括情报资料收集的范围、对象，整理的规格，检索语言的规范等。同时，要统一管理模式，特别是设备规格、要求。

（四）坚持“准、快、全”

“准”是准确、客观和实事求是，只有准，才能保证犯罪情报资料的客观性和应用性；“快”是高效率，即快速收集、快速传递、快速检索服务；“全”是全面性，即要广开犯罪情报资料来源，提供的资料要反映事物全貌。“准、快、全”是保证最大限度地发挥犯罪情报资料的效益和价值的关键。坚持“准、快、全”，应防止犯罪情报资料收集中的虚构、添加、拼凑、夸张，利用过程中的孤证、回避、捕风捉影，传递过程中的拖拉等现象的发生。

（五）依法办事

刑事犯罪情报资料建设必须遵守法律，严格依法办事。犯罪情报资料的内容涉及面广，搞得好，可以成为同刑事犯罪作斗争的有效手段；做得不好，也容易侵犯公民的合法权利。因此，为保证这项工作健康发展，犯罪情报资料的收集、检索利用一定要按照有关法律规定进行。

（六）保守秘密

刑事犯罪情报资料之所以是同刑事犯罪作斗争的有力武器，就在于它记录了大量的犯罪信息，一旦泄露，就可能造成一定的损失。因此，犯罪情报资料建设一定要建立、健全各项规章制度，确保犯罪情报资料的安全。一旦发生泄密，要采取有效措施，把损失控制在最小限度。同时，对泄密者要给予必要的纪律处分或追究法律责任。

五、侦查情报机构的设置和管辖职责

侦查情报管理是一项专业性、技术性很强的工作，各级侦查部门必须设置专门的机构和人员进行管理。为了充分发挥侦查情报在侦查工作中的作用，使侦查情报的搜集、储存、检索和利用更趋向规范化，提高侦查情报的利用率，规定了各级侦查部门对侦查情报资料的管辖职责。在侦查实践中，侦查情报工作的管辖职责是：

（一）部级侦查情报机关的管辖范围

在我国，公安部是最高的侦查情报工作的管理机构，它的管辖职责范围是：(1)负责全国的侦查情报工作的指挥和管理。(2)制定和提出宏观上的侦查情报工作规划和方针，确定侦查情报工作的总目标。(3)协调处理下级情报机关的各种问题。(4)亲自搜集和管理某些侦查情报资料。

公安部搜集和管理的侦查情报包括：全国性大要案件的情报资料；某些特定的刑事犯罪人员情报资料；枪弹痕迹情报资料；重、特大预谋案件情报资料；省、自治区、直辖市的刑事案件统计资料和报表，以及各种重大线索和情况报告。

（二）省级侦查情报机关的管辖范围

省级侦查情报机关主要是指省、自治区、直辖市一级的侦查机关，它对情报的管辖范围是：(1)负责制订本辖区的侦查情报工作的规划，在部级侦查机关制定的方针、政策的指导下，制定出符合本辖区情报工作状况的地区性的方针和政策。(2)对辖区内的情报工作实行指导、指挥和统一管理，对重大的情报事务作出决策，协调下级各情报部门的关系。(3)从事和管理某些具体的情报事务。

省级侦查情报机关管理的情报范围包括：(1)搜集和管理本辖区内发生的特大刑事案件；严重暴力犯罪案件；跨地、市流窜案件；严重的犯罪集团案件；境外、国外来华在本辖区实施犯罪活动的案件的情报资料。(2)搜集和管理本辖区发生重、特大刑事犯罪案件中的犯罪分子；跨地、市流窜作案的流窜犯罪分子；境外、国外来华在本辖区实施犯罪的犯罪嫌疑人；具有黑社会性质的犯罪团伙、犯罪集团和恐怖组织的人员情报资料。(3)搜集和管理本辖区内发生的涉枪案件中的枪弹情报资料，包括现场枪弹痕迹情报资料、被抢劫和被盗窃枪弹情报资料等。(4)各地市有关刑事案件的统计报表和各种情报资料。

（三）地、市侦查情报机关的管辖范围

地、市侦查情报机关，是指地区、省辖市一级的侦查情报机关。地、市侦查

情报机关管辖的范围包括:(1)根据本地区情报工作的实际情况,在上级侦查情报机关的方针、政策的指导下,制订出本地区总的情报工作的计划和安排。(2)对辖区内的情报工作实行指挥和指导,协调县、市各情报部门的工作关系,处理有关的问题。(3)直接搜集、管理某些情报资料。

地、市侦查情报机关管理的情报范围包括:(1)本辖区内的重、特大刑事案件情报资料;跨县、市作案的流窜犯罪案件情报资料;具有黑社会性质的团伙和犯罪集团所实施的刑事案件情报资料。(2)本辖区内的重、特大刑事犯罪分子情报资料;跨县、市作案的流窜犯罪分子的情报资料;黑社会团伙和犯罪集团成员的情报资料。(3)本辖区由本级公安机关管理的验枪情报资料;案件现场上的枪弹痕迹资料;被盗、被抢枪支的情报资料。(4)下级侦查情报机关的各种情况报表和各种线索资料。(5)某些样品情报资料。

(四)县级侦查情报机关的管辖范围

县级侦查情报机关是基层的侦查情报部门,它管辖的范围主要有:(1)管理本辖区内刑事犯罪案件情报资料的搜集、整理、鉴别和利用。(2)搜集和管理各种样品、样本情报资料和线索资料。(3)处理本辖区的各种情报事务和有关问题。

第三节 刑事特情

一、刑事特情的概述

刑事特情,是指侦查机关领导和指挥的,用于侦查刑事案件,搜集犯罪情报,发现和控制犯罪活动的隐蔽力量。

刑事特情根据不同的分类标准,其划分的种类各不相同。根据刑事特情所承担的任务不同,刑事特情可分为专案特情、情报特情和控制特情。根据刑事特情的身份不同,刑事特情可分为基础群众中物建的刑事特情、在有过违法行为的人和受过打击处理的犯罪人中物建的刑事特情、在现行犯罪分子中物建的刑事特情。根据刑事特情的活动区域不同,刑事特情可分为境外特情、境内特情;城镇特情和农村特情。

二、刑事特情工作的基本原则

刑事特情工作的原则是由特情工作的特点决定的,它是刑事特情工作必须遵守的基本准则。刑事特情工作的基本原则是:

(一)需要与可能的原则

需要与可能的原则,是指刑事特情建设必须从同犯罪作斗争的客观需要出发,结合侦查机关所具备的条件,全面而又综合地考虑。刑事特情建设中,需要与可能是一对矛盾统一体。一方面,无论是从犯罪作斗争的大局出发,还是从具体案件侦查的实际出发,刑事特情都必不可少。从这个意义而言,要大力发展刑事特情。另一方面,刑事特情的建设要全面顾及侦查机关所具备的主客观条件。主观条件,是指侦查机关是否有一定数量和素质的侦查人员,能够领导、指挥特情,熟悉刑事特情建设的策略方法;客观条件,是指是否有符合刑事特情条件的人员可供侦查机关选择,以及侦查机关的物力、财力。侦查机关应该从实际出发,摆正主客观位置,平衡和协调好二者的关系,既不能不顾需要,又不能盲目发展。

(二)积极慎重、隐蔽精干的原则

积极慎重的原则,是指在刑事特情工作中,既要提高对刑事特情工作重要性的认识,解除观念上的束缚,大胆放手地建立和使用刑事特情。同时,侦查机关在刑事特情的建设上又要严格遵守法律和政策,谨慎认真地进行调查研究,注意掌握刑事特情的质量,提高刑事特情工作的实际效率。

隐蔽精干的原则,是指对已被发展为刑事特情的人员,一方面,要求他们有合适的掩护身份或掩护方式,以免暴露身份;另一方面,要求刑事特情应当精明强干,遇事沉着冷静,机敏果敢,具有极强的随机应变能力和适应复杂情况的能力。

(三)绝对保密的原则

绝对保密的原则是保障刑事特情工作顺利开展的前提和基础。对侦查人员而言,这一原则要求侦查人员对于特情的选择、吸收、领导、教育、使用、保护以及特情工作的部署、规划、经验总结、情况报告和刑事特情的据点建立、档案资料管理等都要注意绝对的保密。另外,保密原则要求刑事特情人员在汇报、通讯联络工作中严格遵守有关的保密规定。

(四)统一规划,合理布建的原则

统一规划的原则,是指侦查机关在刑事特情的发展上要根据刑事犯罪活动的规律、特点，结合本地区、本部门的实际情况，有计划、有目的地开展刑事特情工作。统一规划要求刑事特情的领导部门和领导者在深入调查研究的基础上，进行统筹安排，制定出一定时期内刑事特情工作的发展规划和目标，并采取切实可行的措施具体进行落实。

合理布建的原则，是指侦查机关以刑事犯罪活动的特点为依据，有效地调动各类刑事特情，使其形成发现和控制刑事犯罪活动的网络。合理布建原则要求侦查机关对刑事特情网络的建设要达到发现犯罪线索和证据、搜集犯罪情报、控制犯罪阵地的目的，并根据本地区犯罪活动的规律、特点，分析研究侦查控制工作的薄弱环节，及时发现漏洞和失控的地区、场所，调整刑事特情的布建网络。

第四节　侦查阵地控制

一、侦查阵地控制的概念

侦查阵地控制，是指侦查部门在同刑事犯罪作斗争中，为了打击和防范刑事犯罪活动而掌握和控制刑事犯罪分子经常活动的地区、场所和行业的侦查措施。刑事阵地控制是侦查部门侦破刑事案件、防范和打击刑事犯罪活动的一项重要的侦查手段，它可以促使侦查工作由被动侦查变为主动进攻。刑事阵地控制在侦查中的作用包括以下几个方面：

（一）刑事阵地控制，可以发现犯罪活动，查缉犯罪人

刑事阵地控制的出发点和最终目的就是要在犯罪分子经常活动的地区、场所和行业形成控制网络，只要犯罪分子进入到侦查阵地，就落入了侦查视线的控制之中，侦查部门可以通过阵地控制，及时地发现犯罪线索和犯罪嫌疑人，掌握侦查工作的主动权，查缉在逃犯罪人。

（二）刑事阵地控制能够及时发现侦查线索，提高案件的破案率

刑事阵地控制所涉及的地区、场所和行业，不仅可能是刑事犯罪分子实施犯罪后逃匿藏身的地方，也可能是刑事犯罪分子销赃和挥霍享乐的场所。因此，根据侦查破案的需要，对刑事犯罪分子可能涉及的这些地区、场所和行业的阵地进行控制，实际上就是控制了刑事犯罪分子实施犯罪后活动的若

干关键环节。侦查机关可以根据刑事犯罪分子的体貌特征、赃物特征和犯罪的活动规律特点，从被控制的阵地中及时发现侦查线索，查缉犯罪人，及时地破获刑事案件。

（三）侦查阵地控制，可以获取侦查情报，为侦查决策提供依据

侦查的阵地控制范围一般都是犯罪活动较为突出的地区，它能够反映出刑事犯罪活动的动态和发展趋势。侦查机关通过刑事阵地控制，可以收集到各种与刑事犯罪活动有关的情报资料，及时地获取犯罪线索，为侦查机关研究刑事犯罪活动的动向和变化规律、制定防范和打击犯罪活动的对策提供依据。

二、侦查阵地的控制范围

侦查阵地控制范围的确定要考虑以下方面的因素：第一，需要控制的地区、场所和行业必须是情况较为复杂，容易被犯罪分子利用的区域；第二，需要控制的地区、场所和行业要适应社会经济文化生活的发展；第三，刑事阵地的确定要充分考虑控制的力量和方法，优先考虑控制重点地区和场所，并创造条件，逐步扩大控制的范围。侦查实践中，侦查阵地控制的范围通常包括以下几方面：

1. 车站、码头、机场。包括火车站、汽车站、客运和货运码头、航空港等。

2. 公共交通工具。包括公共电汽车、出租汽车以及其他的交通工具。

3. 特种行业。包括旅店业、印铸刻字业、废旧物品收购业、修理业。旅店业主要是指宾馆、酒楼、招待所、茶楼等；印铸刻字业是指印刷、复印、晒图、翻拍复制等；废旧物品收购业是指旧物市场、古玩店、寄卖典当行、废旧收购点等；修理业是指机动车、非机动车的修理点，钟表、照相机、家用电器、钥匙的修理点等。

4. 复杂地区和场所。包括城镇繁华的商业区、游览区、公共娱乐场所、大型商场、集贸市场等。

三、侦查阵地控制的方式

侦查阵地控制主要采取公开管理和秘密控制两种形式。

（一）公开管理

公开管理，就是依据法律、法规以及有关的规章、制度，采取法律和行政手段进行管理。侦查阵地大部分属于公安机关规定的特种行业范畴，为了进行有效的管理，制定了相应的规章、制度。只要依据法律、法规和各项规章、制

度，实行公开管理，就能有效地控制侦查阵地，预防和打击刑事犯罪活动。

（二）秘密控制

秘密控制，是指侦查部门或治安管理部门在那些治安问题较多的地区、易发案的行业和部位，布建刑事特情或治安耳目进行监控，以发现犯罪分子、犯罪嫌疑人和其他犯罪迹象，发现、查核和获取赃物、罪证。

两种控制形式在实际工作中是相互结合使用的。一般情况下，公开管理是阵地控制的基本和主要的形式。在运用各种公开行政管理措施的同时，对犯罪分子经常出没的地方、行业、场所，根据需要和条件，布建刑事特情或治安耳目进行监控，这种秘密控制能够起到公开管理不能起到的作用。只有坚持公开管理和秘密控制相结合的形式，才能及时、准确地获取犯罪情报，有效地制止和预防犯罪活动。

四、侦查阵地控制的基本方法

侦查的阵地控制因控制的地区、场所和行业的特点不同，控制的方法也是多种多样的。侦查实践中，侦查的阵地控制主要从以下方面进行：

（一）依靠专门的侦查力量进行刑事阵地控制

侦查部门的专门力量是进行刑事阵地控制的主导力量，侦查机关要组建专门的队伍来部署、落实、协调侦查阵地控制手段的实施。侦查实践中，对车站、码头、机场等场所的控制大多是由地方、铁路、交通等公安机关与车站、码头、机场的派出所实施，建立地方和行业的联防协作机制，做好控制工作；对公共电汽车等交通工具的控制，侦查部门应建立专门的反扒队伍，组织侦查人员跟车进行控制，抓获现行犯。

（二）依靠隐蔽力量进行阵地控制

侦查机关通过隐蔽力量对刑事阵地进行控制主要是通过刑事特情的控制来实现的。在侦查实践中，侦查机关将其物建的刑事特情部署在有关的刑事阵地上，利用刑事特情具有发现和接近犯罪分子的条件和能力优势，对车站、码头、机场、交通工具特种行业和复杂地区和场所等刑事阵地进行控制，发现、收集犯罪线索和犯罪证据，获取犯罪情报。

（三）依靠相关部门和行业进行控制

侦查部门在刑事阵地控制中，应依靠与侦查阵地控制有密切联系的部门和行业（如工商、税务、城管等部门）进行协作，在其日常的行政管理工作中加强对相关环节的控制，注意在日常的工作中发现犯罪线索，积极配合侦查部门打击刑事犯罪活动。同时，侦查部门应经常对相关部门和行业的职工进行法制教育和安全防范教育，给他们传授识别真假证件、赃物和犯罪嫌疑人的有关知识以及应付、麻痹和滞留犯罪嫌疑人的方法，以提高识别和发现犯罪线索的能力，更好地在刑事阵地控制中发挥作用。

（四）利用技术防范对侦查阵地进行控制

技术防范，是指应用光学、声学、电子学等科学技术对刑事阵地进行控制的方法。运用技术设备对侦查阵地进行控制主要是针对一些重要的地区、场所和重点的部位，如车站、码头、机场等场所的出入口；陈列重要历史文物的博物馆、展览馆；大型的商场以及其他需要和可能安装技术防范设施的场所和部位等。对与侦查阵地控制相关的场所和地区可采取安装自动报警装置、探测器、电子监控设备等进行控制。

随着社会的不断发展和进步，刑事犯罪活动的手段和方法也在不断地发生变化，这就给刑事阵地控制提出了新的要求。为了适应同刑事犯罪作斗争的需要，加强运用技术装置对刑事阵地进行控制，已成为防范控制工作的重要内容。技术防范可以弥补人们感觉器官直接感知能力的不足，并且技术防范的信息传递较快，能够保证刑事阵地控制工作的有效性。

第五节　刑事统计

一、刑事统计的概述

（一）刑事统计的概念及其任务

刑事统计，是指运用统计学的原理，通过对掌握的刑事犯罪及有关情况进行登记、整理和研究，从而对犯罪和侦查工作情况作出综合性的定量描述、总结和评价的一项基础业务工作。

刑事统计的任务是：通过对刑事犯罪这一社会现象中各种数量关系的研究，认识刑事犯罪的内在联系及其特点和基本规律，评价侦查机关采取的侦防对策及其效果情况，为国家制定刑事法律和刑事政策提供依据，为侦查机关进行科学决策提供依据。

刑事统计工作是侦查机关认识和掌握刑事犯罪活动的特点、规律的基本方法之一,是评价侦查机关的战斗力和自身状况的重要手段,也是侦查决策机关科学决策的重要参考依据。

(二)刑事统计工作的基本原则

1. 准确性原则。刑事统计的准确性原则就是要求刑事统计所提供的各项指标和统计数据必须是真实可靠的。统计数据的准确性是完成刑事统计工作任务的前提条件,也是刑事统计工作最基本的要求。统计数据的真实与否会直接影响到刑事统计的准确性。如果统计数据不真实,就会失去客观性,造成决策的错误。因此,刑事统计人员要本着对刑侦工作高度负责的精神,实事求是地进行搜集、整理和统计有关资料,绝不弄虚作假。

2. 科学性原则。刑事统计的科学性原则包括两方面的内容:一方面,刑事统计必须采取科学的方法,全面、准确、及时地搜集统计资料,确定科学的统计指标,采取科学的分组法进行统计、汇总;另一方面,刑事统计要遵循统计工作和侦查活动的规律,在质量和数量的辩证统一中进行科学的分析和研究,揭示事物的现象和本质的内在联系,阐明现象的性质、特点和发展变化规律,进而对大量普遍存在的现象作出科学的概括,得出符合侦查工作实际的结论。

3. 统一性原则。统一性原则,是指由公安部制定统一的统计报表,规定统一的统计指标、分组和计算口径、计算方法,并要求各级侦查部门的统计人员认真遵守,保证及时搜集、汇总、整理统计资料,提出统计分析报告,按照规定的统计制度和程序逐级汇总上报。

二、刑事统计工作的内容

刑事统计工作的内容主要包括刑事统计调查、刑事统计整理和刑事统计分析三个部分,而每一个部分都具有相对的独立性,都有其具体的研究内容、要求和方法。

(一)刑事统计调查

1. 刑事统计调查的概念。刑事统计调查,是指根据事先确定的调查目的、任务和对象,按照一定的项目(或指标),采取科学的调查方法,在实际工作中搜集有关的原始资料,登记说明现象总体数字的工作过程。

刑事调查主要是针对刑事犯罪和侦查有关的因素进行的调查,它是刑事统计工作的基础环节。只有调查、搜集的资料丰富而又符合实际情况,才能从中获取正确的研究结果。

2. 刑事统计调查的内容。刑事统计调查的内容是由其调查的对象决定的。刑事统计调查在组织形式上有定期统计报表和组织专门调查两种。定期统计报表是由侦查主管部门统一制定的报表格式、统计方法和管理制度，定期由各地刑侦部门填报；组织专门的调查是为了特定的目的，组织专门人员对某一个或是某一些具体问题进行调查，这两种形式具体所包括的内容是：

(1)刑事犯罪活动的基本情况。如对产生犯罪的根源和制约犯罪因素的调查；对某一时期犯罪的具体形态和变化规律的调查；对刑事犯罪分子结构因素的调查；对刑事犯罪社会危害程度的调查等。

(2)侦查基础工作情况。如对某一地区的政治、经济、文化、人口等基础情况的整体调查；对刑事犯罪嫌疑分子的调查；对特种行业和公共复杂场所的调查；对侦查情报建设工作的调查等。

(3)刑事技术鉴定样本或样品搜集的情况。主要是指有关刑事犯罪案件可能涉及的痕迹、物品等。具体包括：手印、足迹、枪弹痕迹、工具痕迹、字迹、齿痕、车辆痕迹等痕迹样本的收集情况；纸张、墨水、粘合物等的收集情况；信封、信纸、邮票、邮戳的收集情况；毛发、纤维、纺织品等的收集情况；其他样本的收集情况等。

(4)侦查主体的建设情况。包括侦查主体的数量结构、知识结构、身体状况、分布的情况、后勤供应情况以及工作环境情况等。

(5)侦查措施和手段的实施情况。如对现场的勘查率、采证率以及痕迹物品的利用率的调查等。

3. 刑事统计调查的基本程序。

(1)刑事统计调查的准备。刑事统计调查的准备工作是否充分，直接影响到刑事统计调查工作的实施和成效，因此，要予以高度的重视。刑事统计调查的准备工作包括：

第一，选择和确定刑事统计调查的课题。课题的确定要充分考虑到其必要性和可行性。第二，确定刑事统计调查的范围，包括刑事统计调查的对象和方法以及组织调查的力量等。第三，制订刑事统计调查的计划。刑事统计调查的计划内容具体包括刑事统计调查的课题、目的和任务；刑事调查的对象、范围和方法；刑事统计调查的组织领导和工作制度；刑事统计调查的时间等。第四，进行必要的物质准备，如绘制调查的表格，研究有关的资料，准备有关的工具、器材等。

(2)刑事统计调查的实施。刑事统计调查的实施过程实际上就是调查统计人员深入实际,深入群众,调查了解实际情况的过程。因此,刑事统计调查工作要求调查统计人员既要坚持刑事统计工作的基本原则和科学的方法,又要有细致、求实的工作作风。在刑事统计调查工作中,要尽最大的努力,全面、细致地搜集有关情况,广泛地占有第一手资料。只有这样,刑事统计调查工作才不会流于形式。

(3)刑事统计调查总结。刑事统计调查总结包括两项工作:一是写出刑事统计调查的报告或综合材料;二是对刑事统计调查工作本身进行总结。前者是刑事统计调查成果的物化反映,是侦查部门的决策机关了解情况的基本途径和制定政策的基本依据。后者是刑事统计调查工作的继续和深化,它对于改进和加强刑事统计调查工作具有重要的意义。

4. 刑事统计调查的基本方法。

(1)经常性登记。经常性登记是侦查部门根据自己的业务活动范围,分别将随时发生和破获的刑事案件,以及刑事犯罪分子的情况等基本统计项目及时进行记录、登记或填写资料卡片,以便定期汇总统计报表或作为某种专题调查的原始资料。在经常性登记中,一般都采取资料卡片登记的方法。资料卡片的内容设置丰富,不仅具有基本统计所要求的项目,而且还包括了某种专项调查可能需要的内容。从资料搜集的各项实践来看,各类资料卡片提供的信息都是基本情况统计所必需的。

(2)定期统计报表。定期统计报表,是指由侦查主管机关统一制发的统计报表格式。从统计报表的报送时间上分为月报表、季报表和年报表;从统计报表的内容上分为刑事犯罪案件统计表和刑事犯罪成员情况统计表等。定期统计报表是刑事统计调查的主要方法,也是搜集统计资料的主要手段。

刑事统计报表要求侦查部门自下而上定期向上级侦查机关报送。因此,对刑事统计报表必须强调时间性和准确性。做好定期统计报表的工作,应当注意以下几方面的工作:第一,严格遵守刑事统计报表制度统一规定的统计范围、统计指标、报送期限等基本要求。第二,保证准确、及时地报送定期刑事统计报表。第三,定期刑事统计报表制度要与典型调查相结合,把报表编制建立在实际调查的基础之上,做到既有调查的数字,又有情况的分析。第四,要严格保守国家机密,刑事统计调查资料的公布必须按照规定执行。

(3)专题调查。专题调查,是指由于某种特定的任务需要而专门进行的资料的搜集活动。专题调查的形式主要有:普查、典型调查、重点调查和抽样调查。

①普查。普查是指为了某种特定的目的，针对研究对象而专门组织的全面调查。普查主要用于调查研究某一时期内刑事犯罪活动的情况特点，为侦查机关全面掌握刑事犯罪活动规律，制定相应的对策，编制长远计划提供依据。普查的特点是调查的项目较多，涉及面广泛，获取的资料信息比较全面。

②重点调查。重点调查是根据工作目标的需要，从被研究对象的范围内，选择一部分重点单位、重点地区、重点问题进行调查。如对某一类或某几类刑事案件的调查，对某一地区或某一城市刑事犯罪情况的调查等。

③典型调查。典型调查是指有意识地选取若干具有典型意义或有代表性的地区、案例等，进行深入地解剖和研究，它具有灵活机动，收效迅速，节省人力、物力和时间等优点。典型调查既可以单独使用，又可以与全面调查配合使用。

④抽样调查。抽样调查是指按随机原则在总体中抽出部分问题进行观察和研究，并根据观察研究的结果对总体进行分析推断的一种非全面调查。抽样调查可以排除人们主观因素的影响，节省人力、物力、财力，是刑事统计调查经常采用的一种方法。

（二）刑事统计整理

1. 刑事统计整理的概念。刑事统计整理，是指将刑事统计调查收集到的大量的、零碎的资料，按照原定的统计调查研究的目的和要求，进行科学的分类整理，使之系统化的过程。刑事统计的整理是刑事统计工作的中间环节和刑事统计分析的前提。只有通过对统计资料的整理，才能将孤立的、零散的、性质各不相同的单个案件联系起来，从而把握刑事案件的共性特征。

2. 刑事统计整理的内容。刑事统计整理包括三个方面的内容，即统计分组、资料汇总、汇制综合统计表。

（1）统计分组。统计分组是按照某种标准将总体分成若干部分的一种统计方法。如刑事犯罪与数量统计上可以按案件类型分为杀人案件、抢劫案件、盗窃案件、强奸案件、走私案件、贩毒案件等。统计分组的目的在于更加深入地研究事物的内部结构和基本特征。统计分组的标准受多种因素的制约，分组形式也多种多样。

（2）资料汇总。资料汇总有逐级汇总和集中汇总两种形式，其中逐级汇总是刑事案件资料汇总的主要形式。逐级汇总是根据统一表格的要求由基层侦查部门进行第一次汇总，再上报到上级侦查部门进行第二次整理，直到公安部或最高人民检察院。集中汇总是将基层单位的统计资料集中在一个主管部门进行汇总。侦查实践中，资料汇总的方法有手工汇总和计算机汇总，其中计算机汇总是资料汇总的主要方法。

(3)绘制综合统计表。综合统计表是统计资料的表现形式之一，其目的在于使刑事统计资料系统化。统计表的构成要素主要有：统计的名称（标题）、栏目（总体名称或分类名称）、栏目及表中数字、填表说明及附注。

3. 刑事统计整理的指标。刑事统计部门为了更好地认识、剖析和预测刑事犯罪，就必须对刑事统计的一系列标准进行设计，并在刑事统计工作中进行运用。刑事统计整理的指标主要包括以下内容：

(1)基础指标。基础指标主要包括：刑事案件；破案；重大案件、特大案件；刑事预谋案件；受害人；被害人；犯罪人；发案时间；发案地点；作案手段；初犯；处理结果；积案。

(2)比较指标。比较指标主要包括：发案率；破案率；犯罪率；青少年犯罪率；比例；比重；增减数；升降率；递增（减）率；指数。

(三)刑事统计分析

刑事统计分析是在刑事统计调查、汇总资料的基础上，对已经获得的各种统计材料进行深入地研究和探讨的过程。刑事统计分析具体包括三个方面的内容：

1. 宏观综合分析。宏观综合分析一般是定期从客观上对刑事案件的发生、破获情况及其犯罪成员的变化情况进行研究，其目的在于通过对一定时期刑事犯罪状况作出整体估计，给侦查决策机构提供决策依据，为基层侦查部门提供反馈信息。常见的宏观综合分析有：(1)从对每月（季、年）刑事案件发案数升降的分析中，进行整体犯罪形势的预测。(2)从对各类案件总数的增减中，掌握刑事犯罪的变化规律。(3)从对各地区案件的动态分析中，把握犯罪动向。(4)从对查获的犯罪成员中，分析犯罪成员的结构变化。(5)从对社会各种因素的变化中，分析其对刑事案件变化的影响。

2. 微观专题分析。微观专题分析是对某一具体问题进行的专门调查研究，它是对宏观分析的重要补充。微观专题分析的主要内容有：(1)从对某类犯罪案件的剖析中，寻找案件的规律特点。(2)从对犯罪分子实施犯罪的手段方法的变化考察中，分析犯罪活动的新特点。(3)对犯罪人犯罪动机的分析。

(4)对犯罪时空的分析。

3. 侦查工作情况的分析。对侦查情况的分析旨在对侦查主体的状况和工作成效作出客观评价,为提高侦查队伍的建设、强化侦查破案的措施和手段服务。通过对已破案件侦查过程、侦查方法的分析,总结侦查工作的经验和教训,提出改进的建议;通过对现场勘查“三率”(勘查率、采集率、利用率)的分析,研究刑事技术工作的现状;通过跨区域重大、特大案件侦查工作的统计分析,客观地评价侦查部门的协同作战能力。

第六章　侦查组织

第一节　国外侦查组织结构

一、外国的侦查机关与侦查权

由于各国法律制度不同，侦查职能的分配有一定区别，因而行使侦查权的机关也不完全一样。综观各国宪法和法律规定以及司法实践状况，有权行使侦查的机关主要有三个，即国家安全机关或国家情报机关、警察机关、检察机关。

外国侦查职能分配的模式有以下五种：

1. 检察机关主持侦查，警察机关辅助侦查。原联邦德国的法律就是这样规定的。但在司法实践中，大部分刑事案件都是由警察机关组织侦查。

2. 警察机关为主要侦查机关，检察机关从事一部分刑事案件的侦查，并监督、控制、辅助警察机关的侦查。如日本、原苏联都是这种体制。

3. 警检合一，检察官包揽全部刑事案件的侦查，有的检察官兼任刑警队长直接组织指挥侦查破案。如瑞士部分地区的法律就是这样规定的。

4. 检察机关是单独的公诉机关，警察机关独揽侦查权。如目前英国的警检两家实际上就是这样分工的。

5. 司法部统管侦查，下属检察机关和警察机关均有侦查权。如美国、法国等。

目前，不少国家司法界人士对警检两家侦查分工提出了调整意见。认为检察机关的侦查职能不宜过于宽泛，应当减轻其侦查任务。主要原因为：一是它的警力不足；二是情报网络、手段措施和业务水平不如警察机关；三是侦查管辖过宽不利于行使法律监督的主要职能。因此,有的国家已开始收缩检察机关的侦查权。

二、外国侦查体制的基本特点

在现代各国的侦查体制中,尽管在侦查职能的划分方面存在许多差别,但都有若干共同特点。

1. 在侦查分工方面,危害国家安全的犯罪案件由国家安全机关或情报机关负责管辖和实施侦查,危害社会公共安全的犯罪案件由警察机关和检察机关管辖和实施侦查,其中涉及职务犯罪的案件由检察机关管辖并组织侦查。两者虽有严密分工,但又是相互配合的。

2. 承担普通刑事案件侦查的部门,大多隶属于国家各级警察机关。而警察机关又基本上隶属于各级政府,其中有隶属于内务部系统和隶属于司法部系统两种模式。有的国家,侦查部门的地位较高,直接隶属于内政部或司法部,如美国的联邦调查局、原德意志联邦的刑事警察局等,可以代表国家的警察当局参加国际刑事警察组织。

3. 各国侦查部门在领导体制上基本上都实行"条块结合,以块为主"的模式。各级侦查部门大多数都是各级政府管辖的警察机关的职能部门,上级侦查部门对下级侦查部门属于业务指导或者合作关系。联邦制国家的警察机关上下级侦查部门基本上属于合作关系,其他国家多属于业务指导关系。

4. 在侦查部门内部形成了侦查情报、侦查技术、案件侦查三大业务职能系统,为共同实现部门总体职能服务。在侦查实战系统,都是以案件性质作为划分作战队伍的依据。

三、国际刑事警察组织

(一)国际刑事警察组织的成立与发展

国际刑事警察组织已有 80 余年的历史了,它经历了国际刑事警察会议、国际刑事警察委员会、国际刑事警察组织三个阶段。

第一次世界大战前夕,垄断资本主义社会矛盾尖锐,刑事犯罪突出,各国警察,尤其是欧洲各国的警察面对严峻的社会现实,为了保护统治阶级利益,保障社会秩序,有效地对付刑事犯罪,迫切需要沟通各国警察间的联系。1914 年 4 月,在摩纳哥公国普林茨·阿尔贝特一世的倡议下,召开了有 14 个国家的官员和法学家参加的第一次国际刑事警察会议,研究了同刑事犯作斗争的对策,提出了加强各国刑事警察间的联系与合作的措施。国际刑事警察会议就是国际武警组织的前身,一般认为,它是国际刑警组织创立的标志。

会后不久爆发了第一次世界大战,会议商定的对策与措施未能实现。由于战争的延误,1923 年 9 月在奥地利首都维也纳警察局长约翰内斯·索贝尔的倡议下召开了第二次有 34 个国家参加的国际刑事警察会议,建立警察合作的常设机构——国际刑事警察委员会,制定了会员章程。1938 年,德国侵占奥地利,使该委员会处于解体状态。

第二次世界大战结束后,1946 年 6 月,在比利时警察总监洛瓦格倡议下,在布鲁塞尔召开了恢复国际刑事警察活动的会议,会议选举了"执委会"并决定将委员会总部迁到法国巴黎。

1956 年 6 月,国际刑事警察委员会在维也纳召开第 25 届年会时,修改了章程和总规则,并将"国际刑事警察委员会"更名为"国际刑事警察组织",简称国际刑警组织,英文缩写"ICPO",法文缩写"OIPC"。

国际刑组织现有 150 多会员国,总部设在法国里昂。

(二)国际刑警组织的性质、宗旨和原则

国际刑事警察组织是一个各成员国政府间刑事警察合作的世界性组织。它不是政治性的或军事性的组织,也不同于民间的国际团体和地区性的国家间组织。

国际刑警组织的宗旨是,在各国法律规定的限度内,保证和促进各国刑警当局间尽可能广泛地相互支援,建立与发展有助于预防和镇压普通刑事犯罪的各种制度,加强各国警察之间的合作,维护各国的社会秩序。

国际刑警组织具有一定的权力能力和行为能力,但其权限和行为是严格控制在该组织章程规定的范围之内的。这个组织不是一个"超国家"的权力机关,它的一切权力均来源于各个会员国,它的存在和活动是以各个会员国所缔结的章程为依据的。在国际法律关系中它只能享有作为主权国家在章程上所赋予的那一部分权力,如果超越了法定的限度和范围,就会构成国际法上的非法活动。

国际刑警组织开展活动必须遵守以下五项原则:

1. 各个会员国一律平等。在召开全体大会时,每个会员国由主管的政府当局派出一个代表团,每个国家的代表只能有一个表决权,每个会员国享有章程所规定的权利和履行应有的义务。

2. 国际刑警组织及各会员国之间的合作仅限于刑事犯罪和刑事警察事

务。各个国家对于诸如杀人、抢劫、诈骗、走私、贩毒、伪造等普通刑事犯罪行为,都要根据本国法律加以追究,这是合作的基础。由于刑事犯罪涉及面广,流动性大,常有跨国犯罪和涉及多国的犯罪案件,这就需要有关国家的合作。但警察事务很大程度上属于国家内部事务,在这方面的合作也是有限度的,如随意干涉合作国家的警察事务,就会构成国际法上的不法行为。

3. 与各国合作不得违反本国法律。会员国之间进行合作,必须依照本国法律规定,在法律许可的限度之内进行,国际刑警组织及会员国有义务尊重各国的法律。凡是本国法律认为不是犯罪的,不能采取行动与他国合作。各国合作过程中所进行的活动,必须遵守本国的法律程序。

4. 合作自愿原则。由于犯罪问题本质上属于国内事务,一国无意请求他国协助解决时他国不得随意插手。一国是否愿意帮助他国侦查某一案件,完全由该国依照本国法律并权衡利弊后决定,国际刑警组织可以从中协调,但不能强制其进行合作。

5. 合作不能涉及政治、军事、宗教及种族事务。国际刑警组织和会员国在办理合作事务的过程中,不得从事任何政治、军事、宗教、种族的干预与活动。

(三)国际刑警组织的机构

国际刑警组织的机构有全体大会、执行委员会、总秘书处、国家中心局、顾问。

国际刑警组织会员国全体大会是最高权力机构。大会由会员国官方代表参加,每年一次,会期一周,讨论决定该组织方针、财政活动计划、选举官员等重大问题。

执委会是该组织的议事和执行机构,由 13 人组成,设正副主席 4 人、委员 9 人,每年开会 2 次,其任务是筹备每次全体大会的议程、向大会提交工作计划和预算草案、监督总秘书处的工作、行使大会授予的权力。

总秘书处是国际武警组织的常设工作机构。总秘书由秘书长和受委托办理本组织工作的行政人员和技术人员组成。其职能是实施大会和执委会的决议,处理日常事务,从事各种会议的秘书工作,拟订工作计划,负责与各会员国有关当局的联络,协调各国刑警机构同犯罪作斗争的行动,管理犯罪情报,编印出版刊物。总秘书处下设总秘书处常务办公室、警察事务部、研究及图书资料部、技术支援部、行政管理部等职能部门。

国家中心局既是会员国的一个警察部门,又是国际刑警组织的法宝机构,是其有机组成部分,它是国际刑警组织的延伸而不是它的分支机构。国家中心局在有限的范围内有义务与国际刑警组织秘书长保持密切联系,但不接受其行政指令的约束,而是按照本国的法律进行活动。国家中心局又是各会员国之间刑事警察进行合作的决定机构。一国与另一国的刑警进行合作,必须通过两国的国家中心局。各国国家中心局一般都设在本国最高警察机关内。国家中心局的职能是在办理国际性犯罪案件方面,指挥协调各自国家的警察行动;负责与国际刑警组织总部以及各会员国的联系,接受总部和各成员国委托的协助侦查破案的有关工作;搜集有关情报,共同做好预防犯罪工作。

国际刑警组织由于工作需要设置了一些顾问,以帮助出谋划策,解答有关问题。它是咨询性质的职务。顾问的产生是经大会同意后由执委会任命。

(四)国际刑警组织的工作范围

国际刑事警察组织的根本任务是揭露各种刑事犯罪活动,缉拿和逮捕犯罪分子,搜集和交流有关刑事犯罪的情报。其工作范围主要有:

1. 情报工作。情报的搜集、传递与交换,情报的咨询与服务。

2. 通讯工作。包括中心站和台站的建立、通讯网络的建立、通讯服务等工作。

3. 侦查工作。虽然从本质上讲,侦查是国家的内部事务,是国家主权的体现,一个国家、一个国际组织不能在另一个国家开展侦查活动,因而,国际刑警组织未经会员国授权是不能在其国内实施侦查的。但由于国际刑警组织的性质和宗旨的特殊性,在工作实践中上它享受有限的侦查权。主要表现在:为了查明某一犯罪案件事实,可以组织广泛的调查活动;为了揭露与证实犯罪人,有权搜集各种犯罪情报和各种犯罪证据;根据会员国的委托可受理刑事案件的技术鉴定;为了打击国际性的刑事犯罪,可以在全世界范围内通缉罪犯;可以向会员国发布预防犯罪通报,请求查寻犯罪嫌疑人的下落。但国际刑警组织无权在会员国逮捕或拘留刑事犯罪分子或犯罪嫌疑分子,无权开展搜查、现场勘查、取保候审、审讯等侦查手段和侦查活动。

4. 协查工作。这是国际间刑事警察合作的主要内容。协查的案件仅限于普通刑事案件,协查的主要对象必须涉及两国或两国以上。

5. 通缉罪犯。一个会员国的普通刑事罪犯逃往另一个会员国,可通过这种特殊合作形式,请求他国协助逮捕归案。一个会员国的通缉令可通过国际刑警组织渠道发到其他会员国。

6. 证据的搜集与送达。国际性犯罪案件，罪犯及犯罪活动涉及几个国家，证据分散，需要有关国家合作，共同收集证据。送达证据的方式由请求国与被请求国共同商定。

7. 刑事技术工作。是该组织的一项重要任务，包括刑事登记、痕迹检验、文书检验、刑事照相、技术援助和技术培训等。

8. 引渡工作。

9. 预防犯罪工作。

四、国际反腐公约组织、国际打击经济犯罪公约组织和国际禁毒联盟组织、反恐组织等

世界一些国家、地区之间成立国际反腐公约组织、国际打击经济犯罪公约组织和国际禁毒联盟组织、反恐组织等，其有一些有常设机构和人员并在不断发展完善中，这代表了打击犯罪的总趋势，引起侦查学理论的探索。

第二节　我国侦查组织结构

一、我国的侦查机关及侦查权

刑事案件，是指符合刑法规定的犯罪构成要件的案件。侦查学研究的刑事案件，是指犯罪案件中社会危害性较大，达到规定的立案标准，需要由侦查机关立案侦查的案件。侦查机关就是拥有侦查权的机关。

侦查是国家机器的专政手段之一，历来是执行统治阶级意志、维护统治秩序、镇压敌对势力反抗的强制性手段。在我国社会主义制度下，侦查手段成为贯彻全体人民意志、巩固国家政权、维护社会秩序、打击各种犯罪分子破坏活动的有力武器。

侦查是一种国家权力，同时也是国家授权专门机关的一项专门性工作。它的专门性主要表现在以下三个方面：

1. 侦查是专门机关的特殊权力，只有国家法律规定的机关才能行使侦查权，其他任何机关、团体和个人都无权实施侦查。

2. 侦查是侦查机关专职侦查人员的工作，除特殊授权者外，其他任何人员均不得从事侦查活动。同时，侦查权是一种集体权力，侦查员的侦查活动必须

在侦查机关的统一领导、指挥下进行，个人不得擅自开展侦查活动。

3. 侦查有一系列特殊手段与措施，它是得到国家法律、法令认可的，只能依法用于同刑事犯罪作斗争，不能用于其他任何领域。

根据我国的法律规定，我国公安机关、国家安全机关和人民检察机关都拥有侦查权，都是国家的侦查机关。

体制是一个社会学概念，泛指机关、企事业单位的机构设置、隶属关系、权限划分等方面的体系与制度。侦查体制，是指行使侦查权的部门的隶属关系、机构设置、权限划分、管理模式等方面的体系与制度。

二、我国公安机关的体制

（一）公安机关的性质和权力

我国公安机关是武装性质的治安行政机关，是国家行政机关的组成部分。它的基本任务是依照国家法律，保卫国家安全，维护社会治安秩序，防范和打击危害国家安全的犯罪和其他刑事犯罪活动，实施治安行政管理，以保护社会主义公共财产，保护公民的合法权益，保卫人民民主专政，保卫社会主义制度，保障社会主义现代化建设的顺利进行。

国家法律赋予我国公安机关行政管理的、刑事的、军事性质的三个方面的基本权力。

治安行政管理方面的权力，主要体现为行政管理权、行政干预权、治安管理处罚权、传唤审查权等。

公安机关在刑事方面的权力，主要表现为侦查权、刑事强制权、预审权、刑事惩罚权等。

公安机关可以依靠武装力量，有权对警卫、守卫、守护目标采取武装保卫措施，有权执行逮捕、押解、巡逻等任务；有权进行边防检查、边境守卫，打击破坏国家边境安全的国内外敌对势力；有权对危害国家安全的暴乱、持枪抵抗的犯罪人、恐怖活动分子实行武装镇压。

公安机关根据自己权力和任务的范围，有以下四个方面的专业工作：

1. 侦查工作。包括对危害国家安全的犯罪和其他刑事犯罪的侦查。

2. 治安行政管理工作。包括户口管理、公共秩序管理、特种行业管理、危险物品管理、城市道路交通管理、公安外事管理、中国公民出入境管理、消防监督等。

3. 保卫工作。即保卫企业单位、事业单位、机关、团体内部的安全；警卫工作,主要是警卫国家规定的列名保卫对象、警卫目标的安全。

4. 监管工作。主要羁押依法逮捕、拘留正处于审讯、起诉、审判阶段的犯罪嫌疑人,以及被判处1年以下有期徒刑或拘役的犯罪分子。

(二)公安机关的体制

我国公安机关的体制是:在国务院设立公安部,它是全国公安系统的领导机关;在省、自治区人民政府设立公安厅,在直辖市人民政府设立公安局;在省辖市人民政府设立公安局。在县或相当于县级市人民政府设立公安局,在城市区人民政府设立公安分局;在铁道部、交通部、林业部、民航总局、海关总署设立公安局,并在它们的所属部门设立相应的公安机关。此外,还有其他经人民政府批准设立的公安机关。

由公安机关领导和指挥的人民武装警察部队,在公安部设立人民武装警察总部,在省、市自治区公安厅、局设立武警总队,在地、市、州、盟公安局设立武警支队,在沿边、沿海的县、市、旗公安局设立武警大队。

根据我国《宪法》规定的原则,人民政府对公安机关采取"统一领导,分级管理,条块结合,以块为主"的领导管理体制。

(三)公安机关的组织机构

公安机关的组织机构,不同级的机关是有差别的,但任何一级公安机关都有以下三种机构:

1. 职能机构。是直接执行公安机关保卫国家安全、维护社会治安秩序的机构,有依法使用权力手段的资格。它由公安机关首长和专业机构组成。公安机关首长有权领导和指挥各专业部门执行任务、办理案件、处理事件,有权依照法律和制度对本机关职能范围内的事务执行审核、批准、决定。专业机构是公安机关的实战单位,依照法律、法规行使职权,执行任务。公安机关的主要专业机构包括:政治保卫部门、刑事犯罪侦查部门、技术侦查部门、文化单位保卫部门、治安管理部门、监管部门、警卫部门、边防管理部门、交通管理部门、消防部门、经济犯罪侦查部门、缉毒部门。

2. 政治机构。各级公安机关均设有政治工作部门,配有政委、教导员等专职政工人员。其任务是贯彻落实党的路线、方针、政策,负责公安队伍的组织建设、思想建设和干部管理工作,保证各项业务工作的顺利完成。

3. 保障机构。主要有秘书、咨询、后勤、技术装备、教育、科研等部门,其任务是为公安机关提供各方面的保障条件。

三、我国检察机关的体制

(一)检察机关的性质和权力

根据我国《宪法》的规定,我国人民检察机关是国家权力机关的组成部分。我国《宪法》规定,国家机构包括全国人民代表大会、中华人民共和国主席、国务院、中央军事委员会、地方各级人民代表大会和地方各级人民政府、民族自治地区的自治机关、人民法院和人民检察院。以上各种国家机关以各级人民代表大会为首,形成我国的国家组织系统和权力结构的基本形式。因此,检察机关的地位从属于国家权力机关,对国家权力机关负责并接受国家权力机关的监督。另外,由于检察机关是一个独立系统,它与本级人民政府、本级人民法院不是隶属关系而是并列关系。

检察机关的各种职权统称为检察权。检察权是指为国家法律规定,由人民检察院行使的国家对于侦查机关、审判机关、行政执法机关的职能活动是否合法,国家机关、人民团体、企事业单位、国家工作人员和公民是否遵守法律,实行法律监督的权力。

根据我国法律规定,检察机关的职权主要是以下几个方面:

1. 刑事案件侦查权。检察机关的侦查权主要适用于贪污案、贿赂案、侵犯公民民主权利犯罪案件、渎职犯罪案件以及人民检察院认为需要自己受理的其他案件的侦查。同时,法律规定人民检察院可以参加公安机关复验、复查,并可对公安机关侦查终结移送起诉的案件进行补充侦查。

2. 逮捕权。《刑事诉讼法》第59条规定,逮捕犯罪嫌疑人必须经人民检察院批准或者人民法院决定,由公安机关执行。人民检察院的逮捕权是指对公安机关提请批准逮捕的犯罪嫌疑人的审查批准逮捕和对已直接受理案件的犯罪嫌疑人决定逮捕的权力。

3. 起诉权。起诉权又称公诉权,是人民检察院代表国家,依照法律向有管辖权的法院控告犯罪人的权力。除了告诉才处理和其他不需要进行侦查的轻微刑事案件由人民法院直接受理并可进行调解外,任何其他机关、团体和个人都没有向人民法院控告犯罪人的权力。人民检察院行使公诉权,除了向有管辖权的人民法院控告犯罪人外,还包括出席法庭支持公诉。

4. 侦查监督权。是人民检察院审查侦查机关提请批准逮捕犯罪嫌疑人和移送起诉案件并作出决定,以及对侦查活动是否合法,实行监督的权力。

5. 刑事审判监督权。是人民检察院对审判机关的刑事审判活动,包括法庭组成,审理程序是否合法,当事人和其他诉讼参与人的诉讼权利是否依法得到保障,以及作出的判决和裁定的合法性实行监督的权力。

6. 对执行刑事判决、裁定和监督改造机关的活动是否合法的监督权。人民检察院有对执行刑事判决、裁定的刑罚,包括生命刑、自由刑和财产刑是否合法、正确、严肃实行监督的权力。同时,亦有对司法行政机关行使法律监督的权力,即有权对看守所、监狱、劳动改造场所的监改工作是否合法,劳动教养机关的教养工作是否合法实行监督。

7. 民事审判监督权。是人民检察院对审判机关的民事诉讼活动是否合法实行监督的权力。通过监督,可以纠正民事审判中的违法行为。

8. 行政诉讼监督权。是人民检察院对审判机关的行政审判活动是否合法以及其作出的判决、裁定的合法性实行监督的权力。

9. 司法解释权。人民检察院有解释检察工作中具体运用法律问题的权力,这一权力只能由最高人民检察院行使。

(二)检察机关的组织系统及职权

我国检察机关的组织系统是根据《人民检察院组织法》确定的,由最高人民检察院、地方各级人民检察院、专门人民检察院构成组织系统。

最高人民检察院是我国最高检察机关,由最高国家权力机关全国人民代表大会产生,依法实行法律监督,对全国人大及其常务委员会负责并报告工作。最高人民检察院的职权为:有权指导、部署和检察各级人民检察院的工作,有权制定检察工作条例、细则;由全国人大常委会授权对检察工作中具体应用法律进行司法解释;依法行使各项检察权;依照法律权限管理检察机关干部,对有关检察人员提请任免;确定全国检察机关的人员编制。

地方各级人民检察院包括:省、自治区、直辖市人民检察院;省、自治区、直辖市人民检察分院,自治州、省辖市人民检察院;县、市、自治县和市辖区人民检察院。省一级和县一级人民检察院根据《人民检察院组织法》和工作需要,可在特殊区域和场所设置派出机构,如在劳改劳教场所、林区、工矿区设置人民检察院。检察派出机构由人民检察院提请本级人大常委会批准。

地方各级人民检察院对人大及其常委会负责并报告工作。地方各级人民检察院接受最高人民检察院的领导,下级人民检察院接受上级人民检察院的领导。

地方各级人民检察院按照法律规定的管理范围和权限行使各项检察权:

侦查直接受理的刑事案件;对侦查机关的侦查活动是否合法实行监督;对受理的刑事案件向同级人民法院提起公诉、支持公诉;对人民法院的审判活动是否合法实行监督;对同级人民法院第一审案件的判决、裁定确有错误时,按程序提出抗诉;上级人民检察院对下级人民法院已发生法律效力的判决、裁定如发现确有错误,按审判监督程序提出抗诉;监督执行人民法院的判决、裁定,监督监狱、看守所、劳改劳教场所的活动是否合法。

铁路运输检察院是国家设置在铁路运输系统的法律监督机构,是我国检察机关的组成部分。其由铁路运输检察分院和基层铁路运输检察院组成,直接由所在的省、自治区、直辖市人民检察院领导。

专门人民检察院是在特定的组织系统内设置的检察机关。我国的专门人民检察院是军事检察院。它是国家设置在人民解放军系统的法律监督机构,属于军队建制,在最高人民检察院和解放军总政治部领导下工作。军事检察院的职权是对军职人员的案件行使检察权,而侦查权是其中的重要权力之一。

(三)检察机关的机构设置

我国检察机关的机构设置由《人民检察院组织法》规定,并与它的职权和业务范围相一致,包括检察长、检察委员会、检察业务机构三个方面。

检察长属于人民检察院的领导机构。

检察委员会是人民检察院工作的指导和决策机构。

检察业务机构是围绕各项职权开展业务工作的职能机构,各级人民检察院的主要业务机构有:

1. 刑事检察机构。主要是审查公安机关呈请批准逮捕和移送起诉、免予起诉的案件;提起公诉,提出抗诉案件;出庭支持公诉或支持抗诉;对侦查机关的侦查活动、人民法庭的审判活动是否合法进行监督。

2. 贪污贿赂犯罪案件侦查机构。主要开展贪污、贿赂等犯罪案件的侦查业务工作。

3. 侵权渎职犯罪案件侦查机构。主要开展人民检察院直接受理的侵权、渎职犯罪案件的侦查业务工作。

4. 监所检察机构。对刑事判决、裁定的执行和监狱、看守所、劳改劳教部门的活动是否合法实行监督。

5. 民事、行政检察机构。依法对民事审判和行政诉讼活动实行监督。

6. 控告、申诉检察机构。受理控告、申诉案件,处理来信、来访事务。

7. 技术机构。对案件中的证据进行鉴定、送检、复验。

8. 研究机构。调查研究社会治安状况、犯罪规律以及检察工作中执行政策法律的基本情况并负责法制宣传。

最高人民检察院除设立上述机构外,还设立了铁路运输检察厅。根据国家法令和工作的需要,对特别重大的案件,由最高人民检察院组成特别检察厅行使检察权。

第三节　我国侦查机构及其职能

一、公安机关的侦查机构及其职能

我国公安机关的侦查机构,按照犯罪案件性质和案件侦查程序,分为政治保卫机构、侦查机构、经济案件侦查机构、缉毒机构、监管机构。政治保卫机构与国家安全机构一起专门负责实施对危害国家安全的犯罪案件的侦查;侦查机构专门实施对其他刑事犯罪案件的侦查;经济案件侦查机构负责对涉税、金融、走私等经济性犯罪案件的侦查;缉毒机构负责对毒品案件的侦查。但在侦查业务活动中,两者是紧密联系、互相配合的。在公安机关内部,侦办各类案件采用了侦审合一的形式。侦查部门受理案件后,立即采取措施进行审查,确定立案后进一步采取侦查手段与措施,将有重大犯罪嫌疑的犯罪嫌疑人揭露出来,予以拘留或逮捕。侦查部门对关押的犯罪嫌疑人依法进行讯问和调查,彻底查明案件事实,取得确凿证据,提出处理意见并移送人民检察院审查决定。

(一)公安部设置的侦查机构

1. 公安部政治保卫局。负责管理和指导全国国内危害国家安全的犯罪案件的侦查。

2. 公安部刑事侦查局。负责管理和指导全国刑事犯罪案件的侦查,是管理和指导我国侦查工作的决策机构,具有指导、协调、监督三方面职能。其主要职责是:调查研究全国刑事犯罪的规律特点;掌握全国特大刑事案件的突破情况和其他重大刑事犯罪情况;检查、指导、协调、监督全国侦查破案工作;制订全国侦查工作的发展规划;研究制定侦查工作制度和管理制度;确定不同时期的工作部署;研究制定侦查手段、措施的实施方案;对全国刑侦工作中的重大事项作出决策;管理国际国内侦查情报与信息;建立国际国内通讯网络;制订刑侦人才培养规划,制订刑事技术规划和装备规划,组织新技术的研究、开发推广;建立全国三级技术点。根据其职责,它相应设立了案件管理与指导、信息情报、技术鉴定、行政管理、科学研究等业务机构,国际刑警中心局也属该局管辖。

3. 公安部经济犯罪侦查局。负责管理和指导金融涉税、走私等经济犯罪案件的侦查工作。

4. 公安部缉毒局。负责管理和指导全国毒品犯罪案件的侦查工作。

5. 公安部治安局。负责管理和指导全国治安犯罪案件的查处工作。

6. 公安部交管局。负责管理和指导全国交通犯罪案件的查处工作。

7. 公安部监管局。负责管理和指导全国公安机关管辖案件的预审工作和看守所、拘留所工作。

国家安全部也设立了相应的业务局,负责管理与指导全国涉及国家安全的犯罪案件的侦查。

(二)直辖市、省、自治区公安厅设置的侦查机构

直辖市、省、自治区公安厅设置的侦查机构有政治保卫处、侦查总队、治安总队、监管总队、经侦总队、缉毒总队、交警总队等。直辖市、省、区一级的侦查机构,一般不属于实战单位,主要是管理和指导省、区范围内侦查业务工作,具有指导、协调、监督、服务四方面的职能。其指挥机构设置与中央一级大体相似,但职能范围相应缩小。其具体职责是:调查研究辖区内刑事犯罪的活动规律和发展趋势,针对实际情况制订工作计划与对策;指导辖区内的侦查业务工作;开展协同作战,组织信息交流,掌握辖区内刑事案件的发破情况及其他重大刑事犯罪活动情况并参与其中的指导、协调、检查工作;管辖部分侦查情报档案:管理辖区内的刑侦队伍;负责刑侦装备;监督下属部门对公安部、公安厅有关指示、命令、计划的执行。由于省、区级侦查机构有直接指挥实战单位的案件侦查活动,根据任务需要,相应配备了机动侦查力量,以支援基层实战单位的重大侦查行动。

(三)市、县公安局侦查机构的设置

市、县及其以下的各级侦查部门都是侦查破案实体,其机构是按照实战特点和要求设置的。

在大中城市公安局内设有政治保卫处、刑警支队、监管支队、经侦支队、缉毒处、治安支队、交警支队等。

在县、市和大城市区公安局内设立刑警大队、政治保卫科、监管大队、经侦大队、缉毒大队、治安大队、交警大队。

以刑事侦查机构为例,大中城市刑警支队具有实战、指导、协调、服务四个方面的职能。

刑侦支队的职能是:管理和指导全市的侦查业务活动,负责管辖全地区全部刑事案件,既要侦破属于自己管辖的案件,又要对全市刑侦业务进行统一领导,指导下级刑侦部门破案,组织全市刑侦力量对影响恶劣、损失巨大的严重犯罪案件进行攻坚作战;承办上级业务部门交办的案件;开展基础业务建设;负责刑事调查统计;管理侦查情报档案;刑事技术建设;侦查队伍的培训、管理。

区县刑警队的职责是:负责本县、市、区范围内刑事案件的侦破,是基层实战单位;指导公安派出所查破一般刑事案件;与派出所、内保部门共同开展预防犯罪工作。

侦查实战部门,尤其刑警支队,一般有八种业务机构:

1. 专案侦查机构(按案件性质划分支队或大队);
2. 情报信息机构;
3. 业务基础建设和指导机构;
4. 外线与技侦机构;
5. 刑事技术机构;
6. 控制与防范机构;
7. 通讯联络机构;
8. 特警队。

我国公安机关的侦查体制,随着改革开放的深入和社会主义市场经济体系的逐步建立,随着同刑事犯罪作斗争的变化,原来的体制在许多方面与斗争形势和任务不相适应,亟待进行改革。如在全国刑侦机构组织体系和机构建制方面、领导体制方面、侦查破案的组织形式方面等都已探索出一些带倾向的改革方案,并在改革探索实施中。

二、专门公安机关的侦查机构及其职能

我国铁路、交通、民航、林业部门的公安机关也有与其职权相适应的侦查机构。在铁道部、交通部、林业部公安局和民航总局公安局设有侦查处，负责侦破和指导本系统范围内的案件侦查工作；各省、市、区交通厅、林业厅和各大区铁路局、民航局的公安处（局）设有侦查科或刑警队，负责辖区范围内的侦查工作。

我国海关总署也成立了走私犯罪侦查局，各地区海关也相应成立了走私犯罪侦查分局，负责走私犯罪侦查工作。

中国人民解放军军级以上保卫部门也设有侦查处、科，负责军队内部的侦查工作。

三、我国检察机关的侦查机构

我国检察机关的侦查权主要表现在对直接受理的刑事案件进行侦查、对公安机关管辖的刑事案件参与侦查、对公安机关侦查终结的案件可以自行补充侦查三个方面。由于检察机关主要是对国家工作人员的职务犯罪进行侦查，它的侦查机构主要是反贪污、贿赂工作局和法纪检察部门。

在中央一级，最高人民检察院设有反贪污、贿赂工作总局和侵权渎职犯罪侦查厅。反贪污、贿赂工作总局负责管理和指导全国各级人民检察院和专门人民检察院反贪局的侦查工作并侦查自己直接管辖的案件。侵权渎职犯罪侦查厅负责指导、管理各级检察院相应部门的侦查工作并负责自己管辖的案件。

在省、自治区、直辖市人民检察院（包括分院）和自治州、省辖市人民检察设有反贪污、贿赂工作局和侵权渎职犯罪侦查局，负责辖区内的案件侦查工作和指导下级人民检察院侦查部门的工作。

在县、市、自治县和市辖区人民检察院设有反贪污、贿赂工作局和侵权渎职犯罪侦查局，负责侦查自己管辖的案件。

我国检察系统侦查部门与技术部门是互相平行的机构，侦查部门不设技术工作的职能机构。

四、专门人民检察院的侦查机构

军事检察院的侦查机构设至军一级。中国人民解放军军事检察院、大军区军事检察院、空军军事检察院，海军军事检察院、地区军事检察院、空军军一级军事检察院和海军舰队军事检察院三级机关都设有反贪污、贿赂工作局和法纪检察机构，负责军职人员犯罪案件的侦查业务工作。

第四节　侦 查 人 员

一、侦查人员的地位与职责

《人民警察法》、《公务员法》是侦查人员的地位、职责的基本依据。

（一）侦查人员的地位

侦查人员是国家行使侦查职能的专门力量，是侦查主体的主要组成部分。我国侦查人员是人民民主专政的重要工具。因为侦查人员从其本质上讲，是警察的重要组成部分，而一切国家警察都是阶级专政的重要工具。只是不同社会制度的国家，警察的阶级本质不同而已。我国是人民民主专政的国家，刑侦人员当然是人民民主专政的工具之一。在历史上，无论在中国还是外国，都把侦查机关及其侦探比喻为“剑”，这就意味着它们都是阶级专政的工具。

侦查人员是国家警察的重要组成部分，是警察的一种类型，其职责是通过侦查破案和预防犯罪、揭露犯罪、证实犯罪人，从而维护国家安全和社会治安秩序。尤其在现代社会里，侦查破案是打击犯罪活动、维护社会安宁的重要手段。我国刑事警察是公安机关实现“打击敌人、保护人民”职责的主力军。刑警是一个主要警种，而且素质要求较其他警种更高。外国把刑事警察视为警察中的“佼佼者”。

侦查人员主要是与形形色色的罪犯进行智力、勇气的斗争，由于它的智力水平相对较高，因此，侦查人员的社会地位也相应高一些。不少学者对侦探进行了极为形象的比喻，中国有学者把近代刑警喻为“民众的神经末梢”，把现代刑警喻为“维护国家治安的哨兵”；外国把侦探视为“当代社会智慧最高的人”、“带枪的社会工作者”。

（二）侦查人员的职责

侦查人员在开展侦查活动中，可依法行使以下职权：

1. 依法对刑事案件进行侦查，对犯罪分子和犯罪嫌疑人执行逮捕、拘留、搜查和其他强制性措施。

2. 因侦查刑事案件的需要，可以依照法律规定的程序对犯罪分子和犯罪嫌疑人采取通信检查和其他技术侦查措施，并按法律规定使用所获得的资料。

3. 对既有轻微违法犯罪行为，又不吐露真实姓名、住址和来历不明的人，或者既有轻微违法犯罪行为又有流窜犯罪、结伙犯罪、多次犯罪嫌疑的人可经过领导机关批准进行传唤审查。

4. 在执行公务中，遇人拒捕、袭击、抢夺枪支，或者发生骚乱、暴乱以及其他暴力危害公共安全和破坏社会治安，不听制止的危急情况，可使用武器。

5. 在紧急追捕人犯、抢救公民生命的情况下，可以调用机关、团体、企业、事业单位和公民个人的交通工具和通讯工具。

6. 依法查验居民身份证和居民户口登记情况。

二、侦查人员的条件

从广义范围讲，侦查人员是人民警察的组成部分，必须具备人民警察的基本条件。即刑侦队伍必须符合革命化、年轻化、知识化、专业化的要求，刑侦干警必须具有共产主义的坚定信念，全心全意为人民服务的献身精神，实事求是的优良作风，较高的科学文化知识和专业知识，掌握现代化的斗争本领。这是侦查人员的基本条件。由于侦查工作的特殊性，作为侦查主体的侦查人员亦相应有其特殊要求。

（一）侦查人员的政治条件

侦查人员的政治条件，是指其在政治立场、工作态度、思想觉悟、品德作风等方面应具备的基本素质。

1. 必须要有坚定、正确的政治立场，敌我分明，是非清楚，志愿献身侦查事业，要自觉地坚持党的四项基本原则，坚持改革开放，忠实地执行党的路线、方针、政策。因为侦查工作是保卫国家政权和社会主义制度、维护国家安宁的工作，侦查人员是捍卫国家利益和人民利益的忠实哨兵，必须随时随地在政治上、思想上、行动上与党和国家保持一致。所以，政治立场是检验侦查人员是否符合条件的首要标准。

2. 必须树立全心全意为人民服务的思想。侦查人员以捍卫国家和人民利益、维护社会安宁为己任，而且工作艰险。所以，必须把国家利益、人民利益放在高于一切的地位，具有高度的事业心和责任心，在任何情况下都要保持旺盛的革命斗志，吃苦耐劳，坚韧不拔，英勇善战，舍身忘死，临危不惧，甘当无名英雄。

3. 要有严格的组织纪律观念。侦查人员的纪律是由侦查工作的性质和特点决定的。由于侦查工作的阶级性、政策性、策略性、法制性、专业性、机动性强，侦查队伍和人员必须有坚强的组织性和严明的纪律性。

侦查人员的纪律,主要表现为政治纪律、组织纪律、工作纪律、群众纪律、保密纪律和警容风纪六个方面。

(1)政治纪律就是坚决执行党的路线、方针、政策,坚持四项基本原则,遵守人民警察的各项规定。

(2)组织纪律就是一切行动听指挥,个人服从组织,下级服从上级。

(3)工作纪律就是执行工作任务必须依法办事,遵守各项规章制度。

(4)群众纪律就是要为群众办好事,尊老爱幼,尊重妇女,尊重群众风俗习惯,说话和气,办事公平,不侵犯群众利益。

(5)保密纪律就是要严格遵守国家保密制度,不该知不求知,不该问不得问,做到"守口如瓶"。

(6)警容风纪就是侦查人员必须精神振作,举止端正,讲究文明礼貌,遵守社会公德,着装要严格遵守着装规定。

4. 要有高尚的职业道德。侦查人员的职业道德,是指在其侦查活动中的言行准则,是社会主义道德在侦查工作中的具体体现。侦查人员的职业道德与其组织纪律是有密切联系的,它们是从不同的方面向侦查人员提出的要求。

侦查人员的职业道德主要表现在:

(1)遵纪守法,依法办案。在一切活动中必须遵守纪律,依法办事,依法办案,不准刑讯逼供。

(2)廉洁奉公,不徇私情。必须秉公办案,不准贪赃枉法,不准包庇坏人,不准陷害好人。

(3)忠于职守,不畏艰险。侦查员无论工作条件多么艰苦,工作环境多么险恶,都必须坚守岗位,临危不惧,不惜以身殉职。

(4)严以律己,防腐拒变。侦查人员处在同犯罪作斗争的第一线,而且是短兵相接,接触社会阴暗面多,时常遭受各种社会消极因素和资产阶级腐朽思维的包围和袭击,必须要有出污泥而不染的高尚品德。

(5)忠诚老实,自觉接受党和群众的监督。侦查员执行任务,多采用各自为战的分散工作方式,侦查活动具有高度分散的特点,不易受到侦查集体的监督。因此,必须严格要求自己,廉洁自律,办老实事,说老实话,做老实人,不向组织隐瞒任何情况。

(二)侦查人员的业务条件

侦查工作是一项极为细致复杂的社会工作,要用各种知识、各种手段去认识社会现象、认识处于社会活动中的人,通过这种“大海捞针”似的活动,进而揭露犯罪,证实犯罪人。而从事侦查工作的人,无疑需要掌握丰富的知识与技能。侦查人员的业务条件包括侦查员的科学文化知识、政策理论水平、法学知识、侦查专业知识和侦查技能几个方面。

1. 侦查人员必须具备较高的文化水平,这是学好专业,做好工作的基础。一般要求大专以上学历,有较强的写作能力,最好能掌握一门外国语。

2. 侦破案件是运用法律手段揭露与证实犯罪的一种有效形式,侦查人员是国家执法人员,侦查活动就是执法活动,必须掌握比较系统的诉讼法学、证据法学、刑法学、民法学、经济法学、国际法学方面的知识,要熟悉有关法律、法规在侦查破案过程中的具体运用。

3. 侦查工作政策性、策略性强,工作范围宽广,工作对象复杂,涉及党的各方面的政策,而工作方式侧重于斗智,侦查人员必须具有较高的政策策略水平才能积极而有效地行使侦查权,战胜诡诈、狡猾的罪犯。

4. 侦查人员要精通侦查业务,要学会侦查手段、侦查措施、侦查方法的具体运用,要熟悉调查研究和群众路线的工作方法。每个侦查员都要做到会勘查现场,会发现和收取证据,会调查研究,会侦查破案,会搜集与储存侦查情报资料。

5. 对于侦查指挥人员,还应具备较高的战略战术组织指挥能力和业务管理能力。同时,由于侦查员的活动相对独立分散,机动性大,工作环境特殊,还必须掌握一定的特殊技能,如驾驶技术、射击技术、擒拿技术、摄影摄像技术、通讯技术等。

(三)侦查员的智力条件

智力,是指人们理解、认识客观事物并运用知识和经验解决实际问题能力的总和。侦查工作是以智力斗争为主要内容的工作,侦查人员在智力方面必然有其特殊要求。

1. 观察能力。观察能力是认识主体通过自身的感官对发生的事件或现象进行有目的、有计划的认识的知觉过程。侦查中的观察活动是侦查人员对与刑事案件有关的人、事、物及现象的主动知觉。观察活动是侦查活动的前提,它贯穿侦查活动的始终。观察能力是侦查员获得感性知识、捕捉犯罪线索、搜集犯罪证据的基本手段。侦查员必须具备显隐发微的观察力,观察事物要求敏锐、深入、客观而又有所选择,不仅善于静态观察而且要学会动态观察。为了适应职业需要,侦查人员必须培养自己的观察习惯,不断调节自己的心理状态,使之成为客观型的良好观察者。

2. 记忆能力。记忆是人脑对过去所经历的事物的再现的意识活动。记忆力是人们获取与适用知识和经验必不可少的能力。记忆是知识和经验的仓库,它为思维活动提供原材料。侦查员记忆力要求敏捷、准确、持久,即对客观事物快速反应,不歪曲其本来面貌,并长期留存于自己的头脑中。侦查人员必须加强专门训练,带着明确的目标,以坚强的毅力,掌握科学的记忆方法,锻炼自己的记忆力,培养和发展自己的记忆力。

3. 分析综合能力。分析和综合是认识事物由个别到整体的两个步骤。分析是认识事物时将被认识对象分解为各个部分或各个因素,分别进行观察。如侦查中分析犯罪时间、犯罪人数、犯罪手段等。综合是把已分析过的事物或因素的各个部分联接成一个整体,找出其相互间的内在联系,从而作出符合事实的认识结论。如在对犯罪时间、人数、手段等作出分析的基础上,通过综合对案件的性质、罪犯形象等问题作出判断。分析综合是认识犯罪案件的基本方法。分析综合能力是侦查人员智力结构的核心。侦查人员在分析综合能力方面要求具备深刻性、广阔性、逻辑性、灵活性的要求。

4. 应变能力和自制能力。应变能力,是指对突然的事件或情况能迅速作出判断,采取随机应变措施的能力。侦查活动是动态作战活动,斗争双方的活动都会受到主客观各种因素的影响,使工作出现始料不及的情况或问题,打乱预定的侦查部署和行动方案,侦查人员必须临阵不乱、沉着机智、果断地采取紧急措施。自制力,是指自我克制、自我控制的能力。

(四)身体条件

侦查人员由于工作任务繁重,工作条件艰苦,工作方式具有战斗性质,必须具备较强的体质。要求仪表端庄,身体匀称,相貌端正,作风朴实大方,身体健康,动作敏捷,有较强的适应环境的能力。同时,在身高、体重、视力等方面都有具体指标限定。

第七章 侦查运筹

第一节 侦查运筹

一、侦查运筹概述

侦查运筹理论来源于运筹学的基本原理和方法。从运筹学的产生和发展过程来看,运筹学是研究经济活动和军事活动中能用数量来表达营运、筹划与管理等方面问题的一门学科。侦查活动是侦查机关以刑事案件为对象,运用各种刑事技术手段和侦查措施揭露与证实犯罪的一种特殊的社会活动。侦查这种特殊的社会活动作为一个系统,它必然由与刑事犯罪侦查有关的诸多要素构成,每一个侦查要素都会根据自己的特点、作用和相互之间的制约关系处于不同的位置,而这些要素之间的相互联系、相互作用形成了侦查活动中特定的运动规律。侦查运筹就是要围绕实现揭露和证实犯罪这一目标,对侦查活动中的人力、物力、情报信息、对策方法、时间空间等作出筹划和安排。

二、侦查运筹的内容

(一)人员的运筹

侦查人员是侦查活动的主体,侦查活动能否顺利的实施,首先取决于侦查的人力资源,取决于侦查人员配置的相互关系是否合理等众多因素。在侦查运筹的众多要素中,人员的运筹始终是关系侦查工作成败的决定性因素。在社会不断发展的条件下,侦查的运筹更应强调人对侦查工作的重要性,通过对侦查人员的合理安排,发挥他们的潜在能力,更好地为侦查工作服务。

从对人员运筹规划的角度出发,人员运筹的中心问题是如何发挥侦查员个人的优势和侦查群体的整体优势。因此,在对人员进行筹划时应考虑两方面的情况：首先，个人优势的发挥是群体优势的基础，没有侦查人员的个人优势，侦查群体的整体优势也就无法形成。另外，只有当每个人的优势得到了充分的发挥，群体优势才能够具有坚实的基础。侦查实践中，对人员的运筹要根据每个侦查人员的特长，将其安排在适当的岗位上，努力做到人尽其才，最大限度地调动每一个侦查人员的积极性和创造性，发挥他们的聪明才智，真正做到量才使用，用其所长，避其所短。其次，要根据侦查人员各自的能力特点和侦查任务的具体需要，对侦查人员作出合理的分工。在侦查过程中，侦查人员要从侦查工作的全局出发，相互配合，取长补短，以发挥侦查人员整体配合的群体优势。

（二）物力运筹

侦查活动中的物力主要是指侦查的物质技术装备，它是侦查机关侦破刑事案件不可缺少的重要力量。侦查的物质技术装备克服了人自身能力的局限性，提高了侦查工作的效率，它是实现侦查工作目标的物质保证。侦查的物质技术装备渗透在侦查工作的各个环节之中，它主要包括：交通、通讯设备；专门技术设备（如刑事技术鉴定设备）；电子计算机系统设备；各类武器、警械设备等。

侦查的物力运筹是要根据侦查工作的实际情况，力求将有限的物力、财力用到最需要的侦查环节上去，最大限度地发挥现有物质技术装备的功能、作用和效力，做到物尽其用，保证重点，统筹使用。侦查实践中，物力运筹的内容包括：

1. 物尽其用。在侦查过程中，要根据人力、物力的情况，建立健全各项工作的规章制度，挖掘各项仪器设备的潜力，最大限度地发挥各种仪器设备的作用。

2. 统筹使用。对现有的侦查设备要进行合理的统筹规划，实行统一安排、统一使用，合理调配，以确保重大、特大案件侦查的需要。

3. 维护仪器设备。有效的维护仪器设备，是保证发挥物力效能的必要条件，也是确保各种侦查器材在侦查活动中有效发挥作用的前提。因此，对侦查器材的维护必须严格依照有关的制度进行。

4. 更新侦查设备。对侦查设备进行更新，是侦查工作发展的必然要求。随着科学技术的不断发展，高科技手段在侦查活动中的应用也越来越广泛，这就要求侦查部门根据侦查工作的需要，不断地更新技术设备，更好地为侦查破案工作服务。

（三）对策方法的运筹

侦查对策是揭露和证实刑事犯罪的各种策略、措施、手段和方法的总称。在侦查活动中，如何根据具体案件的实际情况，采取相应的侦查措施、侦查手段和侦查方法，并将其组成切实可行的侦查方案进行综合的运用，达到揭露和证实犯罪的目的，这就必须通过侦查的运筹活动来实现。

侦查对策方法的运筹内容主要是：首先，要保证侦查措施、手段的正确性。每一项侦查行动的实施都必须符合刑事案件的实际需要，做到措施有力、方法得当。在侦查过程中，只有每一单项的侦查措施使用正确了，才能保证综合措施的正确性。其次，各种侦查措施、手段的运用要互相配合、互相制约，并使之具有连续性，前一侦查行动要为后一侦查行动创造有利的条件。如果在侦查过程中发生侦查行动的相互干扰，就必须及时地加以调整和处理，以保证侦查工作的顺利实施。

（四）时空的运筹

时间和空间是一切事物存在的基本形式。侦查活动不可能脱离时空而存在。在侦查运筹过程中，侦查人员可以对时空进行支配和利用，这也是影响侦查工作成效的重要因素。

侦查时间的运筹，是指如何充分利用一切可以利用的时间，高效实现侦查工作的目的。侦查措施、侦查手段、侦查方法的采取以及侦查行动的实施，都只能通过有效的侦查运筹，才可能在有效的时间内实现侦查的目的。侦查实践中，对侦查时间的运筹主要包括：

1. 要充分利用一切可以利用的时间来为侦查破案服务，加快刑事案件的侦破进程。在案件发生的初期阶段，侦查人员要以最快的速度赶赴犯罪现场，在最短的时间内部署侦查力量，采取一系列侦查措施，实施有效的侦查活动。

2. 抓住侦查时机，积极开展侦查。在侦查活动中，要根据具体案件的实际情况，准确及时地抓住侦查的战机，积极开展侦查工作。而抓住侦查战机的前提条件必须是及时对案件情况作出客观、准确的分析判断，确定侦查的方向和范围。否则，就不可能有效实施侦查措施和手段，掌握侦查工作的主动权。

3. 要根据时间的顺序性和连续性安排侦查活动。任何案件的侦破都需要一个过程。在侦查活动的实施中，侦查行动存在严格的先后顺序和连续性。如果违背侦查活动的一般规律，破坏这种制约关系，就必然会影响侦查工作的整体部署，延迟刑事案件的破案进程。

侦查空间，是指侦查活动的大小、范围及重点部位。侦查空间的布局主要有三方面的内容：首先，对犯罪空间的勘验、搜查。刑事犯罪的空间包括一切实施犯罪活动的场所，犯罪空间是犯罪行为的客观记录，是收集犯罪痕迹物证的重要场所。其次，对刑事犯罪案件多发场所、地区以及犯罪分子可能落脚藏身和窝赃、处理赃物地点的控制，堵塞和缩小可能被犯罪分子利用的空间，减少刑事案件的发案率。最后，建立严密、快速的堵截网络系统，一旦刑事案件需要采取堵卡措施，就能够及时地实施堵截工作。

第二节 侦查管理

一、侦查管理

（一）侦查管理的概念

管理，是指在特定的环境下，对组织所拥有的资源进行有效的计划、组织、领导和控制，以便完成既定的组织目标的过程。

管理的概念包含以下的含义：一是管理是为实现组织的目标服务的；二是管理工作要通过对组织所拥有的各种资源的运用来实现目标；三是管理的过程是由计划、组织、领导和控制等依照流程顺序的一系列既相互独立又相互关联的活动所构成的；四是管理工作必须是在一定的环境条件下进行，这种环境条件不仅包括组织内部，也包括组织外部的相关条件。

按照管理所涉及的行业进行分类，可以将管理分为产业管理、军事管理、行政管理等。侦查管理仅仅是涵盖在政府行政管理中公安管理的一个分支。

侦查管理有广义和狭义的区分。广义的侦查管理是一个综合性概念，它既包括公安机关刑侦部门依法对自身队伍的管理，也包括公安机关刑侦部门对侦查业务的管理。狭义的侦查管理仅仅是指公安机关刑侦部门对侦查业务的管理。本文采其狭义概念。

侦查管理是公安机关刑侦部门的各级领导为打击、预防犯罪，履行法律赋予的维护国家安全和社会稳定的职责，按照党的政策和国家法律，运用现代管理科学理论、方法和手段等，对各项侦查业务工作进行的决策、计划、组织、指挥、协调和控制等一系列管理活动。

侦查管理是通过侦查组织、指挥、协调和控制等职能，设计和维护一种环境，使身处其间的各种侦查资源能够发挥最大的作用，以期高质量、高效率地实现既定侦查目标的一项综合活动。侦查管理的主要内容是“设计和维护一种环境，使身处其间的各种侦查资源能够发挥最大的作用”，它具体表现为通过对人、组织结构、规章制度的综合设计和管理，使各种侦查资源在侦查活动中能够得到最大限度的合理利用，产生最强大的合力，以达到侦查工作的高质量和高效率。

（二）侦查管理的基本原理

侦查管理的基本原理来源于现代管理理论。因此，认真研究现代管理的基本原理和理论，并将它们与侦查活动的具体情况相结合，合理地运用于侦查管理实践中，就能够创造出众多适应侦查工作特点的管理原则和管理方法。侦查管理的基本原理主要有：

1. 系统原理。系统原理是侦查管理的重要理论。所谓系统是“由两个以上要素组成的具有整体功能和综合行为的统一集合体”，即系统是由多个要素构成的具有一定层次结构并与客观环境发生联系的整体。侦查管理的对象都是存在于一定层次的系统之中的，系统中的每一个基本要素都不会孤立的存在，它既处于自身的系统之中，又与其他系统发生各种形式的联系。因此，为了达到管理目标的优化，就必须从系统的整体出发，对侦查管理的各个方面进行系统分析，即侦查管理的系统原理。

侦查管理系统具有三大特征，即目的性、整体性和层次性特征。

（1）目的性特征。目的性是指每一个系统都应有明确的目的。目的不明确或者混淆了不同的目的，就必然会导致管理的混乱。一般情况下，一个系统通常只有一个目的。如果一个系统有了多个目的，则必然会导致人、财、物、时间、信息等诸多方面的相互影响和干扰，从而影响系统的功能和效率。就侦查管理而言，其本身就是一个系统，这个系统的目的在于从根本上提高侦查工作的效率和战斗力。因此，为了追求刑侦工作的高质量和高效率，侦查管理就应当紧紧围绕其目标和功能设置与之相联系的子系统，从而实现侦查管理的目的。如侦查的领导者要经常对自己管理的对象进行检查，及时发现是否存在目标不明确或与管理目标和功能相悖的子系统。如果发现存在，就应当及时加以调整或剔除。

(2)整体性特征。一般而言,系统的整体效益与局部效益具有一致性,但二者也存在不完全一致和相矛盾的情况。即局部与整体的利益有着复杂的关系和交叉效应,各局部的特征和性质机械相加并不等于整体的特征和性质。系统整体的性质和规律只存在于各部分的相互联系、相互作用、相互制约之中。因此,现代侦查管理所追求的目标不是某个局部的优势,而是系统整体的优化。任何组织的建立和制度的规定都必须顾全整体的利益,而一切不利于整体利益的组织或制度,都必须及时调整或取消。

(3)层次性特性。系统之间的运动能否保持协调、有效,很大程度上取决于能否分清管理层次。每一管理层次都应有各自的功能,并规定明确的任务和职责、权力范围,而同一层次各子系统之间的横向联系则应由各子系统本身决定。只有在它们产生不协调或发生矛盾时,才需要上一层次出面解决。就侦查管理而言,上级侦查部门的职责就是根据及时破案的目标,给下级侦查部门(队、科)布置具体任务,明确完成破案任务的标准和要求,提供破案必要条件,及时掌握案件侦破的进程情况。对于下级侦查部门(队、科)如何对上级侦查部门布置的具体任务进行再分配,以及案件侦破过程中选择何种侦查途径,采取何种侦查措施和手段去破获案件,上级侦查部门一般不应干预。只有当下级侦查部门的行动同总体任务发生矛盾或相互间产生不协调时,上级侦查部门才应出面予以协调或作出必要的指导。侦查活动只有通过这样的管理,才能够充分发挥和调动各级侦查人员的积极性、主动性和创造性,增强侦查人员的事业心和责任感,从而形成各个层次之间的有效管理。

2. 反馈原理。反馈原理,是指控制系统把信息输送出去,又将其作用结果反馈回来,并对信息的再输出发生影响,直至达到预定目的。反馈原理是指在因果性和目的性之间建立起一种紧密联系,保证系统始终围绕既定目标运转的理论。反馈原理的应用对侦查管理活动具有极为重要的意义。由于侦查活动涉及众多不确定因素,因此,侦查方案的制订、选择和实施都必须建立在前一个侦查行为结果的基础之上。如果没有适时、适量和准确的反馈信息,就不可能进一步对侦查活动进行部署。

反馈的最终目的在于要求对客观变化作出正确的反应。侦查管理活动要符合客观实际,关键在于是否有灵敏、正确和有效的反馈,反馈的灵敏程度、正确程度和有效程度是衡量一个管理系统功能强弱的重要标志。由于现代侦查系统的日趋庞大,侦查管理工作也会越来越复杂。针对这种情况,侦查的管理者即使具有较高的管理才能也不可能在侦查活动中洞察一切，一次就能够达到对案件本质的认识，他们常常需要通过决策、执行、反馈、再决策、再执行、再反馈的多次循环反复，直至侦查目标的实现。因此，侦查管理活动中几乎每一个工作环节都离不开反馈，从而使侦查管理对反馈的需要也显得更加的迫切。

3. 能级原理。管理学中的能级，是指任何稳定的管理系统必须是一个由具有不同层次、不同能级组成的复杂系统，系统中每一个单元都根据本身所具有能量的大小和单元之间能够产生的相互作用而处于不同的地位，从而发挥各自的作用。侦查管理的任务是建立一个合理的能级，使不同岗位上的人员都能最大限度发挥作用。能级原理在侦查管理中的实施具体表现为：

（1）应确定各个系统管理能级的划分。管理能级的划分不是随意进行的，其组合必须符合稳定结构的客观要求。就一个管理系统而言，管理结构一般分为四个层次：系统的最高层为管理决策层，即根据本系统的总任务确定大政方针；第二层为管理层，即运用各种管理方法和手段来实现确定的大政方针；第三层为执行层，即贯彻执行管理指令，直接调动和组织人员装备、物资等管理内容；第四层为操作层，即具体操作和完成各项任务。

（2）能级应和权益相对称。不同的能级应表现出不同的权力、物质利益和精神荣誉。只有能级与权益相对应，才能激发各个不同层次侦查人员的积极性、责任心和荣誉感，才能使各个能级在完成各自的任务中保持高效率和高质量。侦查管理中，对不同的能级不应拉平或取消权力、物质利益和精神荣誉上的差别，而应对不同的能级给予相应的待遇。

（3）能级应与人才动态对应。管理岗位有不同的能级，而每一个人的才能又各不相同。因此，科学的侦查管理应尽可能地使具有相应才能的人处在一个相应的能级岗位上，真正做到“人尽其才，各尽所能”。只有这样，才能使每一个侦查人员的才能、价值得到最大限度使用和体现。

4. 弹性原理。侦查管理中的弹性原理，是指管理系统必须保持足够的弹性，能够及时适应系统内外部各种可能的条件变化，使管理工作得以连续有效进行。运用弹性原理指导侦查管理活动，能够增强侦查管理系统的应变能力，提高侦查管理的有效性，避免和克服突发因素对侦查管理工作所造成的消极影响。

由于侦查管理中所涉及的问题总是牵扯到众多的因素，而这些众多因素常常是有机联系在一起，并处于一个动态的变化之中，一个细节的疏忽往往可能导致侦查活动决策的重大失误。因此，在侦查活动中，单靠侦查指挥员的谨慎决策是不够的，而必须使侦查管理从一开始就保持可调节的弹性，以留有充分的余地，应付随时可能发生的情况。如侦查计划的制订，在完成总体目标的前提下，应当拟订若干个侦查方案以供侦查指挥员在不同的情况下选择使用，这对于刑事案件的侦查具有积极的作用。

5. 动力原理。动力原理，是指在管理活动中，积极有效地使管理的诸要素发生作用，产生强大的合力，在合力的作用下，使管理活动持续、高效的进行。管理活动中的基本动力有三类，即物质动力、精神动力和信息动力。物质动力主要是对个人的物质鼓励和社会经济效益；精神动力主要包括人生信仰、精神鼓励和经常性的思想政治工作；而信息动力在管理活动中是以其及时、准确、适量的内容来推动管理系统的运转。这三种基本动力在具体发挥作用时，必须做到综合运用，协调一致，共同指向系统目标，避免产生内耗。

（三）侦查管理的基本原则

侦查管理的基本原则是根据侦查工作的性质、规律和特点，通过对各种现代管理基本原理的认识理解，要求侦查管理人员在实际工作中必须遵循的规范和准则。侦查管理的基本原则是：

1. 从严治警的原则。侦查机关是国家的执法机关，是国家和人民利益的忠诚保卫者。因此，加强对人民警察的严格教育、严格管理、严格训练和严格执法，是侦查管理中从严治警原则的重要内容。

严格教育是从严治警的基础。由于侦查机关掌握着国家法律赋予的权力，加之侦查工作环境的特殊性，都可能导致其特权思想的产生及其他不良行为的产生。因此，对侦查人员经常进行职业道德、职业责任、职业纪律的教育是十分必要的。通过严格教育，提高广大干警的思想觉悟和业务能力。

严格管理是根据侦查队伍的性质和特点，从现代侦查工作的需要出发，对侦查人员进行科学的、高效率的管理，从人员的录用、培养、使用、考核、监督等诸多方面建立起完善的管理体制，以保证侦查队伍的规范化建设。

严格训练是根据侦查部门所承担任务的特殊性，对侦查人员进行的侦查理论、侦查技能的训练，不断提高侦查人员同刑事犯罪做斗争的能力。对侦查人员进行严格的训练，应从现代侦查工作的实际需要出发，建立多层次、多渠道的训练体系，以保证训练的质量，使侦查人员能够更好地适应现代侦查工作的要求。

严格执法,是指在执法过程中,要求侦查人员必须秉公执法,廉洁奉公,遵守国家的有关法律、法规,而绝不能要特权,更不能滥用职权徇私舞弊、贪赃枉法。侦查管理中,要建立明确的奖惩制度,对于忠于职守,钻研业务,出色完成侦查任务或在工作中作出重大贡献的侦查人员,要给予重奖。对于玩忽职守、徇私舞弊、贪赃枉法,给侦查工作造成重大损失或不良后果的人员,要严肃进行查处,触犯刑律的应追究其刑事责任。只有赏罚分明,才能真正保证从严治警落到实处。

2. 依法管理的原则。侦查机关依法管理是依据法律进行的。侦查管理的依据主要是国家颁布的有关法律和侦查机关制定的各种法规、条令、条例、工作细则等。侦查机关依法管理的目的在于将侦查活动以法的形式确定下来,以期规范侦查人员的行为,提高侦查破案的效率。

由于侦查工作的特殊性,决定了侦查管理会比其他管理的要求更高、更严、更细。侦查的领导者能否成为一个有效的管理者,在很大程度上取决于他们对侦查管理的有关法律、法规、条例、条令、规章制度的掌握与精通程度,以及侦查管理者能否创造性地运用有关的法律、法规、条例、条令、规章制度进行有效的管理。

3. 行政命令与思想教育相结合的原则。行政命令与思想教育相结合的原则,是指侦查管理中运用行政手段时应辅之以思想教育,以此将侦查领导者的意图转化为下级侦查人员的自觉行动,使其遵守纪律,自觉服从命令,接受管理。行政命令与思想教育相结合是我国侦查管理的一大特点,这一原则在侦查管理中的作用表现在:首先,坚持行政命令与思想教育相结合的原则,是实现侦查管理目标的重要手段。侦查管理中,运用行政命令手段对侦查工作实施管理是必要的,这是由侦查工作的性质和其承担的任务所决定的。在侦查活动中,只有实行高度集中的统一管理,统一指挥,才能保证侦查人员具有统一的思想和统一的行动,否则就无法形成统一的意志和严密的战斗整体,也就不可能完成统一的目标。其次,由于侦查管理的主要对象是人,而每一个侦查人员对事物的认识程度不同,并且每一个侦查人员都有自己的思维方式,一旦侦查人员的认识与侦查机关的规定、要求不一致时,就可能产生行动上的不协调。因此,为了保证侦查人员行动的一致性,在运用行政命令进行管理的同时,要善于通过思想教育工作去解决上下级侦查人员之间的矛盾,把侦查人员的行动引导到正确的轨道上来,使命令、指示、规章制度的贯彻成为每一个侦查人员的自觉行动,确保整个侦查管理系统的协调运转。

4. 效率、效果、效益原则。管理活动的根本目的就是充分发挥管理的挖潜增效能力,以付出低消耗,产出高效能,创造出更多更好的经济效益和社会效益。管理是为了创造效益,没有效益的管理是无效的。因此,效率、效果、效益既是侦查管理的目的,同时也是侦查管理的重要原则。

(1)效率原则。效率是指对系统资源的利用程度,是以效率的计划指标要求来衡量其效率的高低。侦查工作必须强调工作的效率,要通过抓侦查工作的效率,达到侦查工作的最佳效果。有效的侦查管理者非常重视和始终致力于提高侦查工作的效率。他们对侦查工作效率的追求不只满足于局部的单项工作的效率,而是追求侦查工作整体的高效率。通过提高效率,争取侦查的主动权,不失时机地去寻找破案的线索和证据,赢得破案的时间,缩短破案的进程。因此,侦查管理中,优化侦查系统,优化人员结构,提高侦查人员的素质,抓好侦查的基础工作管理,都是实现侦查工作高质量、高效率的保证。

(2)效果原则。效果是指行为产生的有效结果,并用以衡量趋向和达到管理目标的手段,其原则是特别强调对每一事件的有效结果的管理。在刑事案件侦查过程中,通过痕迹物证的采证率、利用率,侦查措施使用的有效率来评断侦查管理在揭露和证实犯罪中的实际作用效果。

(3)效益原则。效益是一切管理工作的出发点和落脚点。侦查管理的优劣直接表现在侦查效益的差距上。侦查管理者所追求的是系统整体的最佳效益,即以最小的代价获取最大的胜利,使侦查工作的质量和效率得以较大的提高。侦查管理工作的有效性是通过侦查工作在揭露、证实和惩罚犯罪方面的有效成果,来确定它在保护国家、集体、公民利益,维护社会稳定,保卫社会主义经济建设中所产生的社会效益和经济效益。

追求侦查管理的高质量和高效益,应当坚持把效率和效果作为衡量的重要标准和尺度。在实际管理中,常常会出现偏重直接效果和价值的实现,而对未来的发展重视不够;易重视对侦查破案见效快的业务建设的管理,而易忽视对侦查破案见效慢的基础业务建设的管理。这些做法是不符合效益原则的,它不可能形成真正的科学的侦查管理。

(四)侦查管理的职责

1. 侦查管理的打击性职能。刑侦部门及其侦查人员在开展各项侦查业务管理活动中，通过运用侦查措施、强制措施和秘密侦察手段，行使侦查权，揭露并证明犯罪，打击各类刑事犯罪活动，这就集中体现了侦查管理的打击性职能。

2. 侦查管理的预防性职能。刑侦部门及其侦查人员在开展各项侦查业务管理活动中，结合侦查破案，强化侦查防范控制，协同公安机关治安、户籍等部门的业务管理、社区警务管理，全面开展预防犯罪的工作，减少诱发犯罪的条件，体现了侦查管理的预防性职能。

侦查管理的打击性职能和预防性职能两者之间既相互独立又密切联系。具体的联系表现在三个方面：一是在实际操作上，应当以打击为先，以预防为本；二是在具体内容上，应当是打中有防，防中有打；三是在社会效果上，则无打不安，无防不稳。

3. 侦查管理的刑事诉讼性职能。刑侦部门及其侦查人员在开展各项侦查业务管理活动中无不是依据我国的刑事诉讼法律进行的。加强对各项侦查业务活动的管理，使刑侦部门承担的刑事诉讼侦查阶段的工作更加法制化、规范化、有序化和科学化，体现了侦查管理的刑事诉讼性职能。

二、侦查管理的内容

（一）刑事案件的管理

刑事案件是侦查活动的客体，对刑事案件的管理是根据法律的有关规定来确定刑事案件的立案标准和管辖范围。侦查机关为了有效、准确地打击各类刑事犯罪活动，必须加强对其管辖范围内刑事案件的管理，这对于充分发挥各侦查机关在侦破刑事案件工作中的主动性和积极性，明确侦查责任制，强化对侦查工作的领导和监督，协调各侦查部门之间、上下级侦查部门之间的协同作战，都具有重要的意义。

1. 刑事案件的分类。刑事案件由于划分的标准不同，其分类方法也有所不同。侦查实践中，对侦查有意义的刑事案件的分类有：

（1）根据案件的性质不同，刑事案件可划分为危害国家安全案件和其他刑事案件（或称为普通刑事案件）。

危害国家安全的刑事案件，是指危害中华人民共和国国家安全的各类刑事案件；其他刑事案件，是指危害国家安全案件以外的其他刑事案件，它包括我国《刑法》分则中所规定的危害公共安全案件，侵犯公民民主权利、人身权利案件，破坏社会主义经济秩序案件，侵犯财产案件，贪污贿赂案件，妨害社会管理秩序案件,破坏国防利益案件,渎职案件,军人违反职责案件等。

不同性质的刑事案件,其侦查管辖不同,采取的侦查措施和侦查手段不同,侦查方法各有侧重。

(2)根据刑事案件的危害后果和侦查机关制定的立案标准不同,刑事案件可分为一般案件、重大案件和特别重大案件。

一般案件,是指根据《刑法》、《刑事诉讼法》的规定和侦查机关制定的标准应予立案侦查,但犯罪情节和危害后果不是很严重的案件。重大案件,是指已达到立案标准的案件中犯罪情节和危害后果严重的案件。特别重大案件,是指犯罪情节特别恶劣和危害后果特别严重的案件。

按照犯罪行为的危害程度划分刑事案件,有利于确定案件的侦查级别管辖,便于采取不同形式组织侦查。同时,也有利于总结犯罪特点。

(3)根据刑事案件的侦查途径不同,将刑事案件分为"由事到人开展侦查的案件"和"由人到事开展侦查的案件"。

"由事到人开展侦查的案件",是指侦查机关受理案件时,只查明有犯罪结果,而未查明犯罪人的案件。这类案件的侦查是从已知的犯罪事实入手,通过对事的侦查,揭露犯罪,揭发犯罪人。公安机关侦查部门管辖侦查的刑事案件大多属于此类。

"由人到事开展侦查的案件",是指侦查机关在受理案件时已经有明显的犯罪嫌疑人,侦查活动是围绕犯罪嫌疑人的有关活动及其社会关系开始的,通过查证线索,发现犯罪嫌疑人有罪或无罪的证据,从而认定或否定犯罪。检察机关和公安机关经济犯罪侦查部门管辖侦查的刑事案件多在此列。

2. 刑事案件的管辖制度。刑事案件管理的主要问题是案件的管辖问题。正确划分刑事案件的管辖范围,是保证刑事诉讼活动顺利进行的重要环节。

(1)刑事案件的职能管辖。刑事案件的职能管辖,是指公安机关、人民检察院和人民法院之间直接受理刑事案件范围的分工。职能管辖是根据公、检、法三机关的不同职能和刑事案件的不同情况,解决刑事案件的管辖问题。职能管辖是司法机关依法行使职权原则的具体化。

(2)刑事案件的级别管辖。级别管辖是根据侦查机关的级别和刑事案件的性质、种类和危害后果而划分的侦查管辖。不同性质、不同危害后果的刑事案件由不同级别的侦查机关进行立案侦查。

(3)刑事案件的专门管辖。针对某些刑事案件有较为突出的地域特征和行业特征，世界许多国家都规定了刑事案件侦查的专门管辖。在我国，军队保卫部门，军事检察院，铁路、民航、交通、林业等专门公安机关分别负责各自系统内刑事案件的侦查工作。

(4)指定管辖。遇有管辖不明或发生管辖争议的刑事案件时，同一性质的侦查机关应由其共同的上级侦查机关依据有利于开展侦查工作的原则指定管辖。

(二)刑事科学技术管理

1. 刑事科学技术管理及其任务

刑事科学技术管理是根据刑事科学技术工作的规律和特点，运用现代管理科学的理论和方法，通过发挥计划、组织、指挥、控制和服务等管理职能的作用，对刑事科学技术系统中的人、财、物进行有效的管理，使刑事技术系统的整体作战能力得到充分的利用和发挥，以满足侦查工作的实际需要。

在侦查中，刑事科学技术工作集中了大量的人才和数量众多的技术设备，要充分利用刑事技术系统中的人、财、物，发挥刑事技术人员的特长，提高仪器设备的使用率，就必须通过科学有效的管理活动加以实现。

刑事科学技术是侦查工作的重要组成部分。科学的管理能够提高刑事技术的战斗力。刑事科学管理的任务就是通过对刑事技术各个管理要素进行全面系统的分析和合理的安排、组合、使用，充分调动和发挥刑事技术人员的积极性，充分发挥技术设备的作用，提高办案效率和办案质量。

刑事科学技术管理的任务内容是：理顺管理体制，抓好刑事技术队伍的建设；制订刑事技术工作规划，实现管理的服务职能；做好现场勘查工作，提高痕迹物证的采集率和利用率；加强网络信息建设，增强痕迹物证的鉴定和复核；组织刑事技术的总结和交流，推进刑事技术科研工作的发展；普及刑事技术知识，加强对基层技术部门的技术指导。

2. 刑事科学技术管理的体制及要求

(1)刑事科学技术管理体制。

刑事科学技术管理体制，是指刑事技术系统为实现有效管理而设置的各种机构及其相应的组织、领导制度。随着社会的进步和发展，刑事犯罪的形式和手段也会发生一定的变化，犯罪的暴力化、智能化、国际化趋势日益明显，为了适应同刑事犯罪作斗争的新形势，刑事技术的专业分工将会越来越细，新的检验、鉴定项目也会逐渐增加。因此，完善刑事技术管理体制是提高和发展刑事技术的重要保证。

从我国的侦查实践来看,公安机关的刑事技术管理体制的内容包括:各级公安机关刑事技术管理的机构设置;各级刑事技术机构相互间的关系;各级刑事技术机构内部实行的领导制度等。刑事科学技术管理体制是实现刑事技术管理系统正常运转和各级职能得以充分发挥的组织保证。因此,只有建立和完善一个适应刑事科学技术特点的管理体制,采用科学的组织和领导制度,才能实现刑事技术管理的现代化。

(2)刑事科学技术管理的要求。

①管理的灵活性。对刑事技术的管理,目的在于如何有效调动刑事技术人员的积极性和创造性,如何有效利用先进的仪器设备进行检验、鉴定。因此,在刑事科学技术的管理中就要求管理者细致研究、分析刑事技术人员的相关情况和要求,努力给他们创造发挥其积极性和创造性的条件。在科研选题、设备的购置、人员的培训、进修,奖励的机制等方面给予他们更多的自主权。

②管理的科学性。刑事技术管理要严格按照科学的规律进行。刑事检验、鉴定中的一切技术手段和方法的使用不仅要具有合法性,而且还应当具有科学性。要将侦查的必要性与刑事技术检验、鉴定的科学性和可能性相结合进行管理,绝不能因为强调侦查的需要而违反刑事科学技术的客观规律。

③刑事技术队伍的稳定性。刑事技术工作是一项难度较高的脑力劳动。刑事技术的管理者在实施管理的过程中,应建立有效的激励机制,鼓励刑事技术人员努力钻研技术,大胆探索,勇于开拓,给他们创造一个良好的工作环境,使其能够努力地工作,更好地为侦查破案服务。

3. 刑事科学技术管理的内容

刑事科学技术管理的内容包括刑事技术人员的管理、刑事技术基础工作的管理、刑事技术器材的管理、刑事技术科研管理、刑事技术目标管理等。

(1)刑事技术人员的管理。刑事技术工作获取最大效益的前提是加强对人的管理。在刑事技术管理工作中,做好对刑事技术人员的管理,就能够有效地提高他们在工作中的积极性和创造性,使其能够更好地为侦查破案服务。对刑事技术人员的管理的内容主要有:技术人员的选配与培训、技术人员的考核与奖励。

(2)刑事技术基础管理。刑事技术基础工作是刑事技术管理的基础。刑事技术管理的计划与决策、组织与训练、指挥与协调、监督与控制等职能作用只有建立在良好的基础工作之上,才能产生最佳的管理效益。刑事技术基础工作的范围广泛,主要包括:日常工作中的各项规章制度;办案、科研所需要或用于计划、决策、考核等各项反馈的信息资料;直接用于侦查破案的各类档案建设等。

(3)刑事技术器材的管理。随着科学技术的发展,刑事技术部门的器材和装备也在不断改善,刑事技术的器材装备无论是在数量上还是在质量上都比过去有较大程度的提高。目前,就刑事技术器材管理而言,主要是通过建立一整套有计划的、合理的器材设备的购置、使用、维护、检查和修理等管理措施,提高仪器设备的利用率,充分发挥仪器设备在侦查破案中的作用,避免盲目购置和不规范使用仪器设备等问题的出现。

(4)刑事技术科研管理。随着科学技术的发展,刑事犯罪的手段方法也越来越狡猾、诡秘,这就给刑事案件的侦破带来了更大的难度。因此,为了适应同刑事犯罪作斗争的需要,就必须加强刑事技术的科学研究,探索各种侦破刑事案件的新技术和新方法,提高刑事技术手段的现代化水平。

刑事技术科学管理的任务是通过一系列的工作,把刑事科研的人、财、物等诸多要素合理地组织起来,充分发挥其作用,提高刑事科学技术管理的效果,为侦查工作服务。刑事技术科研的管理要根据刑事技术工作的特殊性和刑事技术本身的规律,建立和完善刑事技术科研体系,通过计划、组织、指挥、控制、协调、服务等管理活动,有层次、有重点、有计划地对刑事技术科研工作进行有效的管理。刑事技术科研管理的内容包括刑事技术科研内容与课题的申报管理、刑事技术科研成果的鉴定与推广应用管理。

(5)刑事技术目标管理。刑事技术的目标化管理,是指将刑事技术管理过程中的各个环节、各项工作统一到预期提出的内容和目标上来,用评级或记分的方法进行考核评比,为刑事技术人员创造一种公平竞争的环境和机会,拉开各刑事技术点之间和各刑事技术人员之间的距离,调动刑事技术人员的工作积极性,提高刑事技术工作的效能,促进刑事技术水平提高的一种科学管理方法。

刑事技术目标管理的程序分为四个部分,即计划统筹、实施、检查考评、总结评比。刑事技术目标管理的内容包括:现场勘查率;痕迹物证采集率、利用率;技术破案率;鉴定书、检验意见书出具的情况;运用新技术、新方法的成效情况;各类资料档案的建设情况;刑事技术科研情况;刑事技术人员的配备以及技术器材的管理使用情况;各级技术点的建设情况,上级刑事技术部门对基层技术点的指导情况等。

(三)侦查情报管理

1. 侦查情报管理的意义

侦查情报,是指通过各种合法及有效的手段和方法获取的具有侦查价值的各种信息。侦查情报工作是为了适应侦查实践的需要而产生和发展起来的,它是同刑事犯罪作斗争的重要手段,也是侦查工作的一项重要的基础业务建设。侦查情报在侦查工作中的重要性决定了其在整个侦查活动中的地位和作用。侦查实践表明,侦查情报的建立和发展,不仅可以多方面收集犯罪信息,提供侦查破案的线索和证据,提高刑事案件的破案效率,而且能够及时发现和控制重大的预谋犯罪案件、团伙犯罪案件,达到主动出击、先发制敌的目的。

侦查情报管理,是指对与犯罪侦查有关的信息按照侦查工作的需要进行搜集、整理、储存、检索和传递的一系列专门业务活动。在科技和社会物质文明高速发展的今天,侦查情报涉及的种类和范围越来越广泛,侦查情报的表现形式越来越趋向多样化和复杂化,侦查情报的传递方式更趋向高速化和自动化,侦查情报在侦查工作中具有举足轻重的作用。面对现代侦查工作的需要,就必须采取科学的、合理的管理方法来对侦查情报工作进行系统的管理,使侦查情报更好地为侦破刑事案件服务。

侦查情报是侦查机关开展侦查活动的重要依据和基础,侦查情报管理对侦查工作的意义主要表现在:

(1)管理好侦查情报,可以为争取侦查工作的主动权,采取先发制敌提供资料。一切侦查活动都是由情报开始的,没有情报,侦查工作就会寸步难行。现代侦查工作的要求是主动进攻,先发制敌,把刑事犯罪活动制止、揭露在危害产生之前。而侦查情报是实现侦查管理工作能否采取主动进攻手段的中心环节。

(2)管理好侦查情报可以为揭露流窜犯罪和系列犯罪案件提供有力的证据,提高破案的效率。

(3)管理好侦查情报有利于加强国内地区之间、部门之间的协作和国际刑警组织之间的合作。

(4)管理好侦查情报有利于预测犯罪趋势,为制定战略和战役性部署提供依据,为预防犯罪提供方向和重点。

2. 侦查情报管理的基本内容

侦查情报的种类繁多,内容分散,为了能够有效使用侦查情报资料,就必须建立侦查情报的管理系统,通过对侦查情报的搜集、整理、储存、检索和利用,更好地为刑事案件侦查服务。侦查情报管理的基本内容有:

(1)侦查情报的搜集。侦查情报的搜集,是指侦查部门和侦查人员运用各种侦查措施和侦查手段以及其他合法有效的方法去获取各种与犯罪有关的情报资料的过程。侦查情报的搜集是侦查情报部门获取和积累情报资料的一种手段,也是做好情报管理工作的前提和基础。

①侦查情报搜集的范围。侦查情报搜集的内容和范围十分广泛,只要是侦查破案和预防犯罪所需要的信息以及与刑事犯罪活动有关的一切事实、现象和其他信息都属于侦查情报搜集的范围。其具体的范围包括:人员情报资料、案件情报资料、物品情报资料、犯罪线索情报资料。

②侦查情报搜集的方法。由于侦查情报的种类、特性不同,侦查情报对其搜集方法的要求也有所不同。侦查情报搜集的基本方法可采取侦查情报部门的专业人员搜集和依靠广大侦查人员搜集相结合,侦查部门搜集与其他部门提供相结合,集中搜集与平时工作积累相结合的方法进行。具体的搜集方法是:通过各种侦查措施和侦查手段进行搜集;通过运用刑事技术手段搜集侦查情报资料;利用侦查隐蔽力量和治安耳目搜集侦查情报资料;通过侦查破案工作搜集侦查情报资料;通过查对刑事档案搜集侦查情报资料;通过其他方法搜集侦查情报资料。

(2)侦查情报的储存。侦查情报的储存,是指将搜集到的侦查情报按照一定的方法和规则进行分类、整理,形成有序的档案,以备应用的一项专门工作。

侦查情报储存的内容包括:犯罪分子基本情况储存;指纹储存;犯罪分子外貌特征储存;犯罪手段与方法储存;案件痕迹物品储存;有关人员提供的线索、情况储存;样品、样本资料储存。

侦查情报储存的方式有文字储存、图像储存、音像储存、实物储存、痕迹的复制品储存。侦查情报资料储存的方法主要有手工储存和计算机储存,其中以计算机储存为主。

(3)侦查情报的检索。侦查情报的检索,是指根据侦查工作的需要,通过检索语言和检索指令,在大量的储存情报中,查找出符合提问特征的侦查情报资料的过程。侦查情报检索是一项专业性极强的工作,不同种类的情报的检索差别很大。侦查情报的检索一般都需要专业技术人员进行。

侦查情报检索的方法可以分为两大类:一类是人工检索的方法;另一类是计算机检索的方法。侦查情报的人工检索,是指运用手工的方法检索侦查情报资料;侦查情报的计算机检索,是指将计算机技术运用于侦查情报资料领域所产生的一种检索方法。

(4)侦查情报的利用。侦查情报的利用,是指在侦查破案和预防犯罪过程中,以侦查情报作为线索和依据,分析、判断案情,制订侦查计划,确定侦查方向和侦查范围,发现嫌疑线索,获取有关痕迹物证,查明犯罪事实和犯罪人以及制订预防犯罪的规划,组织预防犯罪的网络,实施预防犯罪的具体工作的实践过程。

在侦查实践中,对侦查情报的利用因其对象、范围的不同,可以分为:个案侦查中的情报利用;类案侦查中的情报利用;有组织犯罪侦查中的情报利用;预防犯罪中的情报利用。

(四)侦查队伍的管理

1. 侦查队伍的管理概述

侦查队伍的管理,是指通过对侦查人员的发现、选拔、培训等一系列活动,以发挥侦查人员的积极作用,更好地为侦破刑事案件服务。侦查队伍的建设关键在于侦查队伍的管理上。因此,加强对侦查队伍的管理,具有极其重要的作用,具体表现在:

(1)侦查队伍的管理是侦查人员各项管理的核心。由于侦查人员是侦查活动的主体,也是构成侦查管理系统的基本要素。因此,无论是政治思想的管理、行政管理、业务管理,都直接或间接地涉及对侦查人员的管理。侦查的管理从根本上说是以人为中心的管理。

(2)侦查队伍的管理是发挥侦查人员作用、实现侦查工作目标的关键环节。侦查队伍管理的好坏,直接影响着侦查工作的成效。一个好的侦查队伍的管理,就能够在侦查工作中合理地安排侦查力量,积极创造条件,恰当协调各方面的关系,充分调动侦查人员的工作积极性和创造性,最大限度地发挥每一个侦查人员的作用,提高侦查破案的能力,实现揭露和打击刑事犯罪的目标。

(3)侦查队伍的管理是建设侦查队伍、推进侦查工作发展的重要动力。侦查队伍的管理，包括侦查队伍的组织、规划，侦查人员的选拔、使用和培养，都离不开侦查队伍的建设，它是推动侦查事业发展的内在动力。

2. 侦查队伍的人员结构

侦查人员是组成侦查队伍的基础。侦查队伍的管理就是要合理筹划侦查人员的总体结构和局部结构。不同部门的侦查队伍，人员结构的差别较大。侦查机关人员构成的总原则是根据各部门侦查工作的特点和任务，确定侦查人员与其他人员的比例。

我国侦查队伍人员的构成主要由专业人员、行政人员和政工人员组成，其中专业人员是侦查队伍的重要组成部分，它包括侦查指挥人员、侦查人员、刑事技术人员（包括刑事技术科研人员）、侦查情报管理人员、刑事调查人员、侦查管理人员等。

在侦查队伍的人员结构系统中，根据侦查部门以侦查破案为中心工作的原则，专业人员与行政人员应各自占有一个合适的比例，以加强和充实侦查队伍的力量。

3. 侦查队伍管理的内容

侦查队伍管理的内容主要包括侦查人员的选配、侦查人员的培训和侦查人员的考核与奖惩。

（1）侦查人员的选配。侦查机关是国家机器的重要组成部分，它担负着保护人民、惩罚犯罪、保卫社会主义经济建设的神圣职责。侦查队伍素质的高低，直接影响侦查工作的成败。因此，科学地选配侦查人员是侦查管理工作的一项重要任务。

由于侦查工作是一项特殊性质的脑力和体力相结合的劳动，它要求从事侦查工作的人员必须具备完备、系统的专业知识，良好的心理素质和强壮的身体，以适应侦查工作的需要。在侦查人员的选拔方式上可采取多种多样的形式，如采取笔试、面试、心理测试等方法进行选拔。

（2）侦查人员的培训。随着社会经济、文化、科学技术的不断发展，侦查工作对侦查人员的要求也越来越高。因此，提高侦查人员的文化素质和专业知识水平，就成为侦查队伍管理中急需解决的问题；而对侦查人员进行培训，是提高侦查人员素质的有效途径。

培训侦查人员的目的在于提高他们的政治理论水平、侦查业务水平，从而提高他们侦查工作的能力。因此，对侦查人员的培训要紧紧围绕这个目标来设置培训的内容和课程。同时，在对侦查人员的培训中要注意提高侦查人员的专业知识水平和实际办案能力。培训的方式上应根据侦查工作的特点、需要和侦查人员的实际情况，在加强理论学习的过程中，通过模拟现场的勘查、刑事案件侦破实例的分析、典型经验的介绍、疑难问题的解答等方式，有目的、有重点地进行培训，使侦查人员通过培训——提高——再培训——再提高的过程，不断增强同各种刑事犯罪作斗争的能力。

对侦查人员的培训，必须加强培训的组织管理工作。第一，要制订培训的计划；第二，要创造必要的培训条件；第三，要建立、健全侦查人员培训的管理制度，如培训的责任制度、管理制度、考试考核制度、检查评估制度。

(3)侦查人员的考核与奖惩。考核是侦查管理部门根据有关的法律、法规(《人民警察法》、《国家公务员条例》等)，对侦查员所承担的工作情况、完成的工作量和创造的效益进行公正合理的评价，并依据其表现予以奖励或惩罚。考核的内容主要是从侦查人员的德、勤、能、绩等方面进行综合评价。

奖惩是依据有功必赏、有过必罚的管理原则实施的。只有奖惩严明，才能鼓励先进，教育后进。在奖惩的实施中要坚持精神鼓励与物质鼓励相结合、惩处与教育相结合，做到功过分明、奖惩得当，以此调动侦查人员的积极性。

第八章　侦查历史

第一节　古代侦查

一、侦查职能的产生

马克思主义认为，犯罪直接产生了刑罚、警察和监狱，并促成了侦查职能的出现。犯罪及其侦查是随着私有制、阶级和国家的产生而形成的。尽管无从确定最早的侦查职能始于何时何地，但自从人类社会产生了犯罪与法，规定了某些行为是犯罪行为，依法应受惩罚以来，侦查作为一项诉讼活动，即以某种非常原始的形式存在。

中国是东方古老文明的发源地，其侦查职能活动的产生可以追溯到原始共产主义制度崩溃的最后岁月。据史料记载，部落联盟时期的长老议事会中设有九种官，其中一种官叫“士”，《尚书·尧典》载：“帝曰：‘皋陶，蛮夷猾夏，寇贼奸宄，汝作士’。”意即皋陶作为士官，负责对外防御和对内维持社会治安，揭露犯罪，运用刑罚。这是我国有关侦查活动的最早记录。根据这一记载，舜帝时期的士官皋陶是中国历史上最早具有侦查职能的官员。皋陶曾是黄淮地区一些部落联盟的首领，由于他还负有对付“蛮夷猾夏”的职责，因而，皋陶还不是专司刑事司法的官员。

二、中国古代侦查职能机构的演变

总体而言，中国古代侦查被包含于司法、行政、军事体系中，未能有独立形态的侦查职权机构出现。

奴隶社会的夏代，兵刑同制，掌管军事和司法的官吏称“士”、“士师”、“司寇”、“廷尉”。商朝和西周，兼负有侦查职能的“司寇”、“正史”、“士”、“蒙士”

等。到了春秋战国,具有侦查职能的官吏更多,如“司稽”、“禁暴士”、“禁杀戮”、“司隶”等,他们分别有不同的职责分工。

封建社会,侦查活动得到了进一步的发展。秦汉时期,侦查职权机构开始形成纵向体系,京师由“中尉”负责巡查禁备盗贼,在郡县分别设有郡尉和县尉管理治安,县以下的治安机构是“亭”,亭的设置和某些职能类似于现代的公安派出所,亭的最高长官是“亭长”,亭长以下的“亭父”专事追捕盗贼。基层行政机构的乡有“游缴”一官负责治安。

唐宋时期,随着封建经济的繁荣,侦查机构形成了多重并列体系和分工合作的格局。唐朝时,左右金吾卫是中央机构中专门掌管京师治安的两大机构。宋代在全国设有两套具有侦查职能的机构:一套是朝廷委派官吏到地方捕捉盗贼的机构——巡检司,其职责是维护农村、城市、河上、海上、驿道及边境地区的社会治安,其主要任务是巡逻、捕盗、缉私和消防;另一套是县尉司,由县尉主管,负责在辖区内捕捉盗贼。宋代基层禁备盗贼的任务与其保甲制度密切相关,由当地的居民和驻地的乡兵共同负责。

明清时期,负有侦查职能的治安机构更为庞杂。明朝仅负责京师治安的就有锦衣卫、五城兵马司和皇帝随时委派的军队。地方机构中,各地方官吏都有捕盗之责,府州、郡县设有专职捕盗官,府州称捕盗通判、捕盗同知,县称判官、捕盗主簿。清朝时,京师的治安机构是步兵统领衙门和五城兵马司。其中,京师的五城兵马司又划作十坊,各坊设有“司坊”负责本坊的捕盗和治安,司坊下设有捕役,在所辖地段负责捕盗、巡逻。由此可见,明清时期的侦查机构开始出现了专门化的趋势。

中国古代对于官吏利用职权进行职务犯罪的侦查和揭露的任务主要由御史履行。御史在战国时期是负责图书秘籍和记录帝王言行的官员,自秦汉建立统一的封建帝国之后,为了维护专制主义的中央集权制度,御史被改变为负责纠察弹劾官吏的御史大夫,从而建立起了延续两千多年的同封建君主政权相适应的御史制度。御史大夫执行行政监察和司法弹劾的双重职责以维护封建的法制。唐朝御史制度进一步扩大和完善,在御史台下设台院、殿院和察院,掌管从中央到地方的官吏的弹劾,参与大理寺的审判活动,审理皇帝交办的案件(即所谓的“诏狱”)。宋代御史台的司法职能又有所扩张,凡违法失职的官吏,御史台有权先行侦讯;大理寺左右推事审理的案件如有翻异,交由御史台推究,这就加强了御史台的司法监督的权力。明代改御史台为都察院,享有广泛的职权,专职弹劾百司,辨明冤枉,提督各道,对重大刑事案件,可以会同刑部、大理寺审理。清朝都察院的权力更大,与刑部、大理寺组成“三法司”,为国家最高司法机关。都察院左右御史是“九卿会审”的法定成员。刑部判决大理寺的复核,均受都察院的监督。对错误判决有权弹劾,并可接受诉讼,审理有关案件。历代王朝御史制度的隶属关系和官署名称虽有变更,但“纠察百官”、“辨明冤枉”的监察、监督的职责则是始终一贯的,前者类似于现代检察机关的渎职犯罪侦查工作,后者相当于当代的审判监督。所不同的是,御史还享有审判权。由此可见,御史是中国古代兼有侦查揭露职务犯罪职能的主要官职。

三、侦查策略方法的源流

(一)讯问策略方法

与纠问式诉讼制度相适应,中国古代侦查领域中的讯问策略尤为发达,最为悠远。最初的讯问属于一种原始古朴的司法行为,带有浓厚的宗教色彩和民主议事痕迹。皋陶治狱时,“其罪疑者,令羊触之,有罪则触,无罪则不触”。西周时期,当事人的“盟诅”还被视为定案的证据。这便是神裁法和神誓法等神明裁判方法在中国古代侦查领域的表现。

随着人们认识能力的提高和司法办案经验的积累,西周形成了五听的讯问方法。“五听”即辞听(观其出言,不直则烦)、色听(观其颜色,不进则赧)、气听(观其气息,不进则喘)、耳听(观其听聆,不进则惑)、目听(观其眸子,不进则眊然)。“五听”的实质就是主张用察言观色的方法来评判被讯问人口供的真伪,是心理学知识在侦查领域的首次运用。

秦代法律已明确规定了讯问成败的标准,《封诊式》的治狱篇道:“治狱,能以书从迹其言,毋笞掠而人情为上,笞掠为下,有恐为败。”根据这一标准,《封诊式》中形成了以下的讯问程序方法:讯问人员在审理案件时,必须先让犯罪嫌疑人充分陈述,听完其供词并作好记录;虽然明知犯罪嫌疑人的供词中有矛盾,但讯问人员也不要立即对矛盾之处诘问,待犯罪嫌疑人供述完后,方能对供词中需要诘问的地方发问;作好记录后,对其不能自圆其说的地方再提问。这实际上是现代讯问中广泛运用的反复讯问、利用矛盾的策略方法。

汉朝时,人们又总结出了辗转讯问、侧面迂回的“钩距”讯问法。“钩距者,设欲知马贾,则先问狗,已问羊,又问牛,然后及马,参伍其贾,以类相推,则知马之贵贱,不失实矣”。

宋代《折狱龟鉴》的作者郑克在西周“五声听狱”的基础上提出了讯问时

“情迹结合”的理论，强调讯问时要采取各种策略方法，反对严刑拷打，逼人招供，并论证了口供和物证相互关联、相互印证的原则。唐宋及其以后，逻辑学、心理学知识广泛引入讯问实践，讯问中重分析矛盾，重利用矛盾，并以此成功地创造了许多揭露被讯问人的谎言进而破案的案例。

中国古代讯问领域的另一个显著特点就是刑讯逼供的泛滥。早在西周，就有了“仲春三月……毋笞掠，止狱讼”的规定。秦汉以后，刑讯逼供作为一种重要的侦讯方法渐渐法律化、制度化。如唐代，“诸应讯囚者，必先以情审查辞理，反复参验犹未解决，事须讯问者，立案同判，然后拷讯”。刑讯逼供的产生和发展与原始同态复仇、血亲复仇紧密相关，也与奴隶社会、封建社会的严酷刑罚相适应，更主要的还是受制于统治阶级的阶级本质和审讯人员的认识局限。其最直接的危害就是导致了大量冤假错案的发生，阻碍了中国古代审讯策略方法向更深、更广的领域发展。

（二）秘密侦查策略方法

早在春秋战国时期，在侦查领域就有了要求和鼓励犯罪知情者向官府“告奸”的做法。商鞅变法时，曾“令民为士伍，而相牧司连坐，不告奸者腰斩，告奸者与斩敌者同赏，匿奸者与降敌者同罚”。在《秦简》中也有要求知情者“告奸”和鼓励士伍协助官府抓捕犯罪人的记录。

汉代，秘密侦查方法得到了迅速发展。汉宣帝末年，小黄县县令焦廷寿“以候司先知奸邪，盗贼不得发”。此处的“侯”即为秘密侦查员。同一时期，颖川郡太守赵广汉为了打击富豪强霸的犯罪活动，专门设置了瓦质告密箱——“缿筒”，奖赏告密。

唐宋以后，跟踪盯梢和狱内侦查被普遍运用于侦查实践。到了特务式统治的明朝，更是出现了一种“打事件”的侦查方法，即由负责侦缉刑狱的特务机关“东厂”派人到各地收取情报，然后通过宦官上报皇帝。此外，东厂还雇用了大批流氓无赖作为耳目，四处打探情报，秘密报告给在社会上进行侦缉活动的“档头”，而“档头”则视其情报价值给予报酬，即所谓“卖起数”。于是，明代民间告密之风大盛。明朝以后，由执法官员派人担任耳目，或者在民间建立耳目，一直是侦查方法体系中的一个重要组成部分。

（三）勘验查访策略方法

虽然中国古代实行的是纠问式的诉讼制度和侦审合一的诉讼体制，但是刑事犯罪的隐蔽性、犯罪分子犯罪后的逃匿现象客观上促成了侦查活动和审判活动在一定程度上的分离。在很多情况下，刑事案件发生后的相当长一段时间内，犯罪人处于未知状态，审讯工作无法进行，但侦查实际上已经开始，而且侦查活动集中体现在勘验和查访两个方面。

我国的勘验活动至少可以追溯到2000年前的周朝。据《礼记·月令》载：孟秋三月，"命理瞩伤、察创、视折、审判、决狱讼，必端平"。这是中国有关勘验的最早记录。到了秦代，勘验制度已相当完备。根据法律规定，勘验工作已由专人负责，勘验记录规范化，而且在办案中遇到的一些专门问题，已由具有专门知识的人检验和鉴定，如麻风病要由医生鉴定，流产要由"隶妾"检验等。

唐朝时，法律首次明确规定了勘验鉴定的责任问题，"诸诈病及死、伤使受检不失者，各依所欺减一等；若实病死伤不以实验者，以故入人罪论"。宋代是我国古代历史上勘给鉴定制度最为完备的时期。宋朝的法律明确规定了对于杀伤和非正常死亡的案件要进行初检和复检，并明确了初检和复检的情况以及违制惩罚的情形，规定了免检的情况的报检事项。宋代第一次明确规定了勘验鉴定的官吏是县尉、州司理参军及仵作、巫婆等。宋律还规定，应当验尸的案件必须验尸，受差验尸的官员不得借故推诿，验尸官接到验尸文后，必须在两个时辰内出发，检验官必须带领仵作躬亲检验，如实确定每案致死原因，并将检验结果于验尸当日向上司汇报。这些法律规定都体现了勘验鉴定的策略要求。

查访也是查明案情、收集证据的主要方法。早在秦代，现场访问就是司法办案中的一项基本工作。如《秦简·封诊式·贼死》一案中，主持现场勘查的令史就曾询问当地的治安人员和现场附近的居民是否知道被害人死亡的时间，是否听到呼救的声音。在《秦简·封诊式·经死》一案中，办案人员查问了与死者民居的人是否知道死者自缢的原因。

宋代著名法医学家宋慈也认为，办案人员到达现场后，应当先询问了解事件发生的粗细经过，然后再行勘验。他说："凡到检所，未要自向前且于上风处坐定，略唤死者骨属。或地主、竞主，审问事因了……始同人吏向前看验。必须先唤集邻保，反复审问。"这种办案人员的设置已经类似于现代侦查工作中现场勘验人员和现场访问人员的分工了。

唐宋及其明清各代，司法官员们经查访而公断狱讼的案例屡见不鲜。而且随着办经验的积累，查访的方式也日益多样化、策略化，既有派员走访，又有亲自调查；既有明查，又有暗访。

四、外国古代侦查概况

（一）外国奴隶社会侦查

东方奴隶社会侦查。早在公元前3000年左右，巴比伦王国便开始进入了奴隶社会。当时，刑事案件的审理一般都在神庙进行，而神职官员——祭司负责查明案情并作出裁判。到公元前18世纪的汉谟拉比时代，行政官员开始介入司法审判，从而结束了神职人员对审案职能的垄断。古代埃及和古印度也都实行过以专门的神职人员或行政官员负责审理案件的制度。而且与古代中国一样，这些国家的国王或法老也都是全国的最高司法官或审判官。

无论是在中国，还是在巴比伦、古埃及或古印度，无论问案者是司法官还是神职人员或行政官员，他们在审理案件时都实行个人负责制。虽然他们的官职高低不同，但他们在自己的管辖范围内都具有相对独立的查明案情和裁决狱讼的权力。这种个人负责制的侦查制度是东方古代国家奴隶主专制制度的体现。

大约在公元前2000年时，埃及的一些法官和行政官属下就设置了专门负责治安的官员，后来便发展成了不同于军队的警察部队，这些警察的地位很低，因为他们是从努比亚黑人战俘中挑选的，其职责主要是监督奴隶干活、追捕逃亡奴隶和担任刽子手。大约在公元前15世纪，埃及形成了以治安和警卫为主要职责的警察系统，包括首都警察、河防警察、边界警察、守卫金库警察、守卫神庙警察和守卫陵墓警察等。

雅典国家大约在公元前5世纪开始有了专门的警察部队。当时在由9人组成的执政院中有一名负责社会治安的执政官，由其领导警察部队。当时警察的职责包括缉捕犯罪嫌疑人、调查政治集会、监视娱乐场所、调查公民不端行为和监督市政卫生等。

罗马共和国成立以后也建立了警察部队。警察受市政官管辖，负责维持社会治安。罗马帝国时期，皇帝为加强统治而扩大了警察机构。他在中央建立了一支强大的警察部队——禁军，负责保卫皇帝的安全和镇压人民的反抗。此外，他还建立秘密的警察机构，专门调查各种政治性案件。在地方，各行省和城市都建立有警察部队，行省总督和城市长官即警察首脑。警察负责维持治安、征收捐税和缉捕犯罪嫌疑人。就侦查而言，调查政治阴谋和防范人民起义是当时的主要任务，因此，警察手下多有耳目，并鼓励民众告密。

从总体上而言，奴隶社会的侦查主体是审案的法官。虽然古代奴隶社会的军队已经具有维持社会治安的警察职能，而且在一定程度上参与了缉捕犯罪嫌疑人的行动;但是,侦查还依然是法官审案断狱的一部分,警察仅在必要时根据法官的要求或在法官的领导下收集证据和缉捕犯罪嫌疑人。

(二)外国封建社会侦查

西方国家进入封建社会后,逐渐形成了多元主体的侦查主体制度。其中,以法国为代表的大陆法系国家的侦查主体是以法官为主的多元主体,而以英国为代表的普通法系国家的侦查主体则是以大陪审团为主的多元主体。

公元前5世纪末,灭亡西罗马帝国的日耳曼人的一支——法兰克人建立了日耳曼诸王国中最为强大的法兰克王国。由于法兰克王国的社会制度是正在瓦解过程中的日耳曼氏族制度与罗马境内日益成长的封建制度相结合的产物。不过,这种传统并没有保持多久,法官便成为司法制度中的核心人物。开始,法官仅是刑事案件的“主持人”,后来,纠问式诉讼代替了控告式诉讼,法官不仅主持审判,而且主动调查案情、收集证据。这时侦查已经成为诉讼程序的重要组成部分,因而也是法官的重要职能之一。

在法兰克等日耳曼部落灭亡罗马帝国的同时,盎格鲁和撒克逊等日耳曼部落也占领了不列颠群岛,并相继建立了七个分立的王国,由于共同承袭着日耳曼人的传统,所以这七国的司法制度与法兰克王国大同小异。但是,日耳曼人于1066年征服了不列颠群岛之后,特别是12世纪后半期亨利二世的司法改革后,英国逐渐形成了不同于欧洲大陆国家的司法制度。其中对侦查制度最具意义的是按诺曼人习惯建立的大陪审团制度。大陪审团由当地居民组成,其职责是查明案情和向法院提出指控。这实际是肯定了侦查职能与审判职能的分离,因此,大陪审团是英国历史上最早出现的侦查组织。

第二节 近代侦查

一、近代中国侦查概况

近代中国半封建半殖民地的社会性质决定了中国近代侦查的基本特点。

(一)侦查的军事色彩十分浓厚

连绵的战火使近代中国侦查有如其他社会职能一样,附有浓厚的军事色彩,侦查依然处于被包容的附属的地位。

清朝原有的国家机关中，步兵统领衙门是侦查军事化的显著代表，而且步兵统领衙门直到北洋政府时期仍然保留着。清朝许多地方官员集行政、司法、军事权力于一身，以致这三者的职能都无法独立。

中国进入近代社会以后，同外国列强进行了二次鸦片战争，在内部，太平天国运动、义和团运动等革命浪潮此起彼伏，一浪高过一浪。晚清政府的主要精力都放在与外国媾和和对付国内革命上，因而，国家所有的政治活动、行政活动都附上了浓厚的军事和涉外色彩。地方官吏除了掌管行政、兼理司法外，另一重要任务就是领兵作战。辛亥革命虽然建立了南京临时政府，但包括司法在内的一切事务均服从军事需要，实际上实行的是军事管制。袁世凯窃得辛亥革命成果后，虽然强化了警察政治，但其警政建设的军事色彩相当浓厚。正是由于中国近代这种侦查的军事化色彩，使产生独立侦查没有必要。因而，虽然中国近代历史上形成了独立的警察制度，但一直未能出现独立行使侦查职能的侦查主体。

（二）外国列强在中国领土上行使侦查、审判权，中国国家司法独立丧失

帝国列强依据不平等条约，在中国领土上行使“领事裁判权”。于是，在中国近代史上出现了在中国领土上可以由外国人行使侦查审判权的极不正常的现象，这也是中国近代史上丧失司法独立主权的重要标志。

领事裁判权的基本内容是：凡在中国享有领事裁判权的国家，其在中国的侨民如果成为民、刑事诉讼的被告人时，中国法庭无权调查审理，只能由该国的领事按其本国的法律裁判，完全不受中国司法机关和中国法律的管辖。相继取得这项特权的有英、美、法、俄、德、日等国，他们不仅在中国设立了侦查、审判的机构，而且还设有监狱。

鸦片战争以后，帝国主义列强先后在中国口岸建立起租界。租界地作为帝国主义对中国进行政治、经济、文化侵略的门户，在加剧中国社会半殖民地化的过程中起了极为恶劣的作用。根据1851年第二次《上海租地章程》，英国在租界内设置了具有政权性质的机构，初名为“行政委员会”，1869年正式定名为“市议会”，中文名字为“工部局”。工部局下设有“会捕房”、“巡捕房”等专门行使侦查和维持治安的机构。在租界地内发生的一切刑事案件，工部局都有权派巡捕房侦查并自行审判。

八国联军侵占北京期间，侵占各国就曾经在各自占领区内设立所谓安民公所，用以镇压中国人民，维持侵略秩序。安民公所的所长、事务长和宪兵均

由外国人担任，雇用中国人当巡捕，行使一定的侦查调查权。

帝国列强在中国设立的典型的殖民地式的警察机构，一方面，标志着中国司法主权的丧失；另一方面，也启发着中国的学者和当政者，成为中国近代警察制度建立的模型。

（三）侦查制度出现了独立化的萌芽

随着涉外因素的介入和影响以及中国近代政治、经济和社会形势的变化，中国近代警察职能在国家职能机构中逐步独立化。警察职能从军队、行政、司法独立出来而且相互间有明确的分工和制约条件的趋势日趋明显。在中国近代建警过程中，侦查出现了独立化的萌芽，并朝着近代化缓慢发展。

在湖南保卫局下辖的分局中，均设有巡查长、巡查吏、巡查，专司侦查业务，缉捕犯罪嫌疑人。湖南保卫局的主要职责就是预防犯罪，缉捕盗贼，维护公益。八国联军侵占北京后的产物——工巡局，其主要职责也是维护治安，缉拿盗贼。清朝民政部成立后，建立起了民政部稽查督捕司，后为稽查督捕局，后又为缉探总局，专司侦探、缉捕事宜。民政部所辖内外城巡警总厅了也分别设有侦缉队，隶属两厅司法处管辖，并制定了《侦缉队章程》。北洋政府时期隶属于北洋政府内政部的京师警察厅下设的司法处是专司刑事、侦查和违警处罚的机构，其中的第二科就掌管搜集赃证和缉捕案犯。

近代中国侦查独立化的进程虽然缓慢，但到了北洋政府时期已经基本形成，对中国侦查的发展起到了重大的推动作用。

（四）侦查职能与其他职能相融合，把严厉镇压人民的反抗视为根本任务

近代中国侦查职能作为警察职能的一部分，同军队、法庭、监狱一样，是统治阶级镇压机器的组成部分，其主要职能是通过镇压，以求当权者所谓的“安宁”和“秩序”。同时，近代中国的警察不仅是中国近代统治者镇压人民的工具，也是帝国主义奴役中国的工具之一。

由于清末极端腐朽的专制主义统治造成了空前的民族危机，在鸦片战争后的70年间，爆发了一次又一次革命浪潮。针对这种严峻的形势，清王朝统治者不得不加强其统治机器。清朝国家机器改革和清末警政建设都是在此背景下进行的。1840年到1911年，全国共发生教案385件，帝国主义授意清廷对“不逞之徒”弹压惩办。清政府总结多年来统治的经验教训，深感旧有的保安制度已不足以保护帝国列强的在华利益，才决定学习西洋新法，创办警政。

作为中国近代警察制度萌芽的湖南保卫局，其创办宗旨就是保护官绅利

益。八国联军撤退之后北京的战后协巡营和工巡局,也主要是为了填补帝国列强撤离后形成的权力真空,维护清王朝的反动统治。以倡导和推行警政著称的袁世凯窃得辛亥革命的果实后,在全国建立了强大的警察网,并顽固地保留了步兵统领衙门,把警察职能直接服务于军事独裁统治,镇压人民。警察职能作为国家机器的镇压职能不是偶然的,但在中国历史上表现尤其突出。

二、近代中国侦查停滞不前的原因

综观中国近代侦查发展和警政建设的历史,虽然湖南保卫局和清末京师的警察机关中建立了侦缉队,侦查出现了独立化的萌芽,但中国古代侦查蓬勃发展的势头到近代日渐减弱,侦查技术停滞不前,侦查理论和方法的研究几乎处于空白状态。中国侦查在世界范围内逐渐处于落后地位,现代侦查科学终究未能从侦查职能的发源地中国的土壤中滋生出来。这种状况的形成有深刻的社会历史背景,是多种因素共同作用的结果。

(一)封建专制制度的长期影响

封建专制的社会制度以及由此而决定的闭关锁国的政策,极大地限制了中国近代侦查的发展。在这一制度下,整个中国古代的国内外侦查交流基本上是中国侦查技术和方法的单向输出。中国未能及时地吸收同时期其他国家和民族先进的侦查思想和理论。如清朝初期就有严禁外国人传教经商的规定,外国的科学也禁止传入中国。

(二)封建诉讼制度的影响

自古以来,中国实行的就是纠问式的诉讼制度,司法办案由行政长官统包统揽,到近代这种格局依然没有得到根本改变。而且由于连绵不断的战乱,近代的侦查乃至其他刑事司法活动都又深深地附上了军事化的色彩。在纠问式的诉讼制度下,审讯的策略方法得到了一定程度的发展,但同时也必然地引发了刑讯逼供的盛行,口供至上的证据制度使科学的理论和方法既无产生的必要,也无产生的可能。同时,军事化色彩的侦查使军事策略和侦查密切结合,由此带来了中国古代和近代秘密侦查方法的繁荣和发展,这一方法到明朝的特务式侦查时发展到了高峰。秘密侦查方法虽然是侦查的重要方面,但侦查方法的滥用也会在很大程度上限制其他侦查策略方法的正常发展,侦查的合法性也因此得不到保障。可以说,在封建的纠问式诉讼制度下,在广泛盛行的刑讯逼供和秘密侦查方法体系的作用下,侦查的法律性只是一句空谈。显然,这种状况下的侦查不可能得到真正科学意义上的发展。

(三)近代自然科学和社会科学落后

在封建社会礼教的束缚下,中国近代自然科学和技术科学发展缓慢,侦查科学没有形成其所必需的科学基础。例如,直到1903年(光绪29年)颁布的《大学堂章程》中还有如此规定:"在外国尚有解剖学、组织学,中国风尚、礼教不同,不能相强,但以模型解剖之可也。"这种只维系尸体外表检验而不准解剖检验的制度对法医学发展就起到了极大的阻碍作用。

考察中国古代和近代的侦查学著述,这一时期中国在侦查理论和方法领域的主要成就就是编纂案例集,并在此过程中对侦查的实践经验进行简单的总结和升华。因此,侦查的理论和方法基本上是经验性的,侦查并没有建立在真正科学的基础之上。缺少了科学理论和方法指导的侦查,其发展的裹足不前也就不足为怪了。

(四)外来因素的干扰

外国殖民者在中国的租界内建立起了殖民地式的外国警察机构——巡捕房,这一举措虽然启发了中国的当政者,成了近代中国警察制度的模型,但巡捕房等警察机构的建立,使帝国列强在中国领土的一定范围内获得了行使侦查、审判的权力。这使中国的侦查不仅在国家职能活动体系中没有独立的地位,而且就国家主权的高度而言,这种活动也没有获得完全的独立。

外来因素的干扰使中国近代侦查权的国家统一性遭到了严重的破坏,侦查权被侵犯和分割,这是一种极不正常的现象,它对侦查发展的消极影响是极大的。一方面,侦查权的国家主权性遭到了粗暴地践踏,涉外侦查、涉及租界内的侦查成为了一句空话,中国的侦查成为了不完整的侦查;另一方面,近代中国由过去的闭关锁国变成了国门大开,国外的科学理论和方法对中国传统的制度和方法带来了猛烈地冲击。中国统治者在仿效帝国列强建立警察制度的同时,并没有对中国的侦查制度的方法进行理性的思考,侦查工作的专门化进程依然非常的艰难。

三、外国近代侦查的独立

在中国近代侦查裹足不前的同时,西方资产阶级国家在资产阶级革命和工业化的进程中,在重建资产阶级的法律制度尤其是刑事诉讼制度的过程中,迅速地完成了资产阶级侦查制度的独立,从而确立了资本主义国家在世界范围内在侦查领域的领先地位并对侦查科学的形成和发展产生了深刻地影响。资产阶级近代侦查制度的独立有三个显著的标志,这就是英国苏格兰场的建立、法国维多克侦查模式的确立和美国平克顿侦探公司的组建。

(一)英国苏格兰场的建立

13世纪以前,英国揭露犯罪的工作基本上是由私人负责,法律规定每个成年公民均有维持社会治安的责任。到了18世纪中后期,由于资本主义生产力的不断发展,大型企业相继出现,伦敦出现了两个半专业性的警察机构,即由著名小说家亨利·费尔丁和其兄约翰·费尔丁共同组建的"鲍街警察"和被誉为"英国首都警察之父"的帕特里克·科尔克霍恩创办的"泰晤士河水上警察",它们构成了英国独立警察制度的基础。

19世纪初期,英国国内阶级矛盾日益突出,工人阶级的斗争蓬勃发展,人口的迅速增长并大规模地向城市集中,引起了社会治安与传统的保安制度的尖锐对立,整个英国骚乱频繁,偷盗、抢劫及谋杀现象十分严重。面对日益严峻的治安形势,内政大臣罗伯特·皮耳(后两任英国首相)建议组建一支由内政部领导的统一的伦敦警察队伍,负责维持首都地区的社会治安。1829年初,皮耳向议会提出了《关于改进首都地区保安工作的法案》;获上、下两院的一致通过;1829年6月16日经御核批准,英国历史上第一个现代警察组织——"伦敦警察"正式组建。

伦敦警察建址苏格兰场,故以"苏格兰场"代称,初由军人查尔·罗恩上校和律师理查德·梅恩领导,人数约为3000人,宗旨是防范控制犯罪。队中设有专职侦查人员,后于1842年发展成为专门的便衣警察侦缉队,专门警察机构中第一次出现了独立的侦查机构。伦敦警察的创建不仅带动了英国基层警察组织的建设,在19世纪中后期,也影响到了美国、加拿大、澳大利亚及英国在海外的许多殖民地的统一的职业警察的建立。

(二)法国维多克侦查模式的确立

18世纪末、19世纪初,巴黎的刑事犯罪十分猖獗,治安形势异常严峻。此时,巴黎警察厅刑事警察局的开山祖师埃森·弗朗索瓦·维多克登上了侦查的历史舞台。此前的维多克身世飘零,经历惊险离奇。他曾作为罪犯多次入狱。1799年,他第三次越狱成功后,正准备洗面革新、重新做人之际,遇到了昔日囚友们不断的威胁和敲诈。万般无奈,他投靠了巴黎警察厅,并建议巴黎警察厅利用他对犯罪界的了解同猖獗的犯罪现象作斗争。他如愿以偿地得到了宽恕,并担负起了负责巴黎治安、揭露打击犯罪的工作。

维多克遵循"只有罪犯才能对付犯罪"的原则,挑选了一批蹲过监狱的人作其助手，组成刑事警察队伍。他们巧用策略，混迹于犯罪分子频繁活动的地区，在监狱内安插秘密力量。维多克本人由于是罪犯出身，了解犯罪分子的习性，同时又极有耐心，善于表演，具有罕见的视觉记忆能力，因此，他在同犯罪作斗争中一直得心应手。这种“以罪犯对付犯罪”的侦查模式获得了极大的成功，使西方警察界惊叹不已，被维多克以后的巴黎警察厅沿袭多年，西方各国也纷纷效仿，视其为对付犯罪的灵丹妙药。

（三）平克顿私人侦探公司的建立

阿伦·平克顿，1819 年出生于苏格兰，1842 年移居美国。一次偶然的机会，他成功地协助警察查获了一个伪造货币的团伙，从此便与揭露犯罪工作结下了不解之缘。1850 年，他成了芝加哥市警察局的一名侦查员。由于成绩出色，平克顿很快被任命为芝加哥市库克县的副保安官。1850 年，勇于冒险的平克顿辞去了芝加哥市警察局中的职务，创建了美国也是世界第一家私人侦探组织——平克顿私人侦探公司。该公司的最初业务是侦破铁路上的盗窃案。由于平克顿侦探公司的侦探们善于化装成各种不同社会地位的人去收集情报，破案效能极高，所以，深受当时企业家和商人们的欢迎。

1861 年，美国南北战争爆发，平克顿化名为 E. J. 阿伦，为北方联邦领导了一个专门收集南方军事情报的组织，该组织即为美军情报局的前身。内战结束后，平克顿又恢复了他的私人侦探业务。平克顿侦探公司在对付猖獗一时的西部犯罪浪潮中以其高效能和具有传奇色彩的破案率而饮誉美国，其影响和业务迅速波及海外。

19 世纪中期以后，侦查活动的不断独立化、专门化和私人化是侦查发展史上的深刻革命。这不仅使侦查在国家职能活动中的地位更加突出，而且也为侦查的理论研究提出了更高的要求和开辟了广阔前景。

第三节　现代侦查

一、现代中国侦查

（一）国民党统治时期的侦查

1. 国民党时期侦查的特点。国民党时期侦查的特点取决于国民党政权的性质。国民党政权的封建法西斯性质决定了国民党时期的侦查只能是维护国民党专制统治、镇压人民革命的一个工具。因此,国民党的侦查从本质上说是反动的、违背科学原则的,不可能得到广大公众的支持。

(1)国民党时期的侦查机构庞杂,拥有侦查权的机构和人员众多。根据国民党《刑事诉讼法》的规定,除检察机关的检察官行使侦查权外,县长、市长、警察所长、警务处长、公安局长、宪兵队长及依法令行使司法警察权的警察长官、宪兵长官、军士和依法行使司法警察职权的警察、宪兵均拥有侦查权。另外,军队或检察官认为应该协助其侦查的人都是侦查机构的侦查人员。这样,国民党统帅的党、政、军、宪、特等机构和人员都行使侦查权,构成的是一个庞大的侦查网络,把其触角伸向了社会生活的各个领域和各个方面,严密监视着社会的动态。

庞大的侦查机构和众多的侦查人员固然可以严密控制社会,能有效地防范和打击犯罪。但另外又使侦查的管理和管辖十分混乱。各个侦查机构、各类侦查人员为了避重就轻、争名夺利,往往各行其是,甚至互相倾轧、互为抵消,而且滥用侦查权的现象十分严重,往往超过了本来就十分宽松的法律的规定。

侦查机构的庞杂一方面是出于国民党法西斯统治的需要,是镇压和压制革命运动的需要;另一方面,违背了侦查权发展的国际潮流和历史潮流。侦查的主要价值就在于,在打击犯罪的同时保障人权。而在国民党时期的侦查体制之下,法外侦查、滥用侦查权不可避免地成了普遍现象,任意拘捕、随意关押、出入人罪是国民党时期侦查的重要特色。

(2)拥有法定侦查权的检察官职权广大。国民党的《刑事诉讼法》和《法院组织法》规定,检察官不仅有实施侦查、提起、实行、协助公诉和担当自诉的权力,而且有指挥刑事裁判执行及其他权力。这样,法律明确赋予了检察官三大权力,即实施侦查、负责公诉和自诉、指挥刑事裁判的执行。

对于检察官行使侦查权,法律还有一些特别的授权。如国民党的《刑事诉讼法》规定,检察官可以指挥司法警察官,调动司法警察协助侦查,或者命令在场的或附近的人担当辅助侦查。另外,遇有紧急情况时,检察官还有权指挥军警协助侦查,特殊情况下还可请求派遣军队辅助侦查,或者武力解决。另外,1935 年 8 月 30 日国民党司法部颁行的《办理刑事诉讼案件应注意事项》中明确规定,检察官不仅有可以在法定辖内侦查之权,而且"可以在管辖区外,行使其职务”。

检察官如此众多的职权,尤其是在侦查犯罪中的至高无上的地位往往使检察官的侦查工作失去必要的监督程序,案件的侦查过程和侦查结果在很大程度上受制于检察官一个人的意志。因此,国民党时期的侦查不可避免地会造成大量冤假错案。

(3)特务直接参与侦查审讯活动是国民党时期侦查的重要特点。特务参与侦查审讯活动在我国历史上的其他时期曾经出现过。但到了国民党统治时期,国民党政府为了维护其封建买办独裁统治,除了军事镇压和法律强制之外,也借鉴古代特务式统治的做法,仿效德国、意大利等法西斯国家建立了庞大的特务组织。这些特务组织主要承担所谓的“政治案件”的调查和侦查,肆意践踏法律,疯狂地推行法外制裁。

以“中统”和“军统”为代表的国民党特务组织,从城市到乡村,遍布于政治、军事、经济、文化等众多部门,它搜罗了社会上一些堕落、凶残、无耻的流氓地痞分子,如汉奸、敌特、无赖、痞子及其他社会渣滓,构成了一个庞大的特务网络。这些特务组织根据需要,撇开司法机关和检察机关,不要任何法律手续,随意进行监视、搜查、殴打、扣押、绑架、逮捕和暗杀活动。另外,特务机关设立自己的法庭和监狱,不经正常的法律程序,实行惨无人道的刑讯和刑罚,任意关押革命者和无辜者。特务参加侦查审讯从一个重要的侧面说明了国民党时期侦查的反动性。一方面,特务组织侦查和调查的目标具有专一性,即所谓的“政治案件”、“政治人物”。很显然,特务式的侦查是维护国民党“一党专政”和独裁统治的重要工具。另一方面,特务组织的侦查审讯实践活动使国民党政府制定的有关侦查的程序和方法的法律规定成了一纸空文,无序侦查和侦查的不受约束状态成为侦查活动的普遍和必然现象,侦查工作从本质意义上而言,没有科学性。

(4)国民党的侦查在法西斯侦查理论的指导下,以镇压人民的革命斗争为主要的和根本的任务,秘密侦查在侦查方法体系中占据着重要的地位。国民党的侦查理论概括而言就是:侦查是从有罪方面侦查,或从无罪方面侦查全以检察官的个人意志决定。也就是说,任何社会成员,不管你是有罪,还是无罪,根据检察官的意志都可以成为侦查的对象;同样,任何社会成员,尽管你犯了罪,但不管你罪轻罪重,根据检察官的决定你都可以免受侦查的约束。这种侦查理论是国民党自由心证证据制度的产物。曾任国民党最高法院院长的夏勤在其著作《刑事诉讼要论》中明确写道："自由心证主义者，无论何项证据，审判员以为可信则信之，以为不可信则弃之，证据之强弱凭审判员之心理判断，法律上无规定主义也。"国民党自由心证证据原则在侦查中的体现就是检察官的随意侦查。

在法西斯侦查理论的指导下，国民党政权把侦查的主要目标指向了以中国共产党为代表的革命势力。国民党时期制定的大量的特别法规都是以镇压革命运动和人民的反抗斗争为目的的。在侦查机构尤其是警察机构的建立上更能说明这一点。国民党时期特务机构的组建、武装警察机构的组建、长江各省水警总局的组建，无一不是以反共反人民为宗旨的。

与国民党法西斯侦查理论和特务式侦查方式相适应，国民党的《刑事诉讼法》和一些特别法规中都规定了秘密侦查方法。秘密侦查在国民党侦查方法体系中占据十分重要的地位。国民党 1945 年的《修正刑事诉讼法》第 240 条明确规定：侦查之形式，采密行为主义，不公开之。国民党刑事诉讼法学家陈朴生认为，之所以要采用密行主义侦查，"盖侦查之目的，在侦查犯人及收集证据。其手段方法如泄露在外，有致犯人逃匿及湮灭罪证之虞；且侦查中犯罪嫌疑人是否犯罪，尚未决定，一使外人知悉或散布报端，于受侦查人之名誉地位蒙其影响"。国民党司法行政部 1935 年颁布的《办理刑事诉讼案件应注意的事项》中也规定，"检察官侦查案件，除依刑事诉讼法第一编第八章至十四章执行强制处分外"，"应以一切方法为必要之调查，即如私查暗访等"。秘密侦查方法写进了法律、法规，足见其在侦查中的突出的地位。

2. 国民党时期侦查的评析。科学而辩证地分析国民党时期的侦查，不难发现，国民党时期的侦查的局限性是其主要的方面。这种局限性表现在多个方面，尤其是本质的反动性上。同时，20 世纪以来社会的进步和发展也不可避免地影响到国民党时期的侦查工作。因此，国民党时期的侦查又出现了一些文明化的态势。

（1）国民党时期侦查的局限性。国民党时期侦查的局限性主要表现在以下两方面：

一是国民党时期侦查的反动性决定了其不可能得到民众的支持和拥护，侦查缺乏赖以有效实施的群众基础。国民党时期侦查在国民党政权的职能活动中，只是国民党政治统治和军事斗争的一个辅助性工具，其矛盾始终是指向以中国共产党为代表的革命力量。这不仅体现在其活动中，而且还体现在侦查机构的设置上。以警察机构的设置为例,1928 年国民党政府内政部决定各省编练警察队,就是专为"剿共"而设立的武装警察队伍;1933 年建立的长江各省水警总局,同样是为了"清剿"中国共产党在长江各省的力量而设置的。至于建立"中统"和"军统"等特务机构的宗旨更是不言自明。

以镇压革命运动为根本宗旨的国民党时期的侦查在国民党的独裁统治中扮演了不光彩的角色,在破坏中国共产党组织、逮捕中共人士及爱国民主人士、镇压学生运动中发挥了极大的作用。1947 年 5 月 20 日,南京、上海、杭州、苏州、天津等地学生举行"反饥饿、反内战、反迫害"示威游行时,警察、宪兵、特务等拥有侦查权的机构狼狈为奸,大打出手,殴伤 160 余人,逮捕 20 余人,制造了"五・二〇"血案。因而,作为国民党法西斯统治工具的国民党的侦查不可能得到广大人民的真正拥护和支持,国民党侦查也只能更多地以秘密侦查,如私查暗访而为之。

二是国民党时期侦查机构的庞杂使侦查权的滥用不可避免。国民党时期,具有侦查权的机构涉及党、政、军、警、宪、特众多部门,各侦查部门之间缺乏有效的监督和制约关系,因此,侦查权的滥用不可避免。

国民党时期侦查权滥用的第一个表现是侦查的管理和管辖十分混乱。由于侦查机构众多,法律又没有明确规定各侦查机构的管辖职能。因而,各侦查机关之间为了争功夺利,往往各行其是,甚至互相抵消,互为倾轧,有时又避重就轻,逃避责任。侦查的管辖和管理更多体现的是长官和首长的意志的产物。

侦查权滥用的第二个表现是法外侦查的盛行。国民党时期,除了其《刑事诉讼法》在侦查的程序和方法对侦查进行了规范外,还颁行了大量的特别法规,在这些法规中规定了大量超出法律规定的一些非常措施,侦查工作也随之脱离法律的约束。更有一些凌驾于法律之上的侦查机构,不经正常的法律程序和手续,非法侦查、随意拘捕、任意搜查、刑讯逼供,甚至进行暗杀、爆炸、投毒等恐怖活动。

(2)国民党侦查的文明化趋势。国民党的侦查从本质上来说是反动的,违背科学规律的,因而得不到广大民众的支持和拥护。但是,处在 20 世纪人类文明进步发展环境中的国民党侦查仍然表现出了一些文明化、现代化的趋势。

①专职侦查队伍的建立和纵横交错的侦查体系的形成。国民党的侦查体制是以法院检察官为主,同时,在警察机构中设有专职的侦缉队,组建了专门的刑事警察,体现了侦查工作专门化的特色。

②开始注意吸收国外先进的侦查理论和侦查技术。国民党时期编译的《警察学》、《侦探学》就是学习西方国家的产物。同时,也开始聘请美国、英国等国家的特工人员、警察人员来中国进行交流、讲学,并从国外引进了大量的诸如测谎、监听、照相等先进的侦查技术设备。这些可谓是历史性的进步。

③注重警政人员和侦查人员的培训。国民党时期的警政教育自上而下形成了较为严密的体系,课程设置门类众多,教育制度也较为完善,警察和侦查教育均体现了现代特点。

(二)新中国侦查

新中国的侦查制度是随着人民民主专政政权的建立而萌芽,在20世纪50年代初创立和发展起来的。其前进的道路上充满了艰难和曲折。在新的历史时期,随着我国法律制度的不断完善,侦查工作也走上了健康发展的道路,并在保护社会主义政治、经济制度和维护社会安定团结方面发挥越来越重要的作用。

1. 新中国侦查的萌芽。新中国成立以前,侦查机关及其侦查历史是随着革命政权的建立不断发展和壮大的。在第一次国内革命战争时期,中国共产党为了反对帝国主义和封建主义,一方面积极开展革命统一战线的北伐战争,另一方面大力领导工农革命运动。在工农革命运动中,相继建立了许多革命组织,其中包括人民司法机关,如"省港罢工委员会"就设有武装纠察队、军法处、会审处、特别法庭和监狱等。这些司法机关在处理案件时分别担负不同的任务和行使不同的职权,其中武装纠察队的主要任务是对一切不利于罢工的事件进行调查和侦查,尔后送军法处处理。

1927年蒋介石发动"4·12"反革命政变后,中国共产党转入秘密状态,为了在白色恐怖中保卫党的组织,1927年12月党中央决定成立特别委员会,下设中央特科,负责党的保卫工作。这是我党成立的最早的专门性的侦查保卫机构。在周恩来的领导下,中央特科在保卫工作、情报工作等方面出色地完成了任务,积累了宝贵的经验。后由于叛徒的出卖,中央特科遭到了破坏。

第二次国内革命战争时期,中央工农民主政府颁布了许多法律、法令、条例、决议、训令和指示等。1932年1月27日公布的《中华苏维埃共和国国家政治保卫局组织纲要》明文规定:"在苏维埃境内,依照中华苏维埃宪法之规定,在临时中央政府人民委员会管辖之内进行侦察,压倒和消灭政治上、经济上的一切反革命活动、侦探盗匪等任务。"按此规定,国家政治保卫局是专门镇压反革命任务的公安机关,对一切反革命案件均有侦查、逮捕和预审之权。1943 年 4 月中华苏维埃共和国中央执行委员会公布的《中华苏维埃共和国司法程序》中规定,区保卫局特派员、区裁判部、民警局、劳动法庭均有捉拿反革命及其他应捉拿的犯人的权力。

抗日战争时期,为了适应抗日民主政权斗争的需要,司法机关的组织体系和名称作了相应的改变,但各级司法机关的组织设置仍然按照侦查、起诉、审判的不同职责设置,侦查要由公安机关行使。当时,从边区政府至区一级均设有公安机关。在边区政府下,设总公安局或保卫处,行政公署下设行署公安局,专属设公安局或保卫科,县设公安局或公安科,区设公安员。公安机关是抗日民主政权维持治安的机关,主管对汉奸、敌特的侦查、缉捕工作。在基层,普遍设有锄奸小组,协助政府管理社会治安工作,但锄奸小组只能以访问、盘查、揭发和检举等方式进行工作,而无权进行侦查、逮捕、审讯人犯。这就使侦查权高度集中统一,避免了侵犯人权和随意抓人现象的发生。

第三次国内革命战争时期,军事斗争和隐蔽战线斗争空前激烈,国民党派遣了大批特务潜入新老解放区搜集情报,从事各种破坏活动,组织武装土匪进行了反革命暴乱,大搞暗杀等恐怖活动。解放区公安机关同暗藏的敌人进行了惊心动魄的斗争,在人民群众的支持下,结合土地改革、清匪反霸等活动,挖出了潜伏的敌特组织,缴获了大批秘密电台,肃清了国民党的地下军和土匪武装,取缔了反动会道门,摧毁了国民党的反动社会基础。与此同时,各解放区颁布了许多法律、法令,不断改进和完善人民公安机关的侦查工作。

2. 新中国侦查体制的变迁。

(1)公安机关侦查体制的变迁。新中国成立初期,公安机关的首要任务是同妄图颠覆人民政权的反革命分子作斗争,除了政治侦查部门外,各地均未建立独立的侦查机构。1953 年,随着刑事犯罪数量的增多,各地城市公安机关组建了刑警队,其工作基本上隶属于各级行政管理部门。

20 世纪 50 年代后期到 60 年代初期,治安管理的指导思想是打击与防范相结合。为了工作上的协调,公安部和省公安厅的侦查工作仍归属治安部门,有少数省曾一度建立了刑事侦查处,但不久又与治安处合并。这一时期,多数县公安局在治安股内建立了侦破小组,社会状况比较复杂的县开始建立刑警队或刑侦股。20 世纪 60 年代后期到 70 年代中期,侦查专业工作被“群众专政”所取代,大批侦查领导骨干和专家被排挤出公安机关,大量的侦查装备器材被抛弃和毁坏,大批的刑事犯罪档案和情报资料被销毁。

20 世纪 70 年代后期以后,公安机关侦查工作得到了全面的恢复。刑事侦查工作正式脱离治安管理部门,开始了向独立化、现代化发展的新时期。目前,各级公安机关都设立了独立的侦查机构,包括刑事侦查、经济犯罪侦查、禁毒、国内安全保卫等部门在内的侦查机构在同犯罪的斗争中发挥了越来越大的作用。

(2)检察机关侦查体制的变迁。1949 年 12 月,中央人民政府制定公布了《最高人民检察署试行组织条例》。1951 年 9 月 3 日,中央人民政府通过并颁布了《中央人民政府最高人民检察署暂行组织条例》和《地方各级人民检察署组织通则》。当时法律规定了人民检察机关对刑事案件具有侦查权,但未将检察机关的侦查与侦查监督加以区分。

1954 年 9 月 20 日,中华人民共和国第一届全国人民代表大会制定并颁布了《中华人民共和国检察院组织法》,该法规定人民检察院发现并确认有犯罪事实时,应当立案进行侦查或交由公安机关侦查。根据法律规定,各级检察机关设置了专门机构,开展侦查工作。当时法律虽然没有划分各有关机关对刑事案件的侦查范围,但实际上由检察机关侦查的主要是国家机关、企事业单位工作人员利用职权进行犯罪的案件。

1962 年 11 月,最高人民法院、最高人民检察院、公安部在调查研究和总结经验的基础上,作出了《关于公、检、法三机关受理普通刑事案件的职责范围的试行规定》,明确规定国家机关工作人员、基层干部和企业职工的贪污、侵吞公共财产、侵犯人身权利等严重行为已构成犯罪需要依法处理的,由检察机关受理,提起诉讼。

"文化大革命"中,检察机关名存实亡。1975 年 1 月 17 日,第四届全国人民代表大会修改通过的《中华人民共和国宪法》第 25 条第 2 款规定:"检察机关的职权由公安机关行使。"

20 世纪 70 年代末,我国的法制建设步入正轨。1978 年 3 月,第五届全国人民代表大会决定重建检察机关。1978 年 6 月 1 日,最高人民检察院正式行使职权。根据《检察院组织法》和《刑事诉讼法》的规定,我国人民检察院除了有提起公诉和执行法律监督的职权外,对贪污罪、侵犯公民民主权利罪、渎职罪和人民检察院认为应该由其侦查的其他刑事犯罪具有侦查权。

目前,全国各级检察机关和专门检察机关都设立了统一的渎职犯罪侦查机构,负责管辖范围内的职务犯罪侦查。

(3)国家安全机关侦查体制的变迁。根据对敌斗争的形势需要和历史经验,1983 年 6 月第六届第一次全国人民代表大会对公安机关的侦查体制进行了改革,设立了国家安全部。与此相适应,省、市、自治区相继建立了安全厅。国家安全机关是国家公安机关的性质,承担原由公安机关主管的间谍、特务案件的侦查工作。国家安全机关在刑事诉讼中可以行使宪法和法律规定的属于公安机关的侦查、拘留、预审和执行逮捕的权力。

二、现代外国侦查

(一)美国现代侦查

1838 年,美国国会作出决定,在大城市里按照英国警察模式建立正规的警察队伍。1838 年,波士顿在全美最先建立了由 9 名警察组成的警察机构。1858 年,美国仿效英国在首都华盛顿建立了便衣警察侦缉队。

随着社会的变革,原有的治安体制的规模逐渐不能适应同犯罪作斗争的需要,华盛顿便成立了专门的侦缉处,该处在首都警察厅下设 7 处中序列为第二处。第二处成立初期,共有侦查人员 97 人,占华盛顿警察人数的 6.8%,负责侦查 12 个警区、91 个派出所辖区内的刑事案件。美国最大城市纽约于 1935 年在警察厅下设侦探局,局内设鉴定、出动、窃车、谋杀、失踪、街巡、当铺、重犯管理、侦探记录 9 个股。另外,该市警察厅还设有侦缉大队,名为纽约市警察厅第 18 大队,负责侦破特别重大的刑事案件。

美国的侦查机构分为四级,即县、城市、州和联邦。在联邦一级,联邦政府 3 个部所属的 8 个单位都有侦查权,它们是司法部所属的联邦调查局、麻醉品管理局和移民规划局,财政部所属的海关总署、烟酒火器管理局和国内收入署,邮政部所属的邮检处。它们的最高协调单位是联邦调查局。

为了训练侦查专门人才,在首都华盛顿设立了刑事警察大学。该校开设有犯罪心理学、法医学、病理学、指纹鉴别、笔迹鉴别、射击等 40 多门课程。另外,在纽约等地的警察学院还设置有侦探专业,开设课程有警察技术、勘查和保护现场、检验尸体、侦缉犯罪嫌疑人等。

美国侦查的科技化、现代化举世闻名。早在 1924 年联邦调查局建立的刑事档案处现已存有两亿多套指纹档案和打字机档案、水印图案档案、纸币档案和国内伪币档案。1932 年建立的科学实验室也成为"世界上最了不起的实验室",对书写字迹、打字机、子弹制造、爆炸物成分、头发、纤维、血迹、油漆、涂料、破碎玻璃等方面的分析鉴定卓有成效。另外,1967 年联邦调查局设立的犯罪情报中心,通过电子计算机已使美国的警察单位及加拿大等国的警察组织形成了一个完整的联机系统。

(二)德国现代侦查

1937 年,德国首都柏林警察厅下设有两个刑事侦查机构:一个是刑事警察处,处内分人事、组织、训练、侦缉、谋杀、风化 6 个科,主要任务是侦查国际和国内流窜犯罪;另一个侦查机构是司法处,下设总务科、提解科和拘留所,其中,总务科内设女犯、谋杀、盗窃、欺诈、人事、组织、庶务、会计等股,主要任务是侦查柏林市内的刑事案件。在每一个警察分驻所内派有刑警若干人。

德国刑事警察在破案程序上有别于其他国家。刑事案件发生后,先由保安处的治安警察进行初步侦查,再由刑事警察进行进一步的侦查。

在柏林警察厅设有犯罪陈列馆。馆内已经破获的重大刑事案件证据集中陈列,作为各地警察机关侦查刑事案件的参考资料。陈列品包括犯罪分子的指纹、足迹、头发、牙齿、犯罪工具、破案工具、破案过程以及利用电子、光学原理装在仓库、门窗、保险箱上的警铃,还有十多万种不同式样的锁。

德国设有专门的刑事警察学校,分初、中、高级。初级班学员必须是高中文化程度以上,曾服过兵役或当过普通警察 4 年,经考试合格,结业后担任便衣刑事警察;中级班学员挑选已服务两年、成绩优秀的便衣刑警参加训练,毕业后担任警长;高级班学员一是从刑警中挑选的优秀者,二是大学毕业后学习刑警已满两年者,训练结束后担任刑事警察的警官。

(三)法国现代侦查

法国的菲利普六世创设了现代刑警制度。早在 1827 年,他在巴黎任命了不属于司法系统,而在实施公共条例时进行初步调查的皇家官员。1810 年,面对潮水般的犯罪,法国内政部领导的保安局应运而生,以维多克为首的一帮囚徒开创了有组织的“以罪犯对付犯罪”的侦查方法的先河,维多克的组织成了法国刑事警察部门的胚芽。后保安局改名为巴黎警察厅,并按英国模式,在警察厅下设刑事警察局,设局长、副局长 2 ~ 3 名,领导总视察长、总探险长、巡长、视察长、探长、探员若干人。

法国对刑事警察的条件要求较高,刑事警察必须天资聪颖而忠实,有一定的工作经验和特殊才能,并能随机应变,品行道德高尚。

巴黎警察厅刑事警察局按专业分为若干队组,如特别组、公共道路组、赌博游艺娼妓组、金融组、技术组、旅游管理组、逮捕组、调查组、机动组等。

(四)日本现代侦查

日本素有“警察之国”之称。日本现代警察制度开始于1847年,最高属国务省管辖,代表内务大臣行使职权。1947年,日本警察制度发生了根本的变革,制定了《战后警察法》,改集权体制为国家乡村警察和自治警察。1954年,日本又进一步改革警察制度,废除双重警察制度,改为一元化的县警察体制。

目前,日本警察机关分为中央和县(道、府)两级,中央警察机构集中行使指挥、协调各县警察机构的职能,一般侦查工作由县以下警察机关处理。

日本中央警察机构包括国家公安委员会和国家警察厅。国家公安委员会受内阁总理大臣管辖,作为总理府外部局的一个行政机构负责管理警察厅的工作,掌管国家公安的警察活动,统辖警察教育、警察通信、鉴别犯罪、统计犯罪、警察装备及调整有关警察行政。

国家警察厅在国家公安委员会的管辖下处理各项警察事务,负责调查和规划警察制度,制作警察预算,管理和维护警察教育设施、通信设施、鉴别犯罪设施,进行犯罪统计,筹划警察装备,任免警员,规划警察勤务和活动准则。国家警察厅内设长官官房(相当于办公厅),警务局、刑事局、交通局、通信局。另外,国家警察厅还设有附属机构,如警察大学、警察科学研究所、皇家警察本部。

国家警察厅刑事局内设审议官、保安部、侦查计划、侦查第一、侦查第二、国际侦查、鉴定5科,分别掌管不同的事务。

日本地方警察机构各都道府公安委员会和警视厅、警察本部和机构设置情况,基本上与中央警察机构的设置相同。

第九章　侦 查 原 则

第一节　依 靠 群 众

群众路线即公安专门工作与群众工作的相结合。它是党的群众路线在侦查中的具体体现，也是我国侦查工作的历史经验的总结和优良传统。在刑事案件的侦查中，坚持专门工作和群众工作相结合，这既是为了保证群众路线在侦查工作得到认真的遵守，同时，它也是侦查中一种非常有效的侦查方法与手段。

一、侦查与党的领导

刑事案件涉及社会生活的各个领域和各个方面，我们要特别强调在刑事案件的侦查中，应紧紧依靠各级党委，争取各级党委的支持，具体案件侦查中的群众工作也是党委领导下的群众工作。离开党委的领导，刑事案件的侦查将失去有力的保障和力量的源泉，特别是在对大、要案件的侦查中，更要紧紧依靠各级党委。

依靠党委的领导，不是指党委直接办案，而是指在侦查刑事犯罪案件中，应适时地将有关情况向党委汇报，使党委对查办的案件，特别是大、要案件能下定决心，从组织上、物质上给予侦查机关大力支持，为侦查机关的侦查营造一个良好的工作环境。

二、侦查中的群众工作

群众路线是我们党和政府的根本路线，依靠群众是我国侦查工作一贯坚持的重要方针之一，它是在长期的侦查斗争的实践中形成的，从第二次国内革命战争时期的中华苏维埃临时政府，到新中国成立后的镇反运动；从 1963 年提出的侦查工作十六字方针到现行的新十六字方针，无不重视群众工作，在现行的十六字侦查工作方针中，更将依靠群众摆在了首位。

由此可见，依靠群众，走群众路线，既是我国刑事诉讼的重要原则，更是我国侦查工作的行为准则和克敌制胜的法宝。

刑事犯罪不仅严重干扰了国家经济管理秩序，扰乱了国家机关、企事业单位的政党活动，而且直接损害国家、集体和公民个人的利益。我国是社会主义国家，人民是国家的主人，因此，打击犯罪从根本上讲，与保护人民群众的利益是一致的，刑事案件的侦查能够得到人民群众的支持与配合，具有广泛的、牢固的群众基础。

刑事犯罪案件中的依靠群众具有广泛的内涵：

（一）只有紧紧地依靠群众，才能有效地获取揭露、证实犯罪的线索和证据

人民群众能够揭露犯罪、证实犯罪。犯罪从表面上看，它并不直接侵害人民群众的个人利益，但由于犯罪直接影响到社会经济生活的各个领域，因此，犯罪的后果会直接或间接地使人民群众的利益受到损害，人民群众必然会与之斗争；另外，任何犯罪嫌疑人都生活在人民群众当中，其个人的品行、经济状况的变化及犯罪前后的动态、行踪，无一不有意或无意地为群众所觉察，因此，人民群众可以通过检举、控告、揭发或等形式，为侦查犯罪案件提供线索。同样，在立案前的审查和立案后的侦查中，及时、有效开展群众工作，是我们获取揭露、证实犯罪，揭发犯罪人的证据，防止犯罪嫌疑人隐匿赃物、携款外逃等的有效方法和途径。

（二）必须紧紧依靠犯罪所涉及的各个领域的技术专家、学者，解决犯罪案件侦查中的各种专门问题和疑难问题

近来许多案件的犯罪主体本身具有较高的智能或具备某个专业领域的专业知识和专业技能，其涉及的领域又往往是社会经济生活中的一些专业性很强的部门，许多犯罪的得逞，与犯罪人本身精通专业知识，具备良好的专业技能密切相关，从这个角度上讲，刑事案件的侦查主体面临的是一些全新的，甚至是根本不了解的社会经济生活领域的犯罪手段、犯罪方法。这就客观地提出了刑事案件的侦查，必须紧紧依靠专家、学者的帮助，来解决案件中的各种专门问题。

依靠专家、学者是我们在侦查工作中贯彻群众路线的具体体现，在侦查实践中，这一点已越来越得到各级侦查机关的重视。例如，在侦查经济案件

中,侦查机关就经常邀请熟悉财会业务、具有一定工作经验的会计师、经济师等协助侦查人员。在侦查金融、证券领域的案件中,也往往会邀请这一领域的专家,如计算机专家等,协助侦查人员查明犯罪的手段、方法。

(三)侦查的各个环节都需要人民群众的支持、配合和监督

我国自大力推进对刑事案件的侦查工作以来,侦查部门受理的案件部分源于人民群众和有关团体、机关的举报,现行的举报制度在打击刑事犯罪的斗争中发挥了前哨作用。举报制度已被新的《刑事诉讼法》所肯定,并在相关条文中对举报的形式、程序以及保障举报人及其近亲属的安全等方面作了明确的规定,从而为鼓励人民群众同犯罪作斗争提供了法律保障,如《刑事诉讼法》第84条、第85条。法律上的这些规定,不仅会把侦查工作推向深入,而且将为侦查工作中各种业务建设提供有利条件。

案件侦破以后,证据的固定成为关键。在固定证据的工作中,人民群众参与某些侦查活动,可以对侦查工作和侦查人员的取证行为进行有力的监督,以保证证据的效力。例如,实施搜查,必须按照规定邀请见证人,搜查中的证人必须在场,搜查出的物品必须经证人过目等。法律规定这些条件,目的是保证搜查所获取的证据的真实性、可靠性;同时,也是为了便于人民群众监督和证实搜查的合法性,这就从根本上保证了侦查活动有效而顺利地开展。

三、侦查与专门工作

我国《刑事诉讼法》第82条第1项明确规定:"'侦查'是指公安机关、人民检察院在办理案件过程中,依照法律进行的专门工作和有关的强制性措施。"法律的这一规定表明,侦查是一项由专门机关进行的专门工作。

(一)侦查权的专属性决定刑事案件的侦查是国家法律所赋予的具有侦查权的特定机关和个人的一项专门工作

侦查权是国家司法权的一种,司法是国家的一项重要权能;司法的主体是国家的司法机关,它是运用国家权力,以国家名义进行的,法律的公正通过司法来实现。为了实现公正的裁判,司法权只能由司法机关行使;否则,任何机关、组织、个人都可能成为自己纠纷中的法官,从而严重影响国家法律的公正执行。因此,我国法律明确规定了"司法机关独立行使职权"的原则。侦查权属公安机关、国家安全机关、人民检察院和军队保卫部门,其他任何机关、人民团体和个人都无权对刑事案件实施侦查。

除此以外,我国《刑事诉讼法》还在有关条款中明确而具体地规定了行使

侦查权的专门机关、实施侦查权的具体内容、解决的问题、适用的范围以及如何实施侦查的行为。从这些条款中我们可以看出，侦查只是一种适用于特定范围、解决特定问题的专门活动和与之相适应的措施体系。离开法律所规定的范围，解决非特定的问题而又采用规定的侦查措施，同样是一种违法行为。

（二）侦查中，专门调查工作和有关强制措施的组织、实施主体只能是侦查人员和侦查机关

这个问题实质是侦查权专属性的延伸和具体体现。任何司法活动都是由具体的司法机关的具体司法人员来进行，具体司法人员的司法行为实质上是代表司法机关行使司法权，它基于一种法律上的、职务上的特定性，不具备这一特定性，不能行使司法权及侦查权。

侦查人员也正是基于这种特定的职务，从而代表侦查机关行使侦查权，因此，他只能在侦查权规定的范围内进行专门调查工作和实施有关的强制措施。任何单位和个人，由于没有法律所赋予的职务上的特定性，都不能进行侦查活动；否则，将直接妨碍国家司法权的正确行使。

因此，开展侦查活动的主体只能是侦查人员。虽然《刑事诉讼法》第 43 条中，为了强调收集证据，必须紧紧依靠群众而明确规定："……除特殊情况外，可以吸收他们协助调查。"但法律所规定的含义非常明确，这些人员是协助调查，而非独立行使调查权，并且这种协助只限于作一般性的调查，即使其通过单独调查而获取了有关的证据或事实，也必须通过侦查人员核实或转化为其他的证据形式，才能用于刑事诉讼。与侦查有关的诉讼活动，如立案、撤销案件等，也只有在侦查机关及其侦查人员对有关事实和证据进行调查核实后，才有权实施。

（三）侦查中，与侦查密切相关的基础业务工作也是侦查的一项专门工作

侦查中涉及的基础业务工作，包括刑事技术工作、情报工作等，这些基础业务工作既可以为侦查工作的有效进行提供保障，也是侦查工作重要的辅助力量，是侦查工作中获取线索和证据的重要渠道和手段，它们服务于案件的侦查工作，是由侦查机关的专门机构、专门人员负责的一项专门工作。

四、侦查中，专门工作必须与群众工作相结合

侦查中的专门工作和群众工作不是两个对立的方面，专业工作的有效开展建立在群众工作的基础之上，广大人民群众同犯罪作斗争的积极性、创造性，是侦查工作能顺利进行的基本保证。脱离群众，就必然使侦查工作犯孤立

主义和神秘主义的错误,不利于发挥专门机关的职能作用。联合国北京反贪大会也特别强调公众参与的重要性。另外,群众工作又是在专门机关组织和指导下开展的,离开专门机关,人民群众也不能有效地配合专门机关,准确而有力地打击犯罪活动,有效地保护自己。因此,二者之间的关系是相互联系、相互作用的,统一于同犯罪作斗争的过程之中。

1. 从思想上牢固树立相信群众、依靠群众的思想,用平等的态度,热情对待群众,尊重群众,深入群众调查研究,用实际行动调动和保护群众同犯罪作斗争的积极性,特别是在刑事案件的侦查中,要充分发挥各方面的专家、学者的作用。与之相联系,一方面,要坚决反对特权思想,纠正侦查人员强迫命令,迫使人民群众提供符合自己的主观想象的材料的错误做法。另一方面,要坚决克服神秘主义、孤立主义的倾向。刑事案件的侦查工作中,特别强调秘密侦查手段的作用,但这并不意味着孤立办案;如果刑事案件的侦查工作一味强调用技术破案,依靠没有群众基础的秘密工作,将会使刑事案件的侦查工作陷入困境。

2. 认真执行法律的有关规定,为群众参与协助调查创造良好的条件。《刑事诉讼法》第6条、第43条、第63条、第84条等,明确地规定了在侦查中应如何依靠群众的方方面面,侦查机关和侦查人员在侦查工作中,坚决地执行这些规定,既保证了侦查工作的合法性,又能为侦查工作营造良好的外部环境,更能从实质上在侦查中贯彻党的群众路线。

3. 强调依靠群众,绝不是说可以用群众工作代替专门工作,而是为了强调充分依靠群众,以便能更充分地发挥专门机关的职能作用。历史的经验告诉我们,在紧紧依靠群众的基础上,必须大力加强侦查的专门工作,加强侦查体制的改革和完善,加强刑侦队伍的自身建设,强化各项基础业务,用各种高、精、尖的技术武装侦查,才能更好地提高侦查的水平,为依靠群众创造条件。

第二节　实事求是

侦查中的实事求是的原则,就是要求侦查人员在具体案件的侦查过程中,必须从每个具体的刑事案件的实际情况出发,以收集的证据为依据,研究具体的犯罪嫌疑人与犯罪事实之间的联系,以判定是否有罪和罪轻罪重。

一、侦查中必须坚持实事求是

侦查中坚持实事求是,以事实为根据,就是指在对刑事案件作出最终的认定结论时,只能以客观的事实作基础,不能以客观事实以外的其他东西作依据。毛泽东同志指出:“我们是马克思主义者,马克思主义叫我们看问题不要从抽象的定义出发,要从客观存在的事实出发。”尊重客观事实,按照世界的本来面目认识世界、改造世界,是马克思主义最起码的态度。因此,对于刑事案件的侦查人员来说,首要的任务是查明犯罪事实,确定客体的真实情况,只有在此基础上,才能正确应用法律,对案件作出正确的处理。如果案件事实认定错了,或者不全面,即使法律适用正确,也不可能对案件作出正确处理。正是从这个意义上讲,事实是处理案件的根据,查明案情是正确适用法律的基础。所以,在刑事案件的侦查中,必须坚决贯彻执行实事求是的原则。

侦查中贯彻实事求是的原则,也是由侦查工作的性质和任务决定的。一方面,刑事案件的侦查是一项政策性、法律性很强的工作;另一方面,它又担负着惩罚犯罪、为改革开放保驾护航的重任。在我国改革开放的今天,生产力的发展必然引起经济结构的变革,经济行为趋向多重性,利益结构重组,形成了许多前所未有的新的经济关系。经济领域中的许多行为、观念,已远远超出了计划体制下对许多概念的界定。因此,对我国现行法律而言,其立法、执行和法律观念的许多方面,由于形成于计划经济体制下,已不适应快速变化的经济体制结构和社会结构,普遍存在改革措施、经济行为超前于法律规定的状况和局面。加之各个地方的政府为了本地区的利益和发展,又制定了许多地方性的与法律的规定不太一致的经济政策,而犯罪分子也采取了更加狡诈的犯罪手段,利用经济转轨时期的法律、政策的漏洞钻空子,这一切都使司法部门对许多行为罪与非罪的界限难以准确界定,客观上要求刑事案件的侦查机关必须准确地查明事实,严格按照国家政策、法律去认定罪与非罪,正确地适用法律。

就侦查本身而言,其过程和结果常常关系到一个公民的人身自由,甚至生杀予夺。因此,刑事案件的侦查工作,只有坚持实事求是的原则,才能准确及时地揭露、证实犯罪、揭发犯罪人,保障无辜的人不受伤害,真正使国家和人民的利益得到保护。

刑事案件的侦查是一种认识活动,具有逆向性的特点。侦查人员所面对的案件,绝大多数都是既过的事实,不可能再现,侦查人员只能通过联想、假设、推理等方式重现犯罪的原因和过程,并以此制订相应的侦查计划去发现和收集相关的线索和证据,最终达到揭露犯罪、揭发犯罪人的结果。从逻辑上讲,正确的推理必须建立在正确的前提的基础之上,就经济犯罪案件侦查而言,这个正确的前提,就是依靠侦查去获取真实可靠的证据材料,这就要求在刑事案件的侦查工作必须坚持实事求是的原则。

二、侦查中坚持实事求是,必须重证据,重调查研究

证据是查明案件事实的依据。刑事诉讼中的立案、侦查、起诉、审判等诉讼阶段,都是围绕着运用证据认定案件事实进行的。重证据,重调查研究是我国证据制度的核心。所以,在侦查中贯彻实事求是的原则,必须重证据,重调查研究。我国《刑事诉讼法》第42条、第46条等都对此作出了明确的规定,从而为侦查人员在实际工作中正确地运用实事求是的原则提供了法律依据。

所谓重证据,就是要尊重客观事实,并依据这些客观事实认定案情和处理案件。在具体侦查工作中,重证据就是要求侦查人员在收集和运用证据时,做到证据事实本身是什么,就认定是什么;它的证明力有多大,就如实地认定它有多大;它能证明什么,就承认它能证明什么。

另外,《刑事诉讼法》确立了未经审判不得推定任何人有罪的原则。在刑事诉讼中,撤案和无罪都是正常的,因证据不足而撤案或宣告无罪都不能确切地说明没有犯罪事实的存在,在很大程度上只能说明证据不足或现有的证据不能充分证明犯罪。由此可见,重证据也是《刑事诉讼法》实施的必然要求。

与重证据对立的是轻信口供。在刑事案件的侦查中,口供是重要的证据之一,侦查中只要获取了犯罪嫌疑人的口供,也就预示着刑事案件的侦查取得突破性的进展。因此,极易导致侦查人员以口供作为证据之王而轻信口供,或为取得口供而刑讯逼供。我国法律历来坚持实事求是的原则,坚持证据必须经过查对,反对刑讯逼供。这对于我们查明案情,对案件作出正确处理,准确打击敌人,惩罚犯罪,保障经济建设的顺利进行具有重大意义。

重证据,不轻信口供,也不能理解为除犯罪嫌疑人口供外,其他证据,如证人证言、物证等都是绝对可靠的,不经查对就可以作为定案的根据。任何一起刑事犯罪本身是复杂的,每一种证据都难以单独证实全部案情。因此,必须对各种证据,反复查对,找出各个真实情况,才能分清有罪或是无罪,罪轻或是罪重,使刑事案件的侦查、对刑事案件进行处理的决定等真正建立在客观事实的基础之上。

所谓重调查研究,是强调在刑事案件的侦查中,收集的证据必须经过调查研究加以核实。侦查的过程是一个认识的过程,而任何认识都来源于实践,又都必须经过实践的检验。案件侦查中,调查研究的过程本身就是一个实践的过程。要获取对案件真实情况的认识,必须经过实践——认识——再实践——再认识的多次往返的过程,这一过程就是一个对证据发现、收集,运用的反复调查、研究的过程。只有通过调查研究,才能全面而又详细地占有各类事实材料,才能澄清嫌疑,透过现象认识本质,作出符合实际的结论。

第三节 遵守法制

一、侦查中必须遵守法制

(一)坚持遵守法制原则是刑事诉讼本身的要求

法制原则是我国宪法中确立的一项基本原则,它对一切法律都适用,刑事法律也不例外。我国《刑事诉讼法》第 6 条对如何在刑事诉讼中贯彻这一原则作了具体的规定,这一原则也必然适用于刑事案件的侦查。

进行刑事诉讼,以事实为根据,以法律为准绳是我们正确处理案件不可分割的两个方面,二者互相联系,缺一不可。事实是前提,是基础和根据;法律是标准、尺度,只有将二者紧密地结合才能保证刑事诉讼的正确进行,才能完成刑事诉讼的任务。与之相对应的原则,我们提倡在刑事案件的侦查中坚持实事求是的原则,只是解决了一个如何客观、准确地发现和固定犯罪事实的问题,要严厉而准确地打击犯罪,则必须坚持遵守法制的原则。侦查中缺乏任何一个原则的运用,都不能实现刑事诉讼的目的,侦查中必须坚持遵守法制的原则。

(二)坚持遵守法制的原则是侦查实践的需要

1. 遵守法制原则是由案件侦查在刑事诉讼中的特殊地位和作用以及侦查机关及其侦查人员的崇高身份的使命决定的。

侦查是刑事诉讼立案后的第一个诉讼程序,它直接担负着发现、收集、固定证据,查明犯罪事实,揭发犯罪人的重要任务,它是使其他诉讼程序得以进行的基础和保障。侦查工作开展的质量高低直接关系到是否能够及时地打击犯罪,有效地保护国家经济建设。我国《刑事诉讼法》总结了正反两方面的经验教训,通过不断的修改,对收集证据的手段、方法、程度、范围等作了更为完善的规定。这些规定为保证侦查中遵守法制原则提供了法律依据;同时,有关的侦查法规、法令、条例、规定等也依照刑事法律,对侦查工作的各个方面作了明确细致的规定,这些规定为充分发挥侦查的职能作用,防止出现偏差和错误提供了法律保障,这就要求刑事案件的侦查机关及其侦查人员必须严格依法办事。

2. 坚持遵守法制的原则,是为了解决侦查实践中的问题。

改革开放以来,针对日益严重的犯罪,我国先后制订和修改了一系列的法律、法规,初步形成了严惩犯罪的较为完善的体系,为侦查机关和侦查人员的办案执法提供了有力的法律保障。

古人曰:“徒法不足以自行。”完善的立法不等于有力的执法,法律的正确适用有赖于执法者的执法行为。当前,影响打击犯罪的一个重要因素在于现有的立法未得到严格的执行,放纵了一些本应受到惩处的犯罪分子,导致了犯罪获利多、处罚轻的局面,这在客观上不利于打击犯罪。侦查实践中出现的这个问题,就其原因,主要有以下几点:

(1)对经济领域的犯罪的社会危害性认识不足。经济犯罪的主体往往具有一定的特殊性,在诸如贿赂犯罪等类型的犯罪中,犯罪主体具有一定的社会地位、文化修养。而且,其中有些人为当地的经济发展也曾立下汗马功劳,一旦犯罪,这些人很容易获得侦查人员的同情,致使侦查人员往往忽视了这些人的犯罪行为对国家和社会带来的危害。这种观念在司法人员中具有一定的普遍性,这是法制观念淡薄的一种具体的体现。

(2)干扰犯罪案件侦查的因素多。正是由于刑事案件的犯罪主体复杂涉及面广,一旦发案,案件侦查就会受到其关系网的干扰,有时甚至受到当地政府的干涉。就贿赂涉税、走私案件而言,据司法机关反映,几乎每起案件的侦查过程中都有说情和干扰。在这种情况下,侦查人员的执法水平如何,敢不敢进行侦查就成了关键之一。

(3)侦查人员的执法水平有待提高。刑事案件的侦查具有很强的政策性、法律性,侦查人员如果没有高水平的业务素质和政策水平,不仅会妨碍他们在侦查中正确界定罪与非罪,而且会影响到办案的质量,直接涉及立法精神的贯彻。当前,刑事案件的侦查人员的业务素质、政策水平还参差不齐,有的人对法律的理解还很粗浅,有效地运用侦查措施的能力还不强,这些都直接影响执法的准确性,换句话说,也直接影响了遵守法制原则的贯彻执行。

(4)极少数刑事案件的侦查人员基于各种原因,对刑事案件犯罪嫌疑人网开一面,故意轻纵,影响很坏,有的人甚至成为刑事案件的犯罪者。

综上所述,加强对侦查人员的职业道德、业务能力的培养和教育,用法制原则去指导侦查人员的侦查行为,是解决以上问题的关键之一,也是惩治犯罪的一个十分重要的方面。

(三)遵守法制是侦查中收集证据的基本要求

《刑事诉讼法》明确规定,只有合法的证据才能作为定案的依据。侦查的主要任务之一是收集证据。证据作为定案的依据,必须具备客观性、相关性和合法性,我国《刑事诉讼法》第一篇第五章、第二篇第二章等,不仅对证据的种类、形式,而且对收集证据的法定程序作出了明确规定。侦查人员只有严格地遵守这些规定,才能获得合法的证据,收集的证据才能支持公诉,顺利完成诉讼的任务。

刑事案件的侦查实践表明,遵守法制原则在侦查工作必须遵守的各项原则中处于核心地位,其他原则都不能离开它。如果背离这一原则,侦查工作就失去了统一标准和依据;坚持这一原则,案件侦查的质量就高,就能经得起历史的检验。

二、侦查如何贯彻遵守法制原则

侦查贯彻遵守法制原则,总的要求是坚持法律面前人人平等,坚持有法可依,有法必依,执法必严,违法必究。就其适用范围而言,不仅涉及侦查实践,也涉及侦查主体本身。

(一)贯彻遵守法制原则,刑事案件的侦查人员首先必须懂法

刑事案件的侦查工作,不仅要依据刑法、刑事诉讼法,而且要遵守、执行宪法等其他法律、法令、法规以及最高司法机关关于执行有关法律的解释和规定。侦查人员只有全面地学法、懂法,深入领会法律的基本内容和精神实质,理解各种侦查行为的性质、对象、方法和手段,懂得办案的程序,能够正确掌握和区分罪与非罪、此罪与彼罪的界定标准,才能模范地守法,正确地执法。不具备这一点,侦查人员就不能正确地收集证据,认定事实,所谓“巧妇难为无米之炊”。懂法是执法的前提和基础,所以有人提出,必须在执法机关内部进行

深入法制教育,其意义是不言而喻的。

(二)坚持遵守法制的原则,刑事案件的侦查人员还必须认真领会国家有关政策的内涵,正确理解和处理法律与政策的关系

我国的法律以中国共产党的政策为"灵魂",它是党的政策的具体化、条文化、规范化。党的政策既是立法也是司法的指导,只有准确地理解党的政策,才能准确地掌握法律的基本精神和内容,从而保证正确地适用法律。在法的具体适用中,在法律规定的范围内,必要时还要考虑、参照政策的有关规定。所以,为了真正地贯彻遵守法制原则,必须正确理解和处理好二者的关系。

就侦查本身而言,其政策性很强,特别是随着改革、开放的深入,以及商品经济的迅速发展,一方面,侦查中出现了许多新问题、新情况,法律对此又无明文规定,罪与非罪界定标准不清;另一方面,过去认为是犯罪的,现在经过政策调整,可能改变了它的性质,变为无罪。面对以上变化,客观上要求侦查人员不仅要懂法,严格依法办事,而且还要认真学习,领会国家的有关政策性规定,严格掌握罪与非罪的标准,正确区分罪与非罪的界限,不机械地执法,树立全局观念,把刑事案件的侦查同支持、保护改革,促进生产力的发展结合起来,真正完成刑事诉讼法的任务。

(三)刑事案件的侦查人员必须严格执行法律

在前面的阐述中,我们已经看到,在刑事案件的侦查中,不能严格执法,使国家相关的立法精神得不到贯彻,已在很大程度上妨碍了打击犯罪活动,因此,除了要求侦查人员必须懂法外,更重要的是严格执法。

侦查中的严格执法,是指在侦查实践中,侦查人员必须认真依法做好侦查的各个环节的工作。在当前,必须严格按照修订后的《刑法》和《刑事诉讼法》所确立的新的立案标准和管理范围立案,认真执行案件侦查中的立案、破案、销案等管理制度和审批制度。侦查措施,特别是秘密侦查手段的运用,应严格遵守《刑事诉讼法》及有关法规的规定;对于强制措施的采取,一定要符合法律规定的范围和条件;在讯问犯罪嫌疑人时,要严格执行国家的法律和党的政策,严禁刑讯逼供,彻底废除封建法西斯式的审讯方式。

特别应当引起重视的是,随着《刑事诉讼法》的深入实施,使今后的刑事案件的侦查工作成为一种高效率、快节奏的侦查活动。特别是对于已被采取了强制措施的犯罪嫌疑人,当法律规定的各种强制措施最大期限用完之后,犯罪嫌疑人及其律师都有权要求解除强制措施。强制措施使用中的超期行为将会

导致侦查的合法性受到质疑，由此行为产生的证据的证据资格将受到否定。因此，严格地遵守法定时限，不仅关系到依法办案的根本问题，而且直接关系到证据的合法性。所以，必须高度重视侦查中如何高效、快节奏和取证手段、方法的研究。就刑事案件的侦查机关而言，必须强化有助于提高案件侦查工作效能的各种体制和组织措施的建设和落实。例如，建立健全侦查的指挥体制、协查体制，以及侦查力量的组织工作。同时，对已查明的犯罪事实，应依法先行起诉交付审判，要有“与其伤其十指，不如断其一指”的认识。对于余罪，我们可以充分运用法律的规定，另行处理。

综上所述，为了更好地推进刑事案件的侦查，在侦查实践中，必须严格按照法定程序开展侦查，收集证据，别无其他捷径可走。唯有此，才能贯彻遵守法制的原则。

（四）刑事案件的侦查人员必须秉公执法，刚直不阿，不徇私情，这是真正坚持遵守法制原则的重要保证

秉公执法要求侦查人员要严格遵守职业道德和侦查工作纪律。秉公执法的关键是要树立把国家和人民利益放在首位的思想，坚持在侦查工作中贯彻法律面前人人平等，以事实为根据，以法律为准绳等法制原则。只有这样，才能做到秉公执法。

刚直不阿，就是指侦查人员要敢于伸张正义，敢于维护国家法制，对于来自任何机关、团体和个人的干扰和阻力，要敢于抵制，为维护法制，无所畏惧，勇于献身。这是刑事案件的侦查工作者必须具备的职业道德。不徇私情，就是要求刑事案件的侦查人员应具有廉洁奉公、全心全意为人民服务的优良品质。所谓“正人先正己，己不正，则无以正人”。

秉公执法，刚直不阿，不徇私情，既是每个侦查人员都必须具备的优良品质和职业道德，也是解决侦查中执法水平滞后于立法水平问题的重要途径。只有侦查人员都具备了这样的品质，才能保证法制的统一性和严肃性，才能树立起刑事案件的侦查机关的崇高威信和侦查人员的高大形象。

当然，要解决刑事案件的侦查中外界压力大、干扰多、阻力大、案件难以突破的问题，仅靠提高侦查人员的个人道德修养是不够的，还必须从组织上做好两方面的工作：一是争取各级党委对侦查机关的侦查工作的支持。实践证明，有了党委的支持和帮助，侦查机关秉公执法、依法办案就有了保障，侦查中遇到的各种困难，诸如社会关系的协调、办案经费的落实等，也比较容易克服。

二是上级侦查机关应全力支持下级侦查机关对一些遇有干扰和阻力的刑事案件的侦查，帮助他们解决困难。在刑事案件的侦查工作中，充分发挥上级侦查机关的作用，通常可以减轻外界对下级侦查机关的干扰和压力，有助于案件的突破。总之，做好以上两方面的工作，就可以为刑事案件的侦查创造一个良好的外部环境，可以为侦查人员撑腰打气，使其敢于秉公执法，敢于依法办案。有鉴于此，侦查业务部门的领导机关、决策机构已开始重视这一问题，并采取了相应的对策。

（五）对在侦查中违反法律规定的侦查人员必须严肃处理

违法必究是遵守法制原则的重要内容，知法犯法是对遵守法制原则的严重背离，为此，在刑事案件的侦查过程中，侦查人员任何的不依法办事，徇私舞弊，贪赃枉法，或违反《刑事诉讼法》非法收集证据的行为都必须坚决纠正。对直接责任人员，应依据党纪、政纪严肃处理；对情节严重，触犯刑法的，应依法追究其刑事责任，绝不能姑息、迁就，更不能包庇、纵容，这是遵守法制原则的必然要求。

第四节　迅 速 及 时

一、侦查中必须坚持迅速及时的原则

迅速及时是我国侦查的重要方针之一，刑事案件的特点决定了对这类案件的侦查必须坚持迅速及时的原则。

刑事案件的侦查实践告诉我们，证据是刑事案件侦查工作的核心，是统揽侦查工作全局的主线。没有及时获取过硬的证据，单靠监视居住、突审、搜查“三板斧”的办法，不仅不能很快地查明的事实，用证据去促使犯罪嫌疑人认罪服法，用证据去印证犯罪嫌疑人的“口供”，达到所谓“一枪下马”的效果；反而容易造成侦查工作的被动局面，或形成犯罪嫌疑人翻供或因缺少证据而难于定案，甚至造成错案和放掉犯罪分子。而在侦查中，最重要也是最难收集的是犯罪的赃款、赃物及其他书证、物证。这些证据在一定条件下很容易流失，从报案到获取证据的时间的间隔愈长，流失的可能性越大；相应地，侦查人员获取必要的实物证据的可能性越小。由此可见，在刑事案件的

侦查中,必须强调迅速及时,切不可掉以轻心。

近年来,在刑事案件的侦查过程,犯罪嫌疑人逃跑的问题十分突出,追捕逃犯成了侦查工作中一个很重要的课题。究其原因,除了说明犯罪分子本身对抗侦查的意识在加强,而我们在案件侦查中不注意的保密,或因措施不当,打草惊蛇而导致其逃跑外,一个很关键的因素,是我们许多地方的侦查部门没有坚决地贯彻迅速及时的原则。对获得的线索没有快查、快办,该传讯的不及时传讯,往往造成抓一个,放跑了另一个的局面,无形中给犯罪分子形成了喘息和逃跑的时机。要扼制住这种现象,刑事案件的侦查工作必须行动迅速,以快制快。

侦查作为一个重要的诉讼阶段,其迅速及时的要求较其他诉讼阶段更为迫切。特别是诉讼法对各种强制措施所规定的时限更为刚性,运用强制措施如果超过了法定期限,不仅会导致侦查的合法性受到律师和法庭的质疑,而且会影响到通过运用强制措施所获取的证据的证据效力,甚至导致这些证据的证据效力被否定。因此,为适应《刑事诉讼法》,刑事案件的侦查应严守法定时限,开展侦查活动必须迅速、及时。

二、侦查中的迅速及时的基本内容

在刑事案件中侦查中,迅速及时原则的基本内涵就是抓住战机,积极侦查,及时破案。

(一)抓住战机

就是要抓住犯罪嫌疑人尚未觉察,对证据尚未进行破坏,赃物、赃款等尚未进行转移等有利时机,在立案前的审查、正面突审和固定证据三个环节上抓住时机,狠下工夫,快查快办,其核心是不失时机地发现和收集证据,核实证据。这是侦查必须关注的中心环节。

在刑事案件中,证据的发现、收集和固定是一项政策性、业务性很强,非常细致而又复杂的工作。刑事犯罪活动往往与日常活动、购销活动、经营活动、业务书信往来、会计凭证等联系紧密,其中有的属于正常的生活经营活动和业务往来,有的则属于违法犯罪活动,那些能够证明犯罪的证据和事实经常是零散的,湮没在许多其他事件之中,而且容易流失,有时还会被人为地加以销毁和掩盖,使本身证据价值很高的书证、物证变成毫无意义的东西,丧失证明作用。一些关键性的证据如果能在有利的时机,及时地加以发现和固定,往往能够掌握侦查的主动权,左右侦查全局的形势,使案情发展峰回路转,直指犯罪嫌疑人。错过有利的时机,则会使本来可以及时发现的证据不能被发现,结果是贻误战机,使案情停滞不前,陷入僵局,这一点在立案前的审查中显得尤为重要。

在立案前的审查中,如果能及时地获取证据,就可以迅速立案,传讯犯罪嫌疑人,并根据其不同的特点,综合设计运用各种审讯策略突破案件,用有力的证据击溃犯罪嫌疑人。换句话说,就是要在发现、收集到一定的证据情况下,策略地运用证据,运用侦查措施和手段去主动地创造战机。

具体讲,在立案前的审查取得初步证据,初步查明了犯罪事实的基础上,必须迅速立案,果断决策,即刻传讯犯罪嫌疑人,传唤证人和知情人,迅速搜查,审讯、传唤同步展开,有效地防止串供、串证、转移赃款。从而形成正面接触犯罪嫌疑人的突然性和赃证获得的有利时机,迫使犯罪嫌疑人在证据面前认罪伏法,达到以快制胜的效果。

在突破犯罪嫌疑人后,必须抓住有利时机,通过各种有效手段,如录相、让犯罪嫌疑人亲笔书写供词等,迅速固定证据,防止其翻供,影响及时破案。

（二）积极侦查

在刑事案件的侦查中,包括两个方面的内容:

1. 在具体刑事案件的侦查中,积极侦查就是根据对案情的科学分析,制订出切实可行的侦查计划,组织力量,专案专办,迅速开展侦查活动。根据案情的发展变化,综合运用各种刑事技术和侦查措施,统一部署,统一指挥,充分发挥侦查工作的主动性、进攻性。每一个刑事案件的侦查人员,在刑事案件的侦查过程中,要求具有坚定的破案信心,主动为刑事案件的侦查工作出谋划策,积极寻找侦查线索,收集破案证据。

2. 刑事犯罪的严重危害性和隐蔽性决定了刑事案件的侦查必须保持一种积极侦查、主动进攻的态势。同时,报案本身又较为分散和被动,具有较大的或然性,而且报案也往往只涉及某人犯罪的事实和犯罪的结果,但却无法提供相应的证据。因此,必须拓宽案件线索的来源渠道,侦查中的情报建设则能进一步拓宽侦查的空间,显示出准、深、灵的侦查特点。它不仅会改变原有侦查思路中不适应侦查的部分,而且更能帮助侦查向更积极、更主动的方向发展。所以,为了真正地做到积极侦查,刑事案件的侦查机关还必须在充分依靠举报的同时,大力抓好侦查的情报建设。

（三）及时破案

及时破案是侦查要达到的目的。刑事犯罪不仅严重地扰乱了国家正常的经济秩序，直接损害国家和人民群众的利益，而且某些领域内的严重刑事犯罪还直接影响到党风、社会风气，甚至会危及政权的稳定。因此，对刑事犯罪而言，只要查明了基本事实，掌握了基本证据，就应及时破案，而不应苛求证据高度完备。迅速而准确地揭露和打击犯罪，不仅有利于开创打击犯罪的良好的社会环境，提高公众参与的积极性，最大限度地保证党和国家及广大人民群众的切身利益不受损害，而且会从预防犯罪的角度上最大限度地遏制犯罪的发生。《刑事诉讼法》也为及时破案提供了法律依据和保障，如对逮捕条件的规定等。

当然，在实施及时破案时，也要从案件侦查工作的全局出发，积极而艺术地选择破案的时机。

三、侦查中迅速及时的要求

（一）要求侦查人员要具有高度的政治责任感和雷厉风行的战斗作风，具有甘为维护社会主义法制、维护人民利益而献身的崇高品德和吃苦耐劳的坚强毅力，同时应具备强烈的侦查意识和机敏的反应能力

在具体的案件侦查中，当接到举报或司法机关通过其他渠道发现有犯罪发生时，应及时传讯主要犯罪嫌疑人，并及时进行讯问。在主要犯罪嫌疑人尚处于惊慌失措，未能编织好逃脱罪责的谎言时，敦促其如实交待犯罪事实，完整地记录好他的供词，并促使其提供人证、物证，最大限度地收集到该案的犯罪信息。与此同时，应迅速、及时地搜集赃款、赃物及其他物证、书证，以便印证其口供，从而构成完整的证实犯罪、揭发犯罪人的证据链。当侦查工作处于停滞状态或者陷入困境时，侦查人员更应发挥主观能动性，坚韧不拔，积极而策略地寻找案件侦查的突破口。

（二）刑事案件的侦查机关应在物资保障和健全各种机制上，为达到侦查中的迅速及时提供有力的保证和支持

1. 从交通工具、通讯器材和相关的技术器材等硬件方面，对经济犯罪案件的侦查中的迅速及时提供有力的保证和支持。

2. 从经费上，向刑事犯罪案件的侦查部门倾斜。

3. 本着科学、高效、精干的原则，建立、健全各种内部运行机制。

（1）指挥机制。以案件侦查的指挥中心或值班调度室为核心，用先进的通讯工具，建立、健全刑事犯罪案件侦查的指挥系统，实行统一指挥调度。

（2）协查机制。根据现有各职能机关的特长，建立一个组织严密、信息通

畅的协查网络,改变现行的单兵作战、各自为战的局面,形成侦查中的整体优势。

(3)追逃机制。以通缉的方式为主,充分利用新闻媒介的传播作用,结合举报制度和举报奖励基金的条件,建立一种快速、有效的追逃机制。

(4)保障机制。主要指从经费供给,交通、通讯、侦查装备,羁押条件,网络建设等方面作好日常的应急性的物质准备。

第五节 侦查协作

一、刑事案件中协同作战的必要性

侦查中贯彻侦查协作的原则是由刑事犯罪案件的复杂性决定的。

案情复杂、涉及面广是刑事案件的一个重要特点。刑事案件既可能发生在生产领域,又可能发生在流通领域或分配、消费领域;既可能发生在国内,也可能发生在境外。刑事案件的关系人中,既有犯罪分子,又可能本身犯有错误,但不构成犯罪而和案件有牵联的人,也有受蒙蔽,被他人利用的好心人。刑事犯罪行为人的构成也十分复杂,因此,刑事案件涉及各个部门、各个行业,而且目前的刑事案件中共同犯罪的比重很大,许多犯罪涉及的人数较多;有时,由于作案时间长,牵涉面广,向几个、十几个省市的过百个单位调取证据。同时,刑事犯罪又往往被不正之风所掩盖,在查处中受关系网、保护层的干扰,工作阻力大,困难多。综合以上特点,刑事犯罪所涉及的对象、范围已远远超出了某一个区、县,某一城市,一个国家的管辖范围。面对这种情况,实施管辖区协同侦查就成了必需和必要。在这种情况下,如果没有上级侦查机关、各级党委的协调与支持,没有有关执法机关和外地侦查机关的配合,单凭某一地区的侦查机关单兵作战,其在管辖区域以外的侦查活动就很难顺利而有效地进行,侦查机关在日益复杂的刑事案件面前,也只能是束手无策。

另外,刑事犯罪来势之迅猛、案情之复杂、办案的阻力之大,也使侦查机关本身在人力、物力、财力、技术装备、管理体制等诸方面也越来越不适应斗争的需要。就公安机关的侦查部门而言,这一问题由于法律的规定和侦查工作起步较晚也显得更加突出。为了解决这个问题,一个切实有效的办法就是进行侦查协作。侦查中,通过各种形势的协同作战,可以取人之长,补己之短,从而充分发挥现有的人力、物力、财力,有效地增强侦查工作的整体作战能力。

二、侦查协作的形式

由于刑事案件本身的复杂性,为了有效地打击犯罪,在具体案件的侦查中,根据案件本身的具体情况的不同,侦查机关所采用的协同作战形式从内容到方式都是多种多样的。就协作主体而言,既可以是双边的,也可以多边的;就协作的内容而言,既可以针对某一证据、某一事实,也可以是全方位的;就组织形式而言,既可以是临时的,只针对某一案件的侦查需要而组建,也可以是长期的,以固定的机构形成协作组织。从协同作战的具体内容而言,它主要有以下几种方式:

(一)联合侦查

侦查中的联合侦查,是指不同辖区侦查机关对已经发生的,涉及各辖区的刑事案件,联合组织力量,统一进行侦查的一种侦查破案形式。

联合侦查一般有两种形式:一是联合并案侦查,即对在不同辖区内发生的两起或两起以上的刑事案件,根据举报的事实或立案前的审查中查证的事实,判定其为同一个或同一伙犯罪分子所为时,这些辖区内的侦查机关将这些案件合并,共同分析案情,联合组织力量开展侦查。二是对于那些危害严重,影响恶劣,案情复杂,同时涉及不同辖区或不同行业的案件,由上级侦查机关或主要犯罪地侦查机关组织有关侦查机关联合侦查。这几年,公安机关在大、要案件的侦查中,特别重视这一联合侦查方式的运用。针对犯罪向群体蔓延,跨区域作案的特点,强调上级公安机关对大、要案件侦查的统一指挥,加强各公安机关之间的协作,发挥整体优势,共同对付腐败分子。侦查机关摸索出了上案上交,下案上提;上级突破交下级,下级完善证据抓结案;上级领办,下级参加;上下联手,协同作战等具体适用的联合侦查的模式,有力地推动了大、要案件的侦查。

联合侦查的优势在于可以集中优势力量,综合、全面分析案情;利于统揽全局,排除阻力;可以同时控制众多的犯罪嫌疑人,避免打草惊蛇;防止串供、毁证、逃跑;利于避免重复劳动,缩短侦查时间,提高办案效率。

(二)互通犯罪情报

互通犯罪情报,是指各地侦查机关以电话、电传、通缉通报等形式,相互间交流犯罪信息,常用于对犯罪嫌疑人的通缉,对赃物、赃款的控制以及对犯罪线索的查证等。检察机关为此特别强调情报建设,并通过运用各种先进的通讯工具,加强情报的汇集与共享。如公安机关提出用传真系统来加强内部的指挥协调,提高协同作战和快速反应能力的设想,并逐步推进实施,为互通犯罪情报提供了有力的物质保障。

(三)协查

协查,是指侦查机关以设立协查机构的方式,通过协查机构,积极配合外地侦查机关在本地开展有关的侦查活动,负责对外地侦查机关请求协助调查的事项进行调查,对外地侦查机关要求缉捕的犯罪嫌疑人采取有力的措施予以缉捕。公安机关在这方面已积累了丰富的经验,并形成了比较完善的系统。

(四)“会诊”

在侦查中,遇有案情复杂,形成疑难,或侦查工作陷入僵局、停滞不前时,由负责组织实施侦查的侦查机关邀请外地具备丰富的侦查工作经验的侦查指挥人员共同研究和解决疑难,对案情和案件的侦查工作进行“会诊”,找出“症结”,从而采取有针对性的措施,把案件的侦查推向深入。

三、侦查协作的要求

我国目前实行的是“条块结合,以块为主”的侦查体制,即上级侦查机关负责协调、指导下级侦查机关的侦查工作,基层侦查机关主要负责同本辖区的犯罪斗争。这一体制曾在同刑事犯罪作斗争的过程中发挥了重要作用,但这一体制的弊端是容易产生地方主义的倾向,不适应现代刑事犯罪案件侦查的斗争需要,不符合协同作战的原则的要求,必须加以改革。

侦查体制的改革有一个过程,在这个过程中为了有效地贯彻协同作战的原则,应做好以下几方面的工作。

(一)侦查机关必须树立全局观念和全国一盘棋的思想

建立健全专门的、有效的协查机构,完善各项协查制度,与其他执法机关的联系制度,加强刑事犯罪的情报建设,交流共享情报资源。同时,应强化协作意识,在打击刑事犯罪的重大行动中做到相互策应,相互配合,相互支援,做好并案和联合侦查。在一般协查活动中,也要积极配合外地侦查机关开展侦查工作,并将协查结果及时通知对方。只有这样,才能发挥侦查机关的整体作战能力,使犯罪分子无处可逃。

(二)贯彻遵守法制的原则,按法律的有关规定,作好协同作战工作,克服“地方主义”倾向

《刑事诉讼法》不仅从原则上,也从具体的侦查措施的运用上,对侦查中如

何适用协同作战的原则作了明确规定。这些规定是刑事犯罪案件侦查中坚持协同作战原则的法律保障,侦查部门必须坚决执行。

(三)加强国际合作,打击跨国刑事犯罪

近年来,国际性的刑事犯罪如贩毒、诈骗、走私等犯罪十分突出,我国领域内的一些经济犯罪分子也以将赃款汇出境外或携款潜逃国外等方式对抗侦查。为了适应这种变化,我们必须加强国际合作,发挥世界各国在这一领域内的整体优势,严厉打击犯罪。

我国于1984年加入国际刑警组织,近年来,我国的侦查部门同这一组织和其他国家的侦查部门进行了卓有成效的合作,成功地破获了一系列的跨国诈骗案件及其他刑事案件,引渡了逃往境外、国外的刑事犯罪分子,捕获了一批国际性犯罪分子,取得了良好的跨国性协作的效果。今后,在侦查涉外刑事犯罪案件中,更应加强与国际刑警组织的联系。

尤其值得一提的是,为了同国际上的贿赂犯罪作斗争,国际联合防治贿赂罪的网络包括政府间、民间的有关组织,正不断地发展。

联合国为了进一步协助世界各国打击黑社会犯罪,从组织上、立法上成立了相应的机构,制定了相应的守则,召开了多次相关的会议并在会上由世界各国、各地区政府代表共同签署了有关反黑行为的文件,这些均构成了各国间协作打击国际性的黑社会行为的基础。

第六节 保守秘密

刑事案件的侦查部门是国家的要害部门,侦查工作本身是一项高度保密的工作,在刑事案件的侦查中必须坚持保守秘密的原则,它是案件侦查取得胜利的基础和保证。

刑事案件的侦查的特殊性和复杂性决定侦查工作必须斗智、斗勇,必须运用周密、有效的策略去获取证据,揭露和证实犯罪人;而“谋成于密,败于泄”,任何泄密都会给刑事犯罪分子逃避打击、对抗侦查提供可乘之机,保守秘密是我们必须遵守的原则。

在侦查中,需要保守秘密的事项主要有:

1. 在立案前的审查和侦查阶段不宜暴露案件情况，如举报的事实、行贿人作出的供述。

2. 在案件侦查中涉及的党和国家的机密。

3. 在案件侦查中侦查措施的组织实施、秘密力量的布置等情况。

4. 在案件侦查中所使用的侦查手段。

5. 在案件中涉及的证人及其他有关人员的隐私。

上述情况一旦泄露，不仅导致刑事案件的侦查工作受到损害，而且还可能使国家利益蒙受损失，使个人名誉受到破坏。因此，除有关领导和参加案件侦查的人员外，侦查人员不得在任何地方向任何人包括自己的亲属泄露案件侦查的有关情况。尤其在贯彻群众路线，做群众工作时，应内外有别，在对已经侦破的刑事案件进行宣传报道或利用它进行法制教育时，更应严格保守侦查工作的秘密。对违反者，应视其情节轻重，依据有关规定或刑事法律进行严肃处理。

第十章　侦查法治

在法治国家,法律都应具有至高无上的地位,具有充分之权威。因此,侦查应受法律规制,这是毋庸置疑的。但是,究竟怎样的法律规范才是一种理性而又理想的状态,即既能促使侦查充分发挥打击功能,又能体现对人权之保障。对此,有的学者强调权利保护型之法律:面对犯罪嫌疑人的权利处于弱势境地,为使其法益免受侵犯。因此,必须极大地保障犯罪嫌疑人的诸项权益,即赋予其沉默权、严格的非法证据排除规则等西方国家实施良久的权利和规则;同时,严格限制警察权力,避免此种具有侵权性和暴力性的侦查权力的泛滥与滥用。但是,有的学者则强调打击犯罪型之法律:赋予侦查机关足够的权力,为了打击犯罪等社会公共利益,犯罪嫌疑人甚至普通群众应该忍受或许容相当的权利限制,付出相应代价。围绕侦查所涉及的相关主体,限权或放权等博弈在现实和理论中都广泛存在。侦查应该具有一种怎样的法治状况,需要一种怎样的法律规范尤其是刑事法律规范,以促使侦查和谐化图景的实现。

第一节　侦查法治的内涵

一、侦查法治的概念

古希腊哲学家亚里士多德认为,"法治应包含两重含义:已成立的法律获得普遍的服从,而大家所服从的法律又应该是良好的法律"。[1] 法治的核心是强调对法律的"普遍服从",就是强调法律至高的权威性。在法治社会里,权

---

〔1〕 王人博、程燎原:《法治论》,山东人民出版社1998年版,第97、101页。

力虽然是一种重要的支配力量，但它必须受到法律的控制。“法治把权力与法律的关系置于一种新的格局，法律不但得到权力的有效支持，而且它作为一种非人格化的力量对权力发挥着制约的作用。在此基础上，法律具有最高效力，无论是制定法律的统治阶级还是作为守法的普通国民都是必须遵守的”。[1]所以，从根本上讲，法治是一种严格依法治国、依法办事的制度，这种制度把维护社会公正作为唯一的价值追求，为了实现这种价值追求，强调形成一种维护法律权威的程序化的机制。

法治，是指在某一社会中，任何人都必须遵守法律，包括制定者和执行者本身。国家机关（特别是行政机关）的行为必须是法律或法规许可的，而这些法律或法规本身是经过某一特定程序产生的。即法律是社会最高的规则，没有任何人或组织机构可以凌驾于法律之上。侦查法治指的是在侦查过程中，各方主体都必须遵守法律规定，该法律是经过特定程序而产生的良好的法律。

侦查法治与侦查法制是有着严格区别的。首先，侦查法制是侦查法律制度的简称，属于制度的范畴，是一种实际存在的东西；而侦查法治是侦查法律统治的简称，是一种规制侦查的原则和方法，是相对于恣意侦查而言的，是对侦查法制这种实际存在东西的完善和改造。其次，侦查法制的产生和发展与所有国家直接相联系，在任何国家都存在侦查法制；而侦查法治的产生和发展却不与所有国家直接相联系，只在较为发达的民主制国家才存在侦查法治。再次，侦查法制的基本要求是各项侦查工作都法律化、制度化，并做到有法可依、有法必依、执法必严、违法必究；而侦查法治的基本要求是严格依法办事，法律在各种侦查活动中具有至上性、权威性和强制性，不是当权者的任性。最后，实行侦查法制的主要标志是侦查法律从立法、执法、司法、守法到法律监督等方面，都有比较完备的法律和制度；而实行侦查法治的主要标志是任何侦查机关和个人，都严格遵守法律和依法办事。当然，二者也具有联系，即侦查法制是侦查法治的基础和前提条件，要实行侦查法治，必须具有完备的侦查法制；侦查法治是侦查法制的立足点和归宿，侦查法制的发展前途必然是最终实现侦查法治。

二、侦查法治的外延

侦查法治的外延涵盖广泛，主要包括以下几类：

---

〔1〕 王人博、程燎原：《法治论》，山东人民出版社1998年版，第97、101页。

(一)侦查理念的法治

侦查理念,就是人们基于一定价值观念、意识形态和文化传统,对侦查的属性、目的及应然模式的认同。它是侦查实践运作的精神支撑,是一国侦查制度设计的理论基础,也是侦查实践运作的精神支撑。在侦查现代化、法治化的进程中,理念往往居于先行和先导位置,对制度构建和侦查实践具有指引作用。侦查理念的法治化是实现侦查法治化的前提与基础。

1. 侦查理念法治是侦查法治发展的客观要求。法治是中国社会发展的必然趋势,随着依法治国基本方略的实施,民主和法制不断发展和完善,对侦查工作法治的要求必然越来越高。而侦查主体司法水准的提高、侦查任务和侦查地位的法治化、侦查原则法治化、侦查权法治化、侦查程序的法治化、侦查措施的法治化、侦查监督和侦查管理的法治化等都需要法治化侦查理念的指导,侦查理念的法治是实现侦查法治的前提与基础,是实现侦查法治的关键。

2. 侦查理念法治是国际条约的客观要求。国际条约是我国国内法的渊源之一,到目前为止,我国政府已经陆续加入了 18 项国际人权公约,其中已经签署的《经济、社会及文化权利国际公约》、《公民权利和政治权利国际公约》等反映国际刑事司法准则的国际公约中关于刑事诉讼标准的规定如正当程序、人权保障、禁止酷刑、禁止非法取证等原则,已构成我国《刑事诉讼法》的渊源,同样适用于侦查阶段,我国必须遵守和施行,这是我国与国际接轨的需要。

(二)侦查制度的法治

制度最一般的含义是:要求大家共同遵守的办事规程或行动准则。许多情况下,制度也是某一领域的制度体系,如我们通常所说的政治制度、经济制度、法律制度和文化制度等。侦查制度,是指国家法律规定的有关侦查活动的组织、原则、程序等方面规则体系的总和,是国家刑事诉讼制度的一个组成部分,受国家的政治法律制度、历史文化传统及犯罪状况和司法水平等各种因素的影响和制约。侦查制度的法治是侦查法治的保障,因为没有侦查制度的法治,要么使侦查无法可依,要么使侦查无良法可依,也便不存在所谓的“有法不依、执法必严或违法必究”。有了侦查制度的法治,形成一系列良法,才能使侦查有所依傍,有法可依,才谈得上“法”的权威与侦查法治的可能。而“程序一方面可以限制行政官吏的自由裁量权、维持法的稳定性和自我完结性,另一方面却容许选择的自由,使法律系统具有更大的可塑性和适应能力。如果要实现有节度的自由、有组织的民主、有保障的人权、有制约的权威、有进取的保守这样一种社会状态，则程序可作为其制度化的最重要的基石”。[1]

(三) 侦查行为的法治

侦查行为，是指侦查机关根据《刑事诉讼法》或行政法律、法规的规定，在办理案件的过程中，进行的专门调查工作和采取有关的强制性措施。侦查行为的法治，是侦查法治的最终落脚点和目的。因为侦查行为是侦查权的外在表现，侦查法治最终要通过侦查机关实施的具体侦查行为来体现、反映。再好的理念和制度如果不能贯彻、落实为具体的行动，无异于一纸空文。因而，西方现实主义法学、行为法学十分重视对行为的研究，如美国现实主义法学家劳伦斯·弗里德曼曾言：“在任何法律系统中，决定性的因素是行为，即人们实际上做些什么。如果没有人们的行为，规则只不过是一堆词句，结构也不过是被遗忘的缺乏生命的空架子。除非我们将注意力放在被称之为‘法律行为’的问题上，否则就无法理解任何法律系统，包括我们自己的法律系统在内。”[2] 我国较早研究行为法学的卓泽渊教授也曾指出：法治行为“是整个法治构架的灵魂与生命……行为法治化，是法治得以形成的重要条件，甚至是最基本的条件”。[3] 侦查行为法治化，是指侦查行为最大限度地合乎法律。美国学者富勒曾将“官方行为与法律之间的一致性”视为具备法治品德的法律制度的构成要素之一，而且是“构成法律的内在道德的全部要素之中最复杂的一环”，并指出“这种一致性可能以多种方式遭到破坏或损害：错误解释，法律的不易理解，缺乏对于维持一套法律体系的完整性来说最必要之因素的正确认识，腐败，偏见，漠不关心，愚蠢，以及对个人权力的渴求”。[4] 侦查行为的法治化受到一系列主、客观因素的制约。这些因素的积极方面能够促使侦查机关及其人员更加自觉守法，而其消极方面则反过来会诱发各种侦查违法现象。[5]

---

〔1〕 季卫东：《法治秩序的构建》，中国政法大学出版社 1999 年版，第 11 页。

〔2〕 黄进：《区际冲突法研究》，学林出版社 1996 年版。

〔3〕 黄进、黄风：《区际司法协助研究》，中国政法大学出版社 1993 年版，第 312 页。

〔4〕 沈娟：《中国区际冲突法研究》，中国政法大学出版社 1999 年版。

〔5〕 毛立新：“侦查行为法治化的制约因素及其克服”载《人民警察学院学报》2008 年第 4 期。

第二节 侦查法治的规律

侦查法治的实现不可能一蹴而就,其更多的是一种循序渐进的过程,受到诸多主客观因素的制约。侦查法治的核心在于“法律至上”,而法律至上包括权力的制约和权利的保障。因此,侦查法律的规律即是指侦查权制约的规律和公民权利保障的规律。只有把握了二者的规律才能更好地推进侦查的法治进程。

一、侦查权制约的规律

侦查权在其控制方式和主体上,呈现以下规律:

(一)侦查权制约方式由静态走向动态

所谓侦查权的静态制约,是指通过对侦查结果的事后审查来控制侦查权。英美国家奉行审判中心主义,侦查活动被视为审判前的准备活动,立法上对侦查程序很少作出规定。所谓侦查权的动态制约,是指通过对侦查过程的全程监控来控制侦查权。它与上述法官通过审查侦查结果来实施事后监督有所不同,而把监督的重点由结果转向过程,由事后转向事中。主要的方式有三:一是制定完善的侦查程序规则。二是扩大律师对侦查程序的参与。打破侦查程序的封闭性,允许律师以“在场”的形式进行监督,已是各国的普遍做法。三是实行讯问全程录音、录像。

在我国,对侦查权的外部监督主要是事后的、静态的监督。由于检察机关并无侦查指挥权,法官根本不介入侦查程序,使检察机关、法院对侦查活动的监督只能通过事后的审查来进行。虽然非法证据排除、决定不起诉、宣告被告人无罪等事后监督形式亦能对侦查违法行为有所矫正,但毕竟是滞后的、间接的和有限的监督,效果并不明显。为强化对侦查活动的动态监督,亦应借鉴法治国家的有效经验,实施以下改革:一是细化有关侦查程序规则,使之能够覆盖侦查活动各个方面,为实施侦查行为提供详细指引;二是扩大律师介入,逐步赋予律师在讯问时的在场权,对侦查讯问实施实时监督;三是推广讯问同步录音录像制度。目前全国检察机关在办理职务犯罪案件中已全面采用此措施，公安机关亦应在侦查讯问中逐步推广适用。[1]

（二）侦查权的制约主体由内部走向外部

对侦查权的制约，根据制约主体与制约对象之间的关系，可分为内部制约和外部制约。内部制约，又称同体制约，是指制约主体与被制约主体同属一个系统，有密切联系。外部制约，又称异体制约，是指制约主体与制约对象来源于不同的系统，没有利害关系。同体制约与异体制约的区分有形式和实质两个标准：形式标准是看二者是否属于同一组织机构，实质标准是看二者是否有共同利益。由于在同体制约中，制约者与被制约者之间具有利益纽带，犹如"左手制约右手"，因而其效果通常不如异体制约。但同体制约也有其优越性，制约者与被制约者的亲密关系，使其拥有充分的信息优势，制约更易于及时、深入进行。从趋势看，各国对侦查权的制约，正由同体制约走向异体制约，由内部制约为主走向外部制约为主。主要表现有三：

1. 普遍在侦查程序中引入司法审查，由法官以中立的第三者身份对强制侦查进行审查批准。在现代国家，法官不再被视为国家利益的代表，而是国家与公民之间的中立裁决者，因而，由其对强制侦查实施控制已成普遍形式。

2. 对预审法官制度进行改革。或废除预审制度，改由检察官负责侦查；或将预审法官所担负的侦查、裁判职权适当分离，建立诉讼化的侦查程序。这种改革消除了预审法官身兼裁判、侦查两种相互矛盾权力的弊端，避免了高度集权可能带来的权力滥用，维护了司法官员应有的中立性和超然性。

3. 社会监督不断强化。社会监督是由国家机关以外的社会组织、团体和社会公众实施的监督。从法治国家的做法看，普遍重视对警察权、侦查权实施社会监督。在我国，由于侦查程序中尚未建立司法审查制度，也没有对警察实施监督的其他独立性机构，对侦查权的控制主要依赖检察机关。如上所述，虽然我国检察机关与公安机关在组织机构上是分设的，但二者在诉讼职能和利益上具有一致性，因而这种监督在本质上是一种内部监督，监督的公正性、有效性也是大可质疑的。

二、公民权利保障的规律

在犯罪嫌疑人、被告人诉讼权利的确立和实现上，呈现以下规律：

---

〔1〕 毛立新："侦查法治化的实现规律及其借鉴"，载《山东警察学院学报》2008年第3期。

（一）权利保障从审判阶段向侦查阶段推移

法庭审判一向是刑事诉讼的中心和重心，是决定被告人有罪与否及其刑事责任轻重的最后和关键阶段。通常来说，在该阶段，被告人、诉讼参与人的各项权利最能得到充分的保障。因而，刑事诉讼中的权利实现通常都是从审判阶段开始，而后逐渐向起诉、侦查阶段推移。比如，沉默权、辩护权的实现就鲜明地体现了这一特征。沉默权最初仅仅在审判阶段享有，后来才逐渐推移到起诉、侦查阶段。辩护权最早也仅在审判中享有，后来逐渐推广到侦查讯问程序中。

（二）从应有权利、法定权利向实有权利转化

权利的存在状态包括应然权利、法定权利和实有权利。应有权利，是指根据社会正义、道德习俗应当具有的权利。一般是经社会共同体确认、默认的人权、道德权利。这个意义上的权利就是通常所说的"人权"，即人之为人所普遍享有和应当享有的权利。[1] 法定权利，是指为一国法律所确认和保障的权利。它是对自然人或公民应有权利的确认，并非是法律凭空创造的权利。但法定权利不等于实有权利，纸上的权利变成实有权利，还有赖于物质和精神资源的供给，有赖于执法和司法的有效保障。[2] 归根到底是受到时代的物质文化条件的制约。刑事诉讼中的各项权利最初往往是一种道德权利、应有权利，而后逐渐得到法律确认和保障，最终才转化为实有权利。由应有权利转化为法定权利，再转化为实有权利，需要一定的时间、空间条件，与一国的文化传统、意识形态、政治制度、社会经济发展水平等因素密切相关。即便是立法上已确认的权利，其最终实现也依赖于社会物质生活水平的提高和配套法律保障机制的完善。

1. 法定权利能否转化为现实权利，首先依赖于国家和政府是否能够给予保障。任何权利的实现都是需要成本的，都依赖于国家执法、司法机制的有效运作。即便是消极权利，如果缺乏相应法律救济机制，这种权利也不可能得到尊重和实现。而权利的实现程度永远与一国的经济发展、财政能力相适应。

2. 权利实现的程度，还与公民自身的经济能力、收入水平密切相关。侦查

---

〔1〕 郭道晖：《法理学精义》，湖南人民出版社 2005 年版，第 94、101 页。

〔2〕 郭道晖：《法理学精义》，湖南人民出版社 2005 年版，第 94、101 页。

法治化的推进,公民权利的实现,必然是一个渐进发展的长期过程。在推进我国侦查法治建设时,要采取一种既积极又稳妥的态度,根据我国社会、政治、经济的形势发展推进各项改革,不能过于超前。

第三节　侦查法治的实现

侦查法治必须经由实施、实效而后实现,其应该着重以下几个方面:

一、侦查理念的法治化

侦查法治化是一个复杂的系统工程,包括侦查理念、侦查制度和侦查行为的法治化。而其中,侦查理念的法治化居于先导地位,它既是侦查立法、制度设计的理论基础,也是侦查执法、司法实践的精神指南。侦查理念的法治化需要倡导和坚持以下理念:

(一)法律至上理念

所谓法律至上,是指相对于其他社会规范及个人权威而言,法律具有至高无上的地位,是司法活动、政府行动和公民行为的基本规范和最终导向。法律至上要求宪法至上,在侦查领域坚持宪法至上,首先,意味着侦查立法活动必须符合宪法,不得与宪法相抵触。其次,还意味着侦查执法活动必须遵循宪法,不得违反宪法。当然,除了宪法至上,还包括其他法律、法规至上。

(二)保障人权理念

法治以保障和维护人权为根本目的。所谓人权,是指作为人(生物的人和社会的人)普遍享有和应当享有的权利,即"人皆有之"和"人该有之"的权利。人权中有些是基于人的自然本性,生而有之的,即人的自然权利或"天赋人权";多数则是随人类社会的发展而形成的。以人权形式存在的权利,其特征是普遍性和应然性。[1] 侦查中的人权保障应包含两方面内容:一方面,通过制止和打击犯罪保障最广大人民群众的合法利益和权利;另一方面,还应保障犯罪嫌疑人及其他诉讼参与人的基本人权。由于犯罪嫌疑人的人权极易受到忽视,因而在侦查中强调保障人权,重点应指保障犯罪嫌疑人的人权。

---

〔1〕 郭道晖:《法理学精义》,湖南人民出版社2005年版,第94、351页。

根据人权的普遍性和应然性原则，对犯罪嫌疑人，即便他们罪大恶极，但他们依然是人，应当享有人之为人所应有的基本权利，其人格尊严和其他合法权利均不容肆意侵犯。

（三）正当程序理念

关于正义的探讨归纳起来，无外乎两大内容：实体正义和程序正义。实体正义是指目的和结果的正义，程序正义是指手段和过程的正义。正当法律程序作为一项法治原则现在已经广泛被世界各国采用，《公民权利与政治权利国际公约》等也作了相应的规定。正当的法律程序就是体现了公平、正义等法治理念的程序，它强调国家权力行使的公开性、公正性，及程序参与者之间的平等对话和理性说服，排斥不必要的自由裁量权，因而具有限制权力恣意、专断的重要功能。在各国刑事诉讼中，程序性规则日趋精密化、细致化，已成为法治完善的一大特征。

（四）无罪推定理念

无罪推定是现代刑事诉讼的一项基本原则，在联合国人权委员会相关法律文件中，该原则被称为“人权保障的基石”。侦查人员在提出和验证侦查假说时必须坚持无罪推定原则，用无罪推定原则规范和指导侦查假说，为其设立必要的法律边界和证明规则，包括：第一，从无罪推定出发，“作案人假说”作为一种事实推测，不能改变犯罪嫌疑人的法律地位；第二，从无罪推定出发，“作案人假说”的证明责任只能由侦查机关承担；第三，从无罪推定出发，在“作案人假说”无法证实时，法律上只能按“存疑从无”处理。[1]

（五）证据中心理念

证据是诉讼的核心，各类诉讼活动都是围绕证据的收集、审查、判断和运用而展开的。树立“证据为本”的理念，就是要在侦查活动中增强证据意识，坚持“重证据，重调查研究，不轻信口供”，依法收集、审查和判断证据。在证据收集上，要做到主动及时、客观全面、深入细致、严格依法，并充分运用现代科技手段。在证据审查上，要做到“去伪存真、去粗取精、由此及彼、由表及里”，对全案证据进行客观、全面、科学、准确的判断。在证据运用上，要坚持一切证据只有查证属实才能作为定案根据，只有口供没有

---

〔1〕 毛立新：“无罪推定与侦查假说辨析”，载崔敏主编：《刑事诉讼与证据运用》（第2卷），中国人民公安大学出版社2006年版，第388～398页。

其他证据不能定案，排除非法的证据，并贯彻疑罪从无。

（六）侦查公开理念

在传统意义上，侦查应以秘密为原则。随着政治民主、新闻自由以及诉讼人道化的发展，现代各国刑事诉讼程序的公开程度越来越高。不仅审判活动公开的范围逐渐扩大，侦查活动的透明度也越来越高。当然，与审判程序的高度透明相比，侦查程序仍须保持一定的秘密性，但在不损害被追诉人的公平审判权以及刑事诉讼的事实发现能力的同时，各国立法及司法实践又都尽量提高侦查活动公开的程度。〔1〕 侦查适度公开是现代民主政治的内在要求。实行侦查适度公开，益处颇多：有助于将侦查工作置于公众的有效监督之下，促使侦查人员强化依法办事的观念，自觉地遵守法律、法规的规定，减少职务犯罪发生；有助于使广大人民群众知悉与犯罪有关的一些情况，提高警惕，做好对现行犯罪的预防工作；有助于贯彻依靠群众的工作原则，调动公众积极性，及时向警方提供有关犯罪活动线索，促进侦查工作顺利进行；还有利于犯罪嫌疑人及其辩护律师了解更多案件信息，从而有效开展申诉、控告和辩护活动，维护犯罪嫌疑人合法权益等。〔2〕 当然，鉴于侦查工作的特殊性，侦查公开只能是适度公开、有限公开。

二、侦查工作地位法治化

在较长时期内，即从新中国成立到20世纪90年代末期，关于我国侦查工作的地位，相当多的人是从阶级斗争角度和政权性质方面去确定的。如认为“侦查工作是无产阶级专政的重要工具”，“是打击犯罪的重要手段”。这种认识虽然把侦查工作的地位提得很高，但并未反映出侦查工作的特殊本质和地位，未反映出侦查活动与其他诉讼活动之间的关系和它在刑事司法中的作用。

建设社会主义法治国家，侦查活动应从法治的角度进行定位。一个国家，侦查与法治历来是应运而生、相随而长的。法治需要侦查，法治推动侦查，侦查体现法治并为法治服务。不同法系的国家，侦查在法治中的地位是有区别的。英美法系国家，在当事人主义的诉讼体制中，实行侦诉一体，侦查不具有独立的诉讼地位，侦查的结果对于公诉与审判活动没有决定性影响。大陆法系国家，在职权主义的诉讼体制中，实行侦诉分离，侦查、起诉、审判三大诉讼

---

〔1〕 陈永生：《侦查程序原理论》，中国人民公安大学出版社2003年版，第180～181页。

〔2〕 刘静坤：“知情权与侦查法治”，《北京人民警察学院学报》2006年第1期。

环节并列,侦查活动在刑事诉讼中具有独立地位,侦查结果对审判有决定性作用,侦查的地位相应高一些。侦查工作或侦查活动的法治地位就是它的诉讼地位。我国侦查活动在刑事司法中具有特殊的地位。从法的体系方面划分,我国基本上属于大陆法系,实行侦诉分离的诉讼体制,侦查、起诉、审判三大环节并列,侦查的结果对起诉、审判活动具有决定性作用。因此,我国侦查活动的诉讼地位可以用三句话表述:侦查活动是诉讼活动一个独立的阶段,是起诉活动和审判活动的基础,在刑事司法活动中具有决定性作用。必须认识到,在我国深化改革开放,进一步发展与完善社会主义市场经济体系的大环境中,侦查滞后于法治的发展,侦查中有许多问题与经济建设和法治化建设不同步,在相当大程度上不利于惩罚犯罪和保护公民的合法权益。我们必须充分认识到侦查工作的地位与法治建设状况之间的差距,并通过立法、司法等手段逐步缩短。

三、侦查工作任务法治化

侦查任务,是指侦查活动的直接任务,即侦查机关通过侦查活动,在案件侦查终结时必须达到的要求。侦查任务不能涵盖通过侦查活动所能起到的直接的、间接的作用。任务与作用不能混淆。侦查任务具有职能性与法定性两个特点。侦查任务与侦查机关的职能直接相关,是由其法定职能决定的。侦查机关的职能在立法中有明确规定并由此决定侦查任务。不同侦查机关的职能可以有所不同,但案件侦查任务是一致的。任何侦查机关都不能超越法律赋予的职能范围去实施其他司法机关在惩罚犯罪方面的任务。侦查任务混淆,或者侦查任务过于宽泛,必然造成侦查机关、公诉机关、审判机关三者间职能不清,进而导致越权办案,越权司法,最终形成法制混乱的局面。我国目前在侦查任务方面的认识分歧或争论实质是涉及侦查机关的权限问题,也就是遵不遵守法制的问题。

侦查任务是由法律规定的,不能由侦查机关任意确定。各国刑事诉讼法几乎都规定了在案件侦查阶段必须完成的任务或应达到的要求。侦查任务只能根据司法程序确定。刑事诉讼具有惩罚犯罪的任务,这在《刑事诉讼法》总则第 2 条中已作了明确规定。侦查是刑事诉讼的一个阶段,不能用阶段性任务代替刑事诉讼的整体任务,否则,就会引起法制混乱。我国《刑事诉讼法》规定了每个诉讼阶段的具体任务。侦查任务的法治化本质就是侦查权限的法治化。

四、侦查程序和侦查措施法治化

(一)立案程序要建立内外监督机制

我国侦查机关立案,基本上是“自立自侦”,监督机制不健全,这是造成隐案多的主要原因。侦查主体的积极立案行为只接受本部门主管领导的监督,消极立案行为中只有被害人不服的或人民检察院自己发现的,人民检察院才有权监督。这种监督方式给“不破不立”留下了广阔的空间。根据各国侦查监督原则,侦查机关立案应以外部监督为主,内部监督为辅。今后立法上应当规定重特大案件应由人民检察院批准立案,一般案件应由上一级侦查机关批准立案。侦查过程中,批准立案机关有权对侦查部署进行调整与监督。

(二)侦查措施的决定权、评估权与实施权要严格分离

任何法治较为完善的国家,侦查措施都要受到严格的法律监督,立法上将决定权与实施权的执行主体分开。我国侦查措施基本上沿袭传统习惯的“自我监督”方式,只有适用逮捕措施,法律规定侦查机关才须向人民检察院提请批准。除此以外,使用所有其他任何措施,都是县级以上侦查机关自己决定、自己实施、自己评估、自己监督。这是法制不健全的典型表现。今后立法有必要规定:侦查机关使用强制性措施和秘密性侦查措施、技术性侦查措施,须由人民检察院决定并监督其执行。

(三)秘密侦查措施和技术侦查措施应当立法规范

我国现行《刑事诉讼法》对秘密取证措施和秘密查明案情的方法一律未涉及,在《国家安全法》和《人民警察法》中虽有“技术侦查措施”的笼统规定,但它们不属程序法,对诉讼不具有约束力。所以,侦查中使用秘密措施一律视为非法,其所得的结果一概不能作为证据。七种法定证据中的“视听资料”证据,许多场合因属“来源不明”而不能被采用。因为视听资料的来源大多具有秘密性,要以立法作保障。其“来源不合法”,证据的第一个要件即不具备。

根据我国科技发展水平与普及状况,以及社会主义市场经济和对外开放的大环境,犯罪手段更加隐蔽、诡诈,其科技含量逐渐增高,侦查中秘密取证措施已成为必须。因此,立法应逐步跟上,否则相当一部分犯罪案件难以破获和难以用足够证据将罪犯绳之以法。立法上规定“秘密取证”措施(或秘密侦查手段)是一件困难而复杂的事,制约因素太多。目前一些较发达国家只有德国、法国、日本、意大利的刑事诉讼法典中对秘密取证措施作了规定,但详略程度各有不同。美国有单行法规。我国立法上可以逐步完善,先规

定几项使用频率最高的和在最严重的犯罪案件侦查中使用的“秘密取证措施”，如“秘密监听”、“秘密监视”、“秘密控制通讯”、“秘密情报员”、“电子证据获取”等。其使用范围可限定为侦查“毒品犯罪案件、走私犯罪案件、有组织犯罪案件、绑架人质案件”、“恐怖犯罪案件”等重罪案件。同时，提请主体、批准主体、执行主体、监督主体、实施时限、结果的管控、证据的审查与适用等立法上均应明确规定。

五、侦查中的沉默权

（一）实行沉默权规则是侦查工作法治化的必然趋势

在刑事司法中，沉默权是“反对强迫自证其罪”的派生原则。在联合国有关公约中对“反对强迫自证其罪”原则做了规定。由此派生的沉默权规则一般包括四方面内容：沉默权适用主体是犯罪嫌疑人和被告人；沉默权适用范围包括各个诉讼阶段，即侦查、起诉、审判阶段；犯罪嫌疑人和被告人不得承担证明自己无罪的责任；违背犯罪嫌疑人和被告人自由意志获取的有罪供述和其他证据不得作为定案依据。

沉默权是法治国家证据规则中一项重要原则，它在我国不是能不能实行而是怎样实行的问题。沉默权制度的积极作用在于有效防止刑讯逼供，保障犯罪嫌疑人和被告人的人格尊严，减少冤假错案。沉默权制度是法治国家刑事诉讼的基本要求，我国实行沉默权规则是履行义务和责任。沉默权制度与无罪推定诉讼原则相一致。而且，我国实行沉默权已具备了基本条件。我国制定刑事法律时，在有效惩罚犯罪和保障人权方面作了许多努力并在刑事司法中积极实施。广大刑事司法人员法治意识增强，依法办案、重调查研究、重证据的办案要求深入人心。保护犯罪嫌疑人的人权的措施得到贯彻，刑讯逼供现象极大减少。侦查业务水平、技术水平、办案效率逐步提高，与发达国家的差距日益缩小。

（二）沉默权规则要有限制地实行，要在保障人权和提高侦查效率之间寻求最佳平衡点

沉默权规则在我国不是不实行，也不宜尽快实行，更不能全面实行，应积极创造条件，逐步地有限制地实行。如适用主体的限制，只规定适用犯罪嫌疑人和被告人；适用范围的限制，可规定对毒品犯罪、有组织犯罪、恐怖犯罪、绑架人质犯罪、危害国家安全犯罪的主体不享有沉默权；在特殊紧急情况下的主体不享有沉默权，如在爆炸现场、放火现场、投毒现场抓获的犯罪嫌疑人，抓获

的流窜犯、逃犯，在被害人生命危急情况下抓获的犯罪嫌疑人等。同时，沉默权作为一种权利，犯罪嫌疑人、被告人既可享有，也可放弃，立法上要采取配套措施鼓励主动供述的人。

六、关于我国侦查机构命名法治化

从科学意义上讲，事物的名称应当是一个概念，即概括事物本质特征的概念，如生物学、侦查学等。事物名称不当，容易导致名不副实。侦查机关的名称应与其侦查对象或案件管辖职能相一致，即管辖职能或侦查管辖范围有多大、多宽，名称应当与之相涵盖。机关名称不当，势必造成职能混乱或学理上的谬误。尤其是司法机关及其所属机构的命名必须遵守法治原则。机构名称于法相悖或者与职能不相称，意味着其主管机关法治意识不强。

我国各级国家安全机关及所属侦查机构的名称，是按法律规定的职能分工和专业范围确定的，名实相符，职责分明，历来未产生争议。我国各级检察机关的侦查职能自恢复以来，其所属侦查机构的名称，随着《刑事诉讼法》的修订和侦查管辖范围的调整，名称有过三次变动。20 世纪 80 年代普遍称为经济侦查机构和法纪检察机构。20 世纪 90 年代以后更名为反贪机构和法纪检察机构或渎职犯罪侦查机构。2000 年以后，所有侦查机构统一命名为职务犯罪侦查机构，反映了我国检察机关侦查职能的特殊本质。侦查机构名称走上了法治化、科学化的道路。

值得注意的是，公安机关侦查机构的命名日益复杂化。由于我国修订后的《刑法》罪种、罪名的增多，由于我国经过修订《刑事诉讼法》对案件侦查管辖的调整，公安机关依法侦查管辖的案件大为增加，案件种类多达 331 种。因此，随着侦查机构的相应增多，业务分工的细化，原有的一些侦查机构也就名不副实了，主要表现在普通刑事犯罪的侦查方面。公安机关传统上的刑侦机构现已一分为四，其中刑侦、经侦、毒侦机构已挂牌多年。1998 年，公安部将法定管辖范围内的 95 种案件划归治安管理部门侦办，戏称为“治侦”。刑侦、经侦、毒侦、“治侦”，四个机构的侦查对象都是普通刑事犯罪，即传统意义上的刑侦（而非法律和学理上的刑侦）。我们知道，部分相加之和等于整体，而整体加部分之和仍等于整体，这在数学上、逻辑学上均有错误，更重要的是容易引起分工上的争论和学理上的不通。如果四块牌子一起挂，对于内行尚能理解，对于外行就不知道“刑侦”为何物了。侦查机构的名称混乱，不能不说是个法治问题。我们认为，公安机关侦查机构的命名，可采取以下三种方案调整：

（一）实行“大刑侦体制”，合“四侦”为“一侦”，从上到下统一以“刑侦”命名

如“刑侦总局、刑侦局（总队）、刑侦处、刑侦支队、刑侦大队”等。将“经济犯罪侦查”、“毒品犯罪侦查”等纳入其中，列为一个大的机构，机构规格（建制）可适当提升。这种改革好处甚多，许多发达国家的警察机关都实行这种大刑侦体制。

（二）现有体制不变，三个侦查机构按侦查对象（案件管辖）局部更名

鉴于我国多数侦查机构的名称是按侦查对象（案件管辖分工）确定的，既符合法律规定的管辖职能，也符合案件的科学分类，既遵守法制，也注重科学。我们认为，治安管理部门承担治安行政管理职能不宜赋予其具有司法性质的侦查任务，可将其所管辖的95种刑事案件随机构与人员移交刑侦部门统一管辖，使之仍保持三侦体制。将现有的“三侦”机构可分别命名为“综合犯罪侦查”、“经济犯罪侦查”、“毒品犯罪侦查”。把现在的“刑侦”改为“综合犯罪侦查”比较切合实际。因为它管辖多种犯罪案件的侦查，不如“经侦”、“毒侦”那么单一，用具体侦查对象命名难以穷尽。国外的刑侦机构也有此命名先例。

（三）维持“四侦”不变，按番号给机构命名

“四侦”编列序号，依次命名。如国家公安部可分别命名第一侦查局（刑侦）、第二侦查局（经侦）、第三侦查局（禁毒）、第四侦查局（“治侦”）。在国际上，对外统称刑侦。省市以下相应降低一格，依次命名。这种命名既科学又保密，既符合法治原则，又不触动深层次的机构改革，可行性强。

第十一章　侦 查 协 作

第一节　侦查区间协作概述

一、区间侦查协作的概念

区间侦查协作，是指在不同法域之间所确立的侦查合作制度或者不同法域之间所进行的侦查互助活动。就以协作主体的政治地位不同为标准，将区间侦查协作分为两种协作形式：区际侦查协作、国际间侦查协作。前者体现的是一个国家内部不同法域之间的侦查合作关系，后者则反映了国与国之间的侦查合作关系。

区际，是指在一个复合法域国家内，各法域之间在法律的属地性与属法性问题上的相互关系。从法律的角度来看，中国是个多法律区域并存的复合型国家，根据法律适用的不同效力，将当今中国划分为大陆、香港、澳门、台湾四个不同的法制区域。侦查的区际协作指的是一国内不同法域的侦查机关，在运用司法手段追诉跨境犯罪时，依据区际刑事司法的协助规范或事先达成的默契，相互提供刑事情报、调查取证、扣押财产、追逃追赃、缉捕和移交案犯等方面的支持、便利和帮助的司法行为。

国际间的警务协作，主要是指国与国或地区与地区之间警察机关的重大警务协同行动。目前，我国与境外警务协作，打击跨国、跨地区犯罪活动，主要集中于走私贩毒、伪造货币、恐怖活动、劫持飞机、引渡各种重大犯罪嫌疑人等方面。我国在 1984 年加入国际刑事警察组织后，即正式登上了国际侦查的舞台，并在国际侦查协作领域产生了重要影响。

二、区际侦查协作与国际间侦查协作的关系

(一)区际侦查协作与国际间侦查协作之间的共性

1. 它们产生的前提都是不同法域的存在和相互之间得到对方提供侦查协助的需求。

2. 国际间的侦查协作先于区际侦查协作出现,区际侦查协作是从国际间侦查协作所确立的规则中演变而来的。早在19世纪的德国就出现了“司法协助”的雏形,当时的德国分裂成为许多个独立的邦国,为了完成对跨帮域的犯罪进行侦查活动,不得不在平等对待的基础上事先约定一些互利互惠的司法合作措施,这些合作措施在经过长期的实践、磨合、补充和完善以后,逐步形成了现代社会的国际刑事司法协助制度。

3. 这两种侦查协作制度在解决不同法域之间的互涉刑事侦查事务中的作用都很明显,都对强化不同法域间刑事侦查合作关系发挥着重要的作用。

(二)区际侦查协作与国际间侦查协作之间的区别

1. 适用的范围不同。国际间侦查协作适用于国际社会,它的实质是国家与国家之间的互助行为,是建立在维护各协作国领土主权完整基础上的一种对等互惠关系;而区际侦查协作则适用于国内社会,一般不涉及国家主权的问题。

2. 合作主体不同。按照国际法的一般原则,国际法律关系的主体是国际组织、主权国家和国际社会承认的地区,一个国家内部的地方行政区域不具有独立的国际人格。因此,国际间侦查协作的主体是主权国家、国际组织和国际社会承认的地区,而区际侦查协作的主体是一个主权国家内的独立司法区域,如单一制国家内的特别行政区等。

3. 政府对合作的干预度不同。国际间侦查协作是各国政府之间的司法互助关系,因而注入了较大程度的行政干预内容。而我国的区际侦查协作是在同一个国家内的不同行政区之间进行的,中央人民政府对特别行政区所享有的独立司法权不予干涉,一般不需要经过行政审批程序。

4. 合作的原则不同。区际侦查协作不适用“双重归罪”原则。双重归罪,是指请求方和被请求方的法律都规定该行为属于犯罪时,被请求方才能提供合作,这是国际间侦查合作的一项重要原则。而区际侦查协作中是只要违反了行为地的法律,按照当地法律的规定应当承担刑事责任,经过被请求方审查后认为符合犯罪地法律规定的,就应当给予协助。

第二节　我国侦查区际协作

一、我国区际侦查协作产生的背景及其特殊性

我国的“一国两制”和“一国多法”是现代社会的产物。在香港和澳门回归以前，中共中央第二代领导集体的核心人物邓小平纵观国际国内形势，考虑到历史与现实的需要，创造性地提出了“一国两制”的伟大构想，从而产生了“一国多法”的法制格局。在这种一个国家内多法域并存和各法域司法独立的现实条件下，各法域的执法人员不能自由进出其他法域的管辖范围来行使司法权，而如今跨法域的犯罪却越来越猖狂，因此，为了有效的遏制对社会危害极大的跨境犯罪，各法域的执法机关需要联手对犯罪进行侦查和防控。可见，我国现阶段存在的区际侦查协作是“一国两制”格局下的特殊产物，是基于多法并存和司法独立条件下共同打击跨境犯罪的实际需要提出的，是以国家宪法和特别行政区基本法为法律依据而形成的。

当今世界联邦制的国家如美国、加拿大等同样需要开展不同法制区域之间的区际侦查协作，但是这些国家的区际侦查协作却与我国的区际侦查协作有本质的区别，他们虽然有不同的法制区域，但却不存在多种政治制度并存的局面，各法域实行的法律制度基本也属于同一法系，相互之间差异很小。而有些国家如英国，议会制定的法律在英国具有最高法律约束力，这和我国四个法域之间平等协商开展司法协助的局面来说，区别相当明显。

二、我国区际侦查协作的范围

（一）我国区际侦查协作的主体范围

1. 警察机关之间的侦查协作

内地与港澳警察机关之间的侦查协作，早在20世纪70年代就已经开始了。为有效控制跨越边境的违法犯罪活动，就如何对潜逃入境人员实施扣留、审查、缉捕并转交的问题，香港皇家警察队（现警务处）和澳门司法警察司（现司法警察局）与广东省公安厅进行了多方面的接触和协商，决定开展实验性的警务合作，按约定各自认命了第一位涉境外警务联络官来具体联系洽谈有关的合作事宜。我国于1984年加入国际刑警组织以后成立中国国家中心局，并

于1986年和1995年在涉外案件较多的广东和上海两地分设联络处,广东联络处除负责与有关国家进行国际联系外,还主要负担与港澳之间的区际联络,并受公安部委托协调内地其他省、自治区、直辖市与港澳的侦查合作事宜。

在港澳回归以后,公安部正式与港澳警方建立了刑侦定期会晤制度。2000年8月,粤港澳举办三地刑侦主管定期会议,在2001年建立刑侦对口部门直接联络机制,开创了全方位的合作新局面。

我国内地的警察机关根据工作对象的不同,分为四类:一是普通公安机关,即由公安部,省、自治区、直辖市公安厅(局)和市、县公安局组成,负责本行政区的治安管理和刑事案件侦查;二是专门性质的公安机关,如铁路公安局、森林公安局等,主要负责对本系统所管辖范围的治安管理和案件侦查;三是附设在行政部门内并具有独立侦查权的侦查机关,如海关走私犯罪侦察局、监狱警察、军队保卫部门等,主要职能是侦查法律规定的有关刑事案件;四是担负着同危害国家安全犯罪作斗争的警察机关,如国家安全部(局)。上述侦查机关都有可能成为与境外相应侦查机关进行合作的主体。

在香港特别行政区具有刑事侦查权的警察机关是警务处,海关、水警拥有对走私案件的调查权,入境事务处可以对非法入境案件进行调查。

澳门特别行政区具有刑事侦查权的主要侦查机关是司法警察局,此外还有治安警察局、水警稽查队等。我国台湾地区的侦查机关主要是各类各级警察机关。

2. 检察廉政机关之间的侦查合作

自1986年开始,粤港两地反贪机关就开始积极的接触,以寻求在双方之间建立一种对个案进行协助调查的机制,开拓有关犯罪情报的交换和在制止、打击职务犯罪上开展合作以及预防职务犯罪经验的交流途径。在港澳回归以后,内地与特别行政区之间在职务犯罪协查合作上得到进一步的巩固和发展,已经形成了比较切合实际的工作机制,联合侦破了一批大案要案。

内地的各级各类人民检察院担负着对社会公职人员的执法监督和廉政检察职责,按照刑事案件的管辖分工,负责侦查国家工作人员和其他依法从事公务人员的职务犯罪,检察机关内部的反贪污贿赂工作局是专门同职务犯罪作斗争的机构。

香港特别行政区的廉政公署诞生于1974年,其全称是“总督特派廉政专员公署”,英文名称是Independent Commission Against Corruption(简称ICAC)。

1974年2月15日，香港立法局通过了《香港特派廉政专员公署条例》，廉政公署遂正式成立。数年内，香港廉政公署就成为国际社会公认的最有成效的反贪机构。

澳门特别行政区于1990年成立了反贪污暨反行政违法性高级专员公署，简称反贪公署或者ACC－CIA，其宗旨是负责打击和控制贪污与行政违法性行为。

（二）我国区际侦查协作的业务范围

侦查协作的业务范围，是指合作各方在侦查活动中具体进行协作事项和合作方式。

警察机关之间的合作，在其各自分工管辖的限制下，我国内地与港澳警方的合作范围可以概况为以下几个方面：

1. 委托送达司法文书以及有关的法律文件；

2. 交流最新的科学技术资料，联合开发新的刑事侦查技术手段，交流犯罪信息和有关监控对象的动态情报；

3. 组织专业人员互访、交流和学习，联合举办业务培训班、专题研讨会和专案合作的技术性协调活动；

4. 加强对人员、物资的出入境管理合作，及时提供有关信息的查询，形成对可疑过境人员的严密监控机制；

5. 代为调查取证，询问证人、被害人和讯问刑事被告人，协助进行搜查、鉴定、勘验以及进行移交物证、书证的合作；

6. 协助扣押、查封、冻结与案件有关的赃款、赃物，并依据法律的规定进行适时的转换、转移和交接；

7. 携手开展专项治理活动、联合指挥侦办跨区域的重大刑事案件，实施对重点犯罪嫌疑人的全方位跟踪监控；

8. 定期高层会晤，协商解决实践中出现的带有新动向、具有普遍性的新问题，不断开创合作新局面。

在职务犯罪侦查协作方面，内地检察机关与港澳地区的检察廉政机关之间经过协商在合作范围上达成了初步的共识，在法律范围内可以向对方请求协助的案件主要有：贪污犯罪，贿赂犯罪，偷税、漏税、骗税等涉税犯罪，挪用公款、非法向境外转移资产犯罪，隐瞒境外资产犯罪，假冒商标犯罪，侵占公司资产犯罪，私拆邮件窃取财物犯罪，徇私舞弊犯罪，玩忽职守犯罪，与贪污贿赂有牵连的走私犯罪和诈骗犯罪以及双方特别请求协助调查的其他有关罪案。

此外，在合作方式上形成了以下规定：除粤港澳之间可以直接开展合作之外，港澳廉政机关需要取得内地其他省、自治区、直辖市的协助来侦查案件时，可以通过最高人民检察院的安排或者请求广东省高级人民检察院派出调查人员，在调查地人民检察院的协助下调查取证。

第三节　侦查的国际间协作

一、侦查国际间协作的必要性

（一）国际化犯罪促使侦查的国际间协作

国际化犯罪，又称跨国犯罪，是涉及两个以上国家的犯罪，它不是一种简单的犯罪，而是以地域为标准对犯罪的一种归纳。

随着全球现代化步伐的不断加快，科学技术突飞猛进的发展，现代化的交通和网络的建立几乎把全世界的每一个角落都联合起来，现代化和一体化促进了社会的文明进步。同时，跨国犯罪也应运而生。一方面，国际政治风云变换和大国解体，边境开放，经济强国对弱国的优惠政策使走私犯罪与跨国犯罪变得十分简便易行；另一方面，犯罪分子也利用不同国家的法律制度的差异和司法管辖的冲突，为逃避法律制裁而实施跨国犯罪。犯罪国际化必然要求刑事司法尤其是侦查的国际化，国际社会的联合和协作是对付国际化犯罪的必然选择。

（二）全球一体化也要求侦查的国际间协作

全球一体化是不可阻挡的历史潮流，这种一体化不仅仅表现在政治、经济、军事等领域，还突出地表现在刑事司法领域。尤其是国际刑事司法准则的确立，对各国侦查程序和侦查方式都将产生重要的制约性的影响。

国际刑事司法准则就是在国际社会普遍提高对人权的重视和保护的背景下，在《联合国宪章》、《世界人权宣言》、《经济、社会和文化权利国际公约》及《公民权利和政治权利国际公约》等国际基本人权文件宗旨的指导下，直接发展起来的，它们的任务和目的就是把尊重、保护和发展人权的基本国际法准则落实到国际社会的刑事司法制度和活动中。国际刑事司法准则是以国际人权保护的基本观念法则为基础,从而形成的一系列旨在保护人权的联合国或者其他国际组织的刑事司法准则和规范,它对包括侦查在内的刑事司法活动,特别是暴力强制色彩突出的警察、检察官行为,提出了全面、复杂的人权保护要求,由此对国际社会的侦查观念、侦查制度与行为方式提出了具体的可以直接操作和遵守的规范。

二、国际刑事警察组织

(一)国际刑警组织的机构

国际刑警组织经历了国际刑事警察会议、国际刑事警察委员会、国际刑事警察组织三个阶段。1956年6月,国际刑事警察委员会在维也纳召开的第25届年会时确立了“国际刑事警察组织”一名,简称国际刑警组织,英文缩写为“ICPO”,法文缩写为“OIPC”。

国际刑警组织的机构有全体大会、执行委员会、总秘书处、国家中心局、顾问。

国际刑警组织会员国全体大会是最高权力机构。大会由会员国官方代表参加,每年一次,会期一周,讨论决定该组织方阵、财政活动计划、选举官员等重大问题。

执行委员会是该组织的议事和执行机构,由13人组成,设正副主席4人,委员9人,每年开会2次。其任务是筹备每次全体大会的议程,向大会提交工作计划和预算草案,监督总秘书处的工作,行使大会授予的权力。

总秘书处是国际刑警组织的常设工作机构。由秘书长和受委托办理本组织工作的行政人员和技术人员组成,下设总秘书处常务办公室、警察事务部、研究及图书资料部、技术支援部,行政管理部等职能部门。

国家中心局既是会员国的一个警察部门,又是国际刑警组织的法定机构,是它的有机组成部分,是国际刑警组织的延伸而不是它的分支机构。各国国家中心局一般都设在本国最高警察机构内。

国际刑警组织由于工作需要设置了一些顾问,以帮助出谋划策,解答有关问题。顾问是咨询性质的职务,它的产生经大会同意后由执委会任命。

(二)国际刑警组织的性质、宗旨和原则

国际刑事警察组织是一个各成员国政府间刑事警察合作的世界性组织。它的宗旨是在各国法律规定的限度内,保证和促进各国刑警当局间尽可能广泛的相互支援,建立与发展有助于预防和镇压普通刑事犯罪的各种制度,加强各国警察之间的合作,维护各国的社会秩序。

国际刑警组织开展自己的活动必须遵守五条原则:

1. 各个会员国一律平等。在召开全体大会时,每个会员国由主管的政府当局派出一个代表团,每个国家的代表团只能有一个表决权,每个会员国享有章程所规定的权利并履行应有的义务。

2. 国际刑警组织及各会员国之间的合作权限于刑事犯罪和刑事警察事务。各个国家对于诸如杀人、抢劫、诈骗、走私、贩毒、伪造等普通刑事犯罪行为,都要根据本国法律加以追究,这是合作的基础。由于刑事犯罪涉及面广,流动性大,常有跨国犯罪和涉及多国的犯罪案件,这就需要有关国家的合作。但警察事务很大程度上属于国家内部事务,在这方面的合作也是有限度的,如随意干涉合作国家的警察事务,就会构成国际法上的不法行为。

3. 与各国合作不得违反本国法律。会员国之间进行合作,必须依照本国法律规定,在法律许可的限度之内进行,国际刑警组织及会员国有义务尊重各国的法律。凡是本国法律认为不是犯罪的,不能采取行动与他国合作。各国合作过程中所进行的活动,必须遵守本国的法律制度。

4. 合作自愿原则。一国是否愿意帮助他国侦查某一案件,完全由该国依照本国法律并权衡利弊后决定,国际刑警组织可以从中协调,但不能强制其进行合作。

5. 合作不能涉及政治、军事、宗教及种族事务。国际刑警组织和会员国在办理合作事务的过程中,不得从事任何政治、军事、宗教、种族的干预与活动。

(三)国际刑警组织的工作范围

国际刑警组织的根本任务是揭露各种刑事犯罪活动,缉拿和逮捕犯罪嫌疑人,搜集和交流有关刑事犯罪的情报。其工作范围有:

1. 情报工作。情报的搜集、传递与交换,情报的咨询与服务。

2. 通讯工作。包括中心站和台站的建立,通讯网络的建立,通讯服务等工作。

3. 侦查工作。为了查明某一犯罪案件事实,可以组织广泛的调查活动;为了揭露与证实犯罪人,有权搜集各种犯罪情报和犯罪证据;根据会员国的委托可受理刑事案件的技术鉴定;为了打击国际性的刑事犯罪,可以在全世界范围内通缉罪犯;可以向会员国发布预防犯罪通报,请求查寻犯罪嫌疑人的下落,但国际刑警组织无权在会员国逮捕或拘留刑事犯罪嫌疑人,无权开展搜查、现场勘查、取保候审、审讯等侦查手段和侦查活动。

4. 协查工作。这是国际间刑事警察合作的主要内容。协查的案件仅限于普通刑事案件,协查的主要对象必须涉及两国或两国以上。

5. 通缉罪犯。一个会员国的普通刑事罪犯逃亡另外一个会员国,可通过这种特殊合作形式,请求他国协助逮捕归案。一个会员国的通缉令可通过国际刑警组织渠道发到其他会员国。

6. 证据的搜集与传达。国际间犯罪案件,罪犯及犯罪活动涉及几个国家,证据分散,需要有关国家合作,共同收集证据。送达证据的方式由请求国与被请求国共同商定。

7. 刑事技术工作。是该组织的一项重要任务,包括刑事登记、痕迹检验、文书检验、刑事照相、技术援助和技术培训等。

8. 引渡工作和预防犯罪工作。

三、我国的侦查国际间协作

我国侦查的国际间协作主要是在对外开放以后,特别是党的十一届三中全会以后,我国的侦查工作进入全面恢复和发展时期,面对刑事犯罪出现的新情况、新问题,为了保障国家改革开放和现代化建设的顺利实施,提高打击刑事犯罪的能力和水平,各侦查机关在大力强化侦查基础业务建设的同时,一方面学习国外、境外同行的经验和侦查手段、技术手段,使我国的侦查工作尽快赶上世界水平;另一方面与各国和地区的侦查机构,国际警察组织联系沟通,建立合作关系,共同打击跨国犯罪。

我国侦查的国际间协作要追溯至新中国成立初期。1949 年 11 月,经中央批准,公安部邀请,苏联派出伊凡诺夫等 4 位专家到公安部担任顾问,其中戈尔捷耶夫到治安行政局担任治安刑侦工作总顾问。1954 年至 1955 年,公安部、中国人民大学、司法部先后聘请五位苏联的犯罪学、犯罪对策学专家帮助我国刑事侦查部门、司法鉴定部门培养刑事侦查、刑事技术专业干部和指导刑事技术建设。这些专家和教授比较系统地介绍了苏联内务部犯罪对策部门的专业设置,技术状况、案件侦查程序,提供了苏联犯罪对策学的教材和现场勘查器材样品;帮助我国培养了数百名刑事侦查技术人员和教学人员及研究生。改变了我国当时刑事技术人员多是从国民党政府警察部门接受留用的单一结构。苏联专家培养的这批技术人员后来绝大多数成为公安部、各省市公安厅局刑事技术部门的领导核心和公安民警学校的教学骨干。苏联专家传授的许多刑事技术原理和技术方法、专业项目对我国的侦查工作，尤其是刑事技术业务建设工作发挥了历史性的作用。

（一）中外侦查交流

改革开放后，中外的侦查交流日益频繁。一方面，我国侦查机关有组织、有计划地出国考察，实际感受外国侦查工作的水平和技术。1979 年 9 月，公安部组织刑事技术考察组赴联邦德国刑事警察总局考察，考察了指纹中心、枪弹中心、痕迹检验、文件检验、现代检验试验室，并成功从德国引进并仿制了指纹分析仪，改变了我国几十年只靠放大镜观察分析指纹的落后状态。另一方面，我国多次邀请外国侦查部门、国际刑警组织及禁毒机构的首脑和专家来华进行讲学，培训干警和考察。

（二）加入国际刑事警察组织

国际刑事警察组织是非政治性政府间国际刑政组织，以协调打击国际刑事犯罪活动为目的，其宗旨是在各国现行法律的限度内，并本着《世界人权宣言》的精神，保证和促进各国刑事侦查当局之间的支援和合作。

我国于 1984 年 9 月加入国际刑事警察组织，随后组建国际刑事警察组织中国国家中心局。1984 年 11 月，中国国家中心局即架设了自动纠错功能的电台，开通了国际电话、电线、图片、传真等电讯设备，加入了国际刑警组织通讯网。通讯网的建立，迅速沟通了中国中心局与巴黎总部和各成员国之间的联络，与 60 多个国家警方建立了业务联系，有 40 多个国家的中心局开始向中国国家中心局提供刑事犯罪情报资料，中国与各成员国之间展开了相互间的国际犯罪通缉通报、情报交换、案件协查协办和侦查业务交流。

（三）积极参与国际侦查合作

我国加入国际刑事警察组织后，随着涉外刑事案件增多，与国外、境外侦查合作的内容也日趋广泛。如双边或多边联合侦破案件，跨国跨区缉捕、引渡犯罪嫌疑人，国外境外调查取证，出境追缴赃款赃物等。随着交往关系的加深和国家合作的需要，发展到政府间签署警务合作协定和缉毒、反恐、引渡等专项协定。

我国侦查的涉外合作事宜通常是通过两个渠道：一是国际刑警中国中心局和国际刑警总部及各成员国的联络；二是经过外交渠道联合所在国警务部门进行合作。

下　　篇

第十二章 侦查学的研究对象

第一节 侦查学的研究对象

任何一门科学都有自己的研究对象。这种研究对象的特殊性，是一门科学区别于其他科学的依据。毛泽东曾经指出："科学研究的区分，就是根据科学对象所具有的特殊的矛盾性。因此，对于某一现象的领域所特有的某一矛盾的研究，就构成某一门科学的对象。"[1]侦查学的研究对象就是侦查学所研究的特殊的矛盾，是侦查学区别于其他科学的依据。这一问题是侦查学首要的根本问题，它控制着侦查学的内外结构关系，决定着侦查学的学科位置和发展方向，同时，对侦查学的应用研究有着十分重要的作用。

一、侦查学学科名称的变迁

（一）侦查学学科名称的创制

侦查学一词的创制应追溯至19世纪末期的1898年，侦查学的创始人奥地利的汉斯·格罗斯所撰写的标志侦查学诞生的著作《司法检验官手册》（Handbuch Fǔr unterscuchug scrichter）在印行第3版时，格罗斯为其增设了一个副标题"system für kriminalistiks "（"侦查学体系"）。这个副标题中的"kriminalistiks"就是人们一般意义上的"侦查学"。这一新的词汇出现后，很快在世界范围内流行，其英文对应词是"Criminalistics"，法文对应词为"criminalistique"，俄文对应词为"KPиMиHaлиcт икe"。这一词汇的最初含义是研究侦查的技术方法和措施方法的科学，但后来其含义有所变异，以前苏联为代表的一些国家把

---

〔1〕《毛主席选集》（第1卷），人民出版社1991年版，第309页。

“kriminalistiks”的内涵进行了扩伸，既包括了传统意义上的侦查技术方法和侦查策略方法，又新增了各类犯罪侦查方法的内容。而在以美国为代表的欧美国家，“kriminalistiks”被演绎成了“物证技术学”，研究内容仅局限于物证技术方法领域。

（二）侦查学学科名称在我国的变迁

“kriminalistiks”系统地传入中国是在20世纪30年代末的国民党统治时期。这一时期国民党侦查机构为了适应其侦查工作的需要，参照日本、英国、德国等资本主义国家的侦查学著述，编译了一本名为《侦探学》的著作，内容为盯梢、坐探、抓捕、摄影、指纹、信检、犯罪隐语等知识的介绍。这应该是中国最早的侦查学。

新中国成立初期，有关的侦查教材和参考资料中曾沿袭了国民党时期“侦探学”的称谓，如当时铁道部公安局编写的《侦察工作大纲》中开篇就写道：“侦探学是一种有阶级性的专门学科。”但侦探学一词使用时间甚短。到了20世纪50年代中后期，我国开始全面引进前苏联的“侦查学”，当时人们简单地将苏联的“侦查学”翻译为“犯罪对策学”，“犯罪对策学”一词被一直使用至20世纪60年代初中苏关系破裂时。20世纪60年代前期，前苏联的“犯罪对策学”一度被改称为“司法鉴定”。也正是在这个时候，国内第一次出现了以“刑事侦察学”命名的教科书。1963年3月，西南政法学院刑侦教研室集体编写一本名为《刑事侦察学教学提纲》的法律专业教学用教材。该教材共5篇27章，近20万字，这是迄今为止人们发现我国最早使用“刑事侦察学”名称的侦查学教材。

（三）新时期侦查学名称之争

20世纪70年代末80年代初，我国侦查学进入了蓬勃发展的新时期，侦查学教材和专著如雨后春笋般的出现，有关对侦查学的称谓也五花八门，概括起来，大致有以下几种：(1)将侦查学称为“犯罪侦查学”或“刑事侦查学”，这多是司法部统编教材和政法院校及综合大学法律系所采用的名称。(2)将侦查学称为“刑事侦察学”或“刑事犯罪侦察学”，这是公安部统编教材和公安警察院校自编教材所采用的名称。(3)在侦查学名称前加上部门管辖的案件名称，如“检察机关自侦案件侦查学”、“狱内侦查学”。(4)不要限定词，直接使用“侦查学”，教育部（原国家教委）统编教材和部分政法院系在20世纪90年代后开始使用该名称。综观上述不同的称谓，问题的关键在于：侦查学前是否冠以限定词,若用,是用“刑事”还是用“犯罪”,抑或是“刑事犯罪”;侦查学的“侦cha”是用“侦查”还是用“侦察”。

主张“刑事”作为限定词的主要依据是《刑法》和《刑事诉讼法》中对有关刑事犯罪、刑事案件侦查的规定,而且使用“刑事”一词能使侦查学与刑法学和刑事诉讼法学等刑事法律科学相对应。主张“犯罪”作为限定词的则认为“犯罪”较“刑事”明确。主张“刑事犯罪”作为限定词的则认为使用“犯罪”外延太大。因为犯罪指包括危害国家安全罪在内的一切犯罪,而侦查学科只研究其中一部分犯罪的侦查,并不研究所有犯罪的侦查;至于“刑事”一词,则是一个被人们简化了的习惯叫法,“刑事”后面需有一关键词才符合语法,因而应使用“刑事犯罪”作限定词,这样既避免了“犯罪”的外延太大,也避免了“刑事”的语法毛病。主张不用限定词的则认为,在我国侦查特指对犯罪的侦查,不用限定词也意思明确,不会引发歧义,且更为简练。

关于“侦查”与“侦察”之争,有代表性的观点有以下几种:(1)认为“侦查”是法律术语,侦察是军事术语,所以应根据我国刑事诉讼法的统一规定使用“侦查”;(2)认为侦查机关公开的侦查活动是“侦查”,而秘密的则称为“侦察”;(3)认为“侦查”是指我国刑事诉讼法规定的几种专门调查工作和强制措施,而“侦察”则不仅包括这些内容,而且也包括侦查机构自行制定的各种侦查法规中所规定的各种特殊调查工作或秘密手段;(4)认为“侦察”仅指从事与秘密手段有关的侦查业务,而“侦查”则适用于所有情况;(5)认为“侦察”与“侦查”两者之间法律依据、行为性质、活动领域、所获材料的意义、行使主体、法律监督的方式等方面均不同,因而在决定使用“侦察”还是“侦查”时应从上述诸方面加以具体分析;(6)认为“侦察”与“侦查”在犯罪侦查的理论和实践中并无区别,其含义相同,可以通用,但最好是统一的弃一留一。

确定侦查学的学科名称必须有科学的态度,尊重学理和法理。实际上“侦查学”作为该学科的名称是科学的、客观的,能够揭示出该门学科的内涵和外延。之所以不在侦查前加上“刑事”、“犯罪”、“刑事犯罪”之类的限制词,是因为根据我国《刑法》和《刑事诉讼法》的有关规定,侦查只能是对犯罪的侦查,其对象是特定的、唯一的。“侦查”在这一方面不像“检察”、“审判”等有刑事、民事、行政之分,其英文对应词是 Criminal Investigation ,而不是 Investigation (调查)。也就是说,凡是我国《刑法》规定的各类犯罪,只要有侦查的必要,都应纳入侦查的范畴。因此,“侦查”一词本身就蕴含了其属于“刑事诉讼”程序的特点,其指向的对象是刑法规定的各类犯罪。在我国,侦查、刑事侦查、犯罪侦查三者之间并无实质意义的区别。遵从我国《刑事诉讼法》在使用“侦查”时未加修辞的做法,加上使用“侦查”含义明确,且更为简洁,因此,在确立“侦查学”学科名称时使用“侦查”更为合适。

至于“侦查”与“侦察”之争实际上是一种不正常的现象,它在很大程度上不是一种学术争鸣,而是一种部门之争、权力之争。目前,多数人经过反思,认为区分“侦查”和“侦察”这两个概念无论是在法理上还是在学理上是不恰当的、不必要的。因为“侦查”都是国家立法机关赋予刑事调查权的机关在办理刑事案件的过程中依法所采用的各种调查措施和强制措施,关于侦查的内容法律有着十分明确的规定。在《刑事诉讼法》有关侦查的界定中,既没有把侦查划分为公开的侦查和秘密的侦查两种截然不同的范畴,也没有强调不同的侦查机关的侦查权有不同的含义,更没有使用“依照本法”的字眼将侦查局限于刑事诉讼中列举的一些调查措施和强制措施。因此,把“侦查”与“侦察”对立,或者把“侦查”人为地划分为“公开的侦查”和“秘密的侦察”是没有法律依据的。而且,根据立法原意,“侦查”除了我国《刑事诉讼法》所规定那些调查措施和强制措施,还应包括侦查职能机关制定的各种侦查法规中规定的其他调查措施和强制措施。法律赋予侦查机关的侦查权是同等的,凡法定的侦查机关都享有同样的侦查权,这一点在新修改的《刑事诉讼法》第 131 条得到了印证,该条规定人民检察院对直接受理的案件的侦查与公安机关一样适用于《刑事诉讼法》对侦查的有关规定。该法第 225 条第 3 款也规定:“军队保卫部门、监狱办理刑事案件,适用本法的有关规定。”基于以上的认识,我们认为,在确定“侦查学”的学科名称时,应规范使用《刑事诉讼法》所使用的“侦查”。

二、侦查学的研究对象

侦查学研究的特殊矛盾是侦查活动及其规律,这是侦查学区别于其学科的根本所在。

(一)“侦查活动及其规律”特定性

侦查活动是法律授权的侦查机关依照有关法律为揭露、证实犯罪,揭发犯罪而进行的专门工作。因而,侦查活动的主体、对象、方法和后果都具有特定性,这种特定性决定着侦查活动的性质和特点。

1. 侦查是具有特定主体资格的机构和人员的活动,这种特定的主体资格得由法律来规定和认可。从世界范围内来看,侦查权能是一项国家权力,须由法律的特别授权才能获取,大多数国家都把该项权力给予了国家法律象征的检察机关和警察机关。除了法律特别授权的主体外,其他任何机关、团体和个人都不得行使侦查权,开展侦查活动。由此,侦查活动不是一项人人都可从事的活动,有关其主体资格都有特别的规定和严格的限制。

2. 侦查活动是一项刑事司法活动,其对象主要是揭露刑事犯罪或刑事案件,因此,这项活动的法律意义非常明显,能够产生特定的法律后果。犯罪是整个刑事诉讼要解决的问题,侦查活动在其中又起着十分重要的作用,它是起诉和审判活动的前提和基础。

3. 侦查活动是一项专门性很强的法律活动,有其特定的规律。这里所言的"规律"并不是刑事诉讼法和有关的侦查法规中规定的禁止性、限制性或建议性的法律内容,这些法律内容是刑事诉讼法学或其他学科研究的内容。侦查活动的规律,是指侦查权主体在特定的侦查情势下以一定的科学原理为指导而采取的灵活有效的方法,这种灵活有效的方法虽然要遵循有关的法律、法规,但并不具备法律规定的强制性,而只是法律规定的具体化、策略化。如,我国《刑事诉讼法》规定的搜查是一项重要的侦查活动,《刑事诉讼法》对这项侦查活动作了许多程序性规定,如应当出示搜查证,应当有被搜查人或者他的家属、邻居或者其他见证人在场,应当写成笔录等,这些规定大多是限定性的。侦查学无疑也要研究搜查活动,但它不从《刑事诉讼法》规定的角度研究,更多的只是关注搜查的策略性规律,即在遵循《刑事诉讼法》有关搜查的规定的前提下,采用什么样的策略方法才会使搜查更为有效。

概括地说,侦查学是研究侦查主体实施的具有刑事司法活动属性的侦查活动及其规律的科学。这样界定侦查学的对象既可以把侦查学与研究侦查活动法律程序规定的刑事诉讼法学相区别,又可以把侦查学与研究侦查活动中所采取的技术方法的物证技术学相区分,因而能够充分地体现侦查学研究对象的特定性。

(二)"侦查活动及其规律"的内涵

"侦查活动及其规律"体现了侦查学研究对象的特定性,因而也就具有特定的内涵。

"侦查活动及其规律"的内涵之一是侦查活动的一般原理。侦查活动的一般原理不同于侦查活动的一般法律规定,它探寻的内容更为广泛,包括侦查活动的一般概念、侦查活动的理论依据、侦查活动的历史渊源、侦查活动的基本原则、侦查活动的基本形式等。因此，侦查活动的一般原理是从理论上或是从宏观上研究侦查活动的一般规律，属对侦查活动进行理论研究的范畴，对侦查活动的实践研究或应用研究具有指导意义。

“侦查活动及其规律”的内涵之二是案件侦查的程序和方法。侦查活动的对象是具体的刑事案件，刑事案件侦查的规律主要体现在侦查的程序和方法中。这里的“侦查活动及其规律”是把对刑事案件的侦查作为一个整体来研究的，但是尽管如此，刑事案件的侦查规律仍然是有层次的，包括刑事案件侦查的一般规律和各类刑事案件侦查的规律等。

“侦查活动及其规律”的内涵之三是具体侦查行为的实施策略和方法。侦查活动总是由具体的侦查主体和具体的侦查行为构成的，因此，具体侦查行为的成败在一定意义上决定着整个案件侦查活动的成败。可以说，具体侦查行为的规律是研究整个侦查活动规律的基础，对具体侦查行为规律的研究也是整个侦查学研究的基础。

侦查活动的一般原理、刑事案件侦查的程序方法、具体侦查行为的策略方法构成了侦查活动规律的主要内容，三者是一个多层次的有机联合的整体。

第二节 侦查学的结构体系

侦查学作为研究侦查活动及其规律的法律学科，其特定的研究对象决定着它的结构体系。侦查学的结构体系只能是其研究内容间逻辑关系的客观反映，而不是人们根据主观意志的简单排列和随意取舍。另外，侦查学的结构体系制约着侦查学的内外关系，影响着侦查学的发展方向。因此，它不可避免地也是侦查学基本理论问题中带有根本性质的问题，始终受到了侦查学理论界的关注，成为侦查学理论研究的热点。

一、侦查学体系发展的历史反思

（一）侦查学诞生的历史必然

侦查作为一种古老的社会活动源远流长。按照马克思主义的犯罪观，侦查是刑事犯罪现象的必然伴生物，是随着私有制、阶级、国家的出现而出现的。与此相适应，人们对侦查活动的探究也古已有之，且从未间断，侦查的策略、技术不断地推陈出新，构成了侦查发展进程中的主旋律。

中国作为世界文明的发源地，对侦查的文明和进步曾经作出了重要贡献，侦查的理论研究成就举世称颂。早在两千多年前的秦代，中国即出现了规定有关侦查活动程序和方法的法律著作《封诊式》，宋代更是出现了产生世界影响的、与侦查活动密切相关的、世界上现存最早的系统法医学著作《洗冤集录》和著名的三部侦查书籍《疑狱集》、《折狱龟鉴》、《棠阴比事》。侦查实践人员在长期同犯罪作斗争的过程中摸索出了许多行之有效的方法，并不断系统化、理论化，使得中国古代侦查活动的文明化、科学化的水准始终居于世界最前列。

令人遗憾的是，由于种种原因，作为高度系统化、理论化的侦查科学并未在古代华夏的土地上出现。只是到了近代，尤其是 19 世纪中后期以后，伴随着资产阶级侦查体制的独立和诉讼制度及原则的确立，为了适应对付“以不可思议的数字增长着”[1]的资本主义社会的犯罪现象的社会需求，在资本主义社会工业革命和文艺复兴所带来的物质和科技财富的刺激下，侦查科学在资本主义世界出现了萌芽并不断得以系统化，以人体测量法、指纹鉴定法和笔迹鉴定法为先声的侦查学分支学科构成了侦查科学诞生的先奏曲。

1893 年，对于侦查科学而言，是一个具有划时代意义的年份。这一年，奥地利人汉斯·格罗斯（1849～1915）出版了一部名为《司法检验官手册》（Handbuch Fǘr unterscuchug scrichter）的著作，这部著作后来被中外学者视为侦查学诞生的标志物。1898 年，该书在印行第 3 版时，汉斯·格罗斯为书名加设了一个副标题“侦查学体系”（System Fǘr Kriminalistiks）。此处，汉斯·格罗斯创制了一个词汇“Kriminalistiks”，在中国，这一词先后被译为“侦探学”、“犯罪对策学”、“犯罪（刑事）侦查学”、“侦查学”、“物证技术学”。但不管是“侦查学”或“物证技术学”，都把汉斯·格罗斯作为其学科的创始人，而把“Kriminalistiks”作为其学科的词源。

（二）早期侦查科学的结构体系

侦查科学历史性地在 19 世纪末期的欧洲诞生并非偶然。汉斯·格罗斯所处的年代正是科学兴起而犯罪泛滥的年代，在大学专研法律的他毕业后在从事法院侦查员这一职业时深深地认识到，要遏制日益严峻的犯罪态势，侦查工

---

〔1〕《马克思恩格斯全集》（第 2 卷），人民出版社 1995 年版，第 416 页。

作必须依赖于科学技术。他曾经自修了物理学基本原理、化学基本原理、摄影技术、显微镜检验技术、植物学、动物学等知识，系统地研究了当时的犯罪现象和同一时期其他人在侦查领域所取得的成就，终于在1892年出版了名为《一个侦查员的经验》的著作，并于1893年将该书更名为《司法检验官手册》以使其内容更加系统化。

《司法检验官手册》作为侦查学诞生的标志物，其出现一方面是汉斯·格罗斯实践经验的总结，另一方面也得益于萌芽时期侦查科学的先驱性人物在摄影技术、文书检验、指纹鉴定、枪弹检验、毒物检验、血痕检验等领域已经取得的丰硕成果。该书在结构体系上划分为两部分：第一部分是犯罪现象，主要论述犯罪及其规律特点；第二部分是侦查的科学方法，包括侦查策略方法（Modus Operandi）和物证技术方法（Kriminalistiks）。在司法检验官手册中，汉斯·格罗斯集当时侦查科学研究成就和实践经验之大成，把侦查对策方法与法医学、毒物学、显微学、人体测量学、笔迹学、枪弹检验、司法化学等技术方法合为一体，并将之归结为"侦查学"，《司法检验官手册》后来也因此更名为《侦查学手册》。

（三）早期侦查学体系的特点

在《司法检验官手册》中，汉斯·格罗斯虽然提出了一些侦查工作的理论原则和实践规则，但他在侦查方法和物证方法上并无太多的特别创新，他的贡献仅仅在于将前人和本人同犯罪作斗争的实践中所运用的策略、手段和方法加以系统化和综合化，提出了侦查的对策方法体系，并把这些对策方法的内容融入了他首创的"侦查学"的概念中。

由于侦查学形成于19世纪末这一特定历史时期，再加之早期侦查学的始创性质，这一时期的侦查学及其学科体系具有三个基本特点：

1. 早期的侦查学基本上是一门技术性的应用学科，具有很强的技术科学属性。由于早期的侦查学先驱们偏重于对侦查的自然科学和技术科学方法的研究，因此，以此为渊源的早期的侦查学不可避免地带有这种倾向性，其内容较多地集中在指纹、笔迹、外貌识别、毒物检验、法医检验、枪弹检验等领域。虽然勘验和讯问被格罗斯写进了侦查学的经典著作中，但与其技术性方法相比，内容居于少数。早期的侦查学汇集的是一些能应用于侦查工作中的自然科学、技术科学资料，是一门"把自然科学用于法律科学，指导物证的辨认、鉴定、区别和解释的专门科学”。[1]与此相适应,早期的侦查学的学科地位也不甚明确,它最初并不是以刑事法律科学的面目出现的,而更多的是一门综合性的技术性应用学科。

2. 早期侦查学中,侦查策略方法、物证技术方法与法医学、法毒物学共为一体,构成的是一个大侦查学体系。侦查策略方法作为侦查学的研究内容理所当然,但物证技术是否归属于侦查学则争论不休。我国传统侦查学认为,刑事技术是侦查学体系不可分割的一部分,侦查学所研究的技术领域的内容,就其本质而言,解决的是同一认定的问题。侦查学中刑事技术主要是以外表结构、形象痕迹为检验对象,以同一认定为鉴定的理论基础,以比对客体的外表特征为主要方法,因而,无论是在检验对象和检验任务上,还是在检验方法上,刑事技术均与以某一特定的科学技术为基础,以定性定量分析客体的物理、化学特征为方法来解决法律实践问题的法医学、法毒物学等有明显的区别。

汉斯·格罗斯的侦查学著述,不仅技术科学属性较强,而且所涉及的技术领域相当宽广,现代物证技术的主要门类在该书中都有所论及,因此,有学者也把《司法检验官手册》视为现代物证技术学的发端。人身同一认定、文书检验、毒物检验、法医检验等内容被融为一体,构成的是一个大侦查学体系。在这个体系中,不仅包括了大量的物证技术内容,而且也涵括了已经成为独立学科但与侦查密切相关的法医学、犯罪学等方面的内容,这与早期侦查学更多地是资料汇编的特征相符。

3. 早期的大侦查学体系中还夹杂着大量的不科学的内容。这主要是限于当时自然科学和技术科学的发展程度,人们的认识水平有限。如人体测量法作为一种烦琐的、不尽科学的方法曾被誉为19世纪西方警察部门“最伟大、最独特”的发明,从法国推广到世界各国使用。国际性鉴定方法的纷争聚焦于人体测量法与指纹鉴定法之间的争夺,客观上反映了科学与非科学在侦查领域的尖锐斗争。在汉斯·格罗斯的经典性著作中,片面的、非科学的内容更是屡见不鲜,诸如强调“侦查员要寻找妇女罪恶的手”,主张讯问时要“根据被讯问人的面部表情来确定犯罪倾向”。在《司法检验官手册》中,汉斯·格罗斯虽然嘲笑了意大利犯罪学家龙勃罗梭天生犯罪的观点,但也支持其笔相学理论,如此等等。

---

〔1〕 蔡晋主编:《刑事侦查与司法鉴定》,知识出版社1981年版,第21页。

总之，早期侦查学作为运用于侦查领域的自然科学、技术科学资料的汇集，体系不完善、内容不严谨的特点是显而易见的，也是正常的。这一时期构筑的大侦查学体系构成了侦查学向前发展的基石。

二、侦查学体系发展的现实考察

1898年，“Krimianlistiks”一词出现后，便为各国学者所接受，侦查科学也从此在世界范围内进入了蓬勃发展的历史时期。由于世界各国政治、经济、文化背景的不同，侦查学发展的侧重点也出现了差异。

（一）前苏联和中国等国侦查学发展的全方位推进

20世纪20年代中晚期，由前苏联总检察长安·扬·维辛斯基主编的第一部前苏联高等院校通用的侦查学教材，将侦查学定义为“为了揭露各种犯罪行为，查明犯罪人并寻求预防犯罪的方法而采用的关于发现、收集、固定和检验诉讼证据的技术上和策略上的手段和工具的科学”。[1] 很显然，该定义除了包括“技术上的手段和工具”外，还包含“策略上的手段和工具”。在这里，“犯罪现象”已不再单独作为侦查学体系的一部分，而将“技术上的手段和工具”和“策略上的手段和工具”确定为侦查学体系的“要素”。侦查策略内容的独立化和地位的提高反映了刑事犯罪的复杂化和侦查学体系发展的必然趋势。

侦查策略方法在侦查学体系中的独立地位进一步确立，使得侦查学社会科学属性得到了强化，尤其是在心理科学、逻辑科学、管理科学、军事科学、法律科学的理论和方法的影响下，侦查科学中的策略方法逐渐找到了其存在的理论基础。其后，侦查科学发展更为迅速，在不断吸收同一时期其他科学成果的基础上，引入和借鉴前苏联侦查领域内出现的大量专著，极大地丰富了侦查学的科学内容。随着各类新型犯罪的不断出现，每一类犯罪案件的特点及其侦查的差异越来越明显，侦查策略方法和技术方法在具体侦查情势下的组合问题使其自然而然地成为侦查学第三个方面的内容。前苏联高等法律院校1935年和1936年出版的第一部上、下册的通用教科书，上册书名为《侦查的技术和策略》，下册书名为《各类犯罪侦查方法》，“侦破方法”在侦查学体系中取得了独立地位。20世纪50年代以后，前苏联侦查学已发展成为一门“关于如何利用在专门科学和总结实践基础上研究制定的设备、手段和方法，对犯罪有

[1] 《犯罪对策学专题报告选编》，司法科学鉴定研究所1958年版，第16页。

组织、有计划的侦查,按照诉讼法规有效地收集、检验物证以及预防犯罪的科学”。[1] 至此,侦查学的“三块体系”——“设备”、“手段”、“方法”,也即侦查技术、侦查策略、侦破方法正式形成。

中国、东欧等国在20世纪中叶前后,在特定的历史环境下遵从着前苏联侦查学的体系和内容。侦查学由侦查技术→侦查技术、侦查策略→侦查技术、侦查策略、侦破方法的发展脉络反映了侦查学体系发展的历史必然。这一必然性一方面受限于20世纪以来社会科学的发展程度,另一方面也是由刑事犯罪方式的复杂变化决定的。全方位的拓展研究内容使侦查学的发展充满了勃勃生机。

(二)欧美侦查学中技术方法和策略方法的分合

欧美侦查学主要是指以美国为代表的资本主义国家的侦查学。虽然现代科学的侦查学的主要发源地是在西欧的法国、英国、德国和奥地利,而且毒物学、指纹学、法医学和其他有关学科都是由欧洲人创立的。但是,由于受到两次世界大战的严重破坏,整个欧洲大陆在侦查学领域进步和发展的领先地位自20世纪以来逐渐削弱。而在美国,由于受到工业革命和科技发展的不断刺激,侦查科学得到了飞速发展,使其在资本主义国家异军突起,成为侦查学前进的领路人。

欧美侦查学的发展与前苏联有所不同。前苏联在以“KPиMиHалист ике”命名的教材中,都包含了侦查技术、侦查策略、侦破方法三个方面的内容。而美国和一些西欧国家以“Criminalistics”命名的著述,论述的都是刑事技术或物证技术方面的内容,“Criminalistics”已非原汉斯·格罗斯时代的大侦查学,而演化成为专门研究物证技术方法的学科,并被定义为“运用于侦查领域的各门科学知识的总称”(The sum of these science insofar as they are applied to crimnal detective)。[2]它虽然是法学体系的组成部分,且被归属到“法庭科学”(Forensic Sciences)的范畴,但更多的是具有技术性学科的属性。

欧美侦查学原有的技术内容虽然经过重新组合聚合成了一门新的法庭科学——物证技术学,且研究的领域不断拓宽,采用的方法也向高、精、尖方向发展,但一些侦查著述中依然要论及侦查的技术方法、策略方法和侦破方法。美

---

〔1〕《犯罪对策学专题报告选编》,司法科学鉴定研究所1958年版,第18页。

〔2〕[美]查尔斯·奥哈拉著:《刑事侦查学基础》,谭璟彝等译,群众出版社1990年版,第11页。

国侦查学家卡尔斯·奥哈里和格列高里·奥哈里所著的《刑事侦查学基础》(《Fundamentals of Crimnal Investigation》)一书中虽然认为侦查只是一门“艺术”(“Art”)而非“科学”(“Science”),但在具体阐述这门“艺术”时,却包含了Information(信息、情报)、Interrogation(询问、讯问)、Instrumentation(技术方法、仪器操作)的所谓“三I”内容。[1] 其中有侦查措施、各类案件侦查方法、侦查员出庭作证、侦查报告等,而且在具体阐述时策略方法技术化、技术方法策略化的特点尤为明显,全书的社会科学属性占据了主导地位。也就是说,欧美侦查学在一定程度上也依循着技术科学和社会科学相融合的趋势发展。

(三)中国侦查学体系的纷乱

中国最早的侦查学应追溯至20世纪30年代末国民党统治时期编译的《侦探学》。此时侦查学的内容尚无严密的逻辑体系,大多是侦查工作中实用的技术方法和策略措施的简单排列,诸如盯梢、坐探、抓捕、摄影、指纹、信检、犯罪隐语等知识的介绍。新中国成立后的相当长一段时期内,我国没有独立的自成体系的侦查工作专业教材。一些政法院校的大学法律系开设了名为“犯罪对策学”的课程,其内容和体系上都照搬当时苏联的侦查学。

20世纪70年代末以来,我国的侦查学进入了重新确立和发展的历史时期。在拨乱反正、改革开放的大好形势下,侦查学的发展出现了繁荣景象。同时,在对历史进行总结和反思的过程中,刚刚起步的中国侦查学的研究不可避免地出现了百花齐放的历史局面,侦查学的体系发展也呈现了五花八门的样式。

20世纪70年代末80年代初,我国重新确立的侦查学体系基本上沿袭前苏联的侦查学体系,内容多为侦查技术、侦查措施、侦破方法的组合,但在具体内容的阐述上却各有侧重。如司法部法学教材编辑部编审的高等学校法学试用教材《犯罪侦查学》由“发现、收取和检验痕迹物证的技术手段,查明案情、收集证据的侦查措施和各类刑事案件的侦破方法”[2] 三部分组成。当时,司法部系统除了有其统编的法学教材《犯罪侦查学》外,其所属政法院校也有自编的《犯罪侦查学》或《刑事侦查学》,这些教材基本上按照“三块”结构体系组织内容,但涉及的侦查技术方法只限于同一认定领域(包括刑事照相、痕迹技术、

---

[1] [美]查尔斯·奥哈拉著:《刑事侦查学基础》,谭瑗彝等译,群众出版社1990年版,第1页。

[2] 周应德主编、徐立根副主编:《犯罪侦查学》,法律出版社1982年版,第2页。

枪弹检验、文书检验、刑事登记、外貌识别)，[1]侦查措施也多是刑事诉讼法所规定的若干类措施，侦破方法则集中在公安机关刑事侦查部门分管的若干类案件的侦查和检察机关分管的贪污、贿赂案件的侦查。用现在的眼光审视，这一时期的侦查学内容的单薄和不完整的特点显而易见，但基本能够反映这一时期我国侦查学的发展水平和适应侦查实践的需要。同一时期，公安部系统也组织编写了统编教材《刑事侦察学》，与司法部统编教材显著不同之处是，这些教材在侦破方法上只论及了公安机关管辖的几类案件的侦查，而在侦查措施部分增加了秘密侦查措施的内容(如跟踪、守候、目耳等)，并且对刑事犯罪的防范控制问题进行了专门的论述。[2]

进入20世纪80年代，尤其是20世纪80年代中后期以来，侦查学的发展更加迅猛，除了一些新兴的侦查学的边缘学科如侦查心理学、侦查情报学、侦查语言学、侦查管理学等如雨后春笋般的兴起外，“反革命犯罪侦查学”(又称政治侦查学)、“检察机关自侦案件侦查学”、“经济犯罪侦查学”、“狱内犯罪侦查学”等以侦查学命名的教材也纷纷出现，与侦查学相关的专著也大量出现，侦查学的发展呈现的是一派欣欣向荣的景象。与此相适应，有关侦查学体系的观点也不断翻新，许多人对侦查学的三块结构体系提出异议，并且提出了一些新的模式构想，如有人认为侦查学的体系是由刑事犯罪活动规律特点和侦查对策方法两方面的内容构成。还有人认为侦查学体系除了侦查技术、侦查措施和侦破方法外，还应包括“侦查谋略”。

20世纪80年代后期，随着现代科学技术的迅猛发展，刑事技术领域也不断拓展。为了深入推进刑事技术的研究，国内有些学者参照欧美国家的学科分类方法，建议将侦查学内的刑事技术内容从侦查学中分离，而与诉讼中运用的其他物证技术方法合并，成为一门新的科学门类——物证技术学。此建议已为教育部(原国家教委)所采纳，相关的物证技术(学)和侦查学教材已出版。至此，我国侦查学中的刑事技术内容已完成了向物证技术学合并的过程。

尽管国家教育部、司法部、公安部、最高人民检察院均有其统编的刑事(犯罪)侦查(察)学教材，其他的不同层次，不同部门、不同侧重的侦查学教材和专著也不断出现，但它们大都带有部门和行业特征，有些甚至存在偏见，以致我

[1] 周应德主编、徐立根副主编:《犯罪侦查学》，法律出版社1982年版，第2页。

[2] 公安部三局编:《刑事侦察学》，群众出版社1979年版，目录1~3页。

国侦查学界出现了"侦查"与"侦察"、"侦查权"与"侦察权"、"检察机关侦查"与"公安机关侦察"之争的不正常现象。目前的现状是，我国侦查学的教材和专著种类繁多，虽然这些教材和专著在大的体系上基本一致，但在具体内容的组织上均从各自不同的需求出发进行取舍，各类统编教材也因此缺乏应有的统一性和权威性。

三、中国侦查学结构体系的构筑

侦查学研究要克服闭封的各自为政、互为排斥的弊端，为使侦查学理论上升到一个更高的科学层面，要求侦查学的理论研究者必须有宽广的胸怀和科学求是的态度，遵从学科建设和发展的客观规律，构筑一个科学的、统一的、权威的、具有中国特色的侦查学的结构体系。

（一）构筑侦查学体系应遵循的原则

侦查学的结构体系是其研究内容间逻辑关系的客观反映，不能根据人们的主观意志进行简单排列和随意取舍。为了使我国侦查学的体系更加科学和完善，构筑侦查学体系时应当遵循下列基本原则：

1. 依循法理。侦查学作为一门法律学科，在体系建设上必须注重其法律属性。在我国，侦查是对犯罪的侦查，因此，凡是我国《刑法》分则中规定的各种需要侦查的犯罪都应纳入侦查学研究的视野。但是，目前主要的侦查学教材和著述中基本上没有涉及危害国家安全、危害国防利益、军人违反职责的案件的侦查，对破坏社会主义市场经济秩序的犯罪也论及甚少，这实属侦查学实用性研究中不应留下的空白。同时，侦查作为一种诉讼程序，应该严格遵守我国《刑事诉讼法》的有关规定，侦查学中有关诉讼性措施的研究应该贯彻诉讼法规定的原则和精神。再者，我国具有侦查权的有关职能部门还制定了许多侦查法规，并在这些法规中规定了一些《刑事诉讼法》中尚未规定的调查性措施和强制性措施，这些措施同样具有法律属性，侦查学同样应予以关注和研究。

2. 崇尚学理。体系是否严密、概念是否科学是一门学科成熟与否的重要标志。侦查学体系若还停留在汉斯·格罗斯时代对侦查措施和技术的简单排列，或者是根据不同的需求而任意取舍，那么，就不可能构筑出现代意义上科学的侦查学体系。科学的侦查学体系，一方面，要求严密，即侦查学的体系必须能够反映侦查学各部分内容之间的逻辑关系；另一方面，应该完善，也就是说，侦查学体系中要尽量能够涵盖侦查学所有理论研究和应用研究的内容，尽量不要留下研究的空白。在具体内容的论述上，除了依从法律外，还应以其他科学的原理和方法为指导，以侦查实践经验为依据，这样侦查学体系内的理论和方法就能够牢固地建立在科学和实践的基础上。

3. 注重实践。侦查学的发展已跨越了一个世纪的历程，犯罪态势和侦查条件与过去相比已不可同日而语。尤其是在社会主义市场经济条件下，如何使侦查学更好地为侦查实践服务，已成为每一个侦查理论工作者和实践工作者不得不面临的现实。为了充分体现侦查学的实用价值，侦查学除了对过去较少涉及的危害国家安全、军人违反职责等犯罪的侦查要论及外，对社会主义市场经济条件下的一些新型犯罪如金融诈骗、侵犯知识产权、破坏环境资源等犯罪的侦查问题也应引起足够的重视。侦查学研究还应充分考虑到我国侦查体制和侦查权配置的现状，不应只把公安机关刑事侦查部门和检察机关反贪污贿赂部门分管的刑事案件的侦查作为其唯一考察的内容，也应把公安机关内的经济犯罪侦查、国内安全保卫等部门和行业公安机关以及国家安全机关、军队保卫部门、监狱等分管的刑事案件的侦查纳入侦查学研究的范畴。另外，侦查学对侦查措施的研究也不能只局限于刑事诉讼中所规定的诉讼性侦查措施或公开的侦查措施，而对于有关侦查法规中规定的、侦查实践中广泛运用的一些秘密性的侦查措施，侦查学研究中也应有其位置。

需要强调的是，尽管侦查学是一门应用性学科，侦查学研究应注重实践，但这绝不意味着可以忽视侦查学理论研究。恰恰相反，如果否定侦查学理论研究的价值，忽视用侦查学理论研究的成果去指导其应用研究，侦查学就势必会成为侦查实用经验的汇集，而被人们认为只是一门“艺术”而非“科学”。

（二）构筑具有中国特色的侦查学体系的构想

侦查学研究各自为政、侦查学体系五花八门的局面不仅会使侦查学研究工作出现重复劳动的现象，而且往往把简单问题引向复杂，引起不必要的纷争，其弊端是显而易见的。为了把侦查学上升到一个更高的科学水平，有必要在对我国侦查学体系发展进行总结、反思的基础上，重构出具有中国特色、具有普遍意义的侦查学结构体系。

任何一门学科从其萌芽和产生之日起，其内容和体系绝非一成不变的，否则，这门学科就失去了生存的价值。侦查学体系发展的历史进程亦表明，随着该学科由技术性学科向法律学科的演变，其本身的内容体系亦在不断地变更和扩伸之中。发展的观点是辩证唯物主义的基本观点，具有丰富的哲学内涵。

就侦查学产生而言,由于是一门服务性的应用学科,其内容不可避免地要随着不断变化的实践而变化,变化的结果势必引起学科体系的发展。但是,学科体系的发展并不仅仅是不断增生新的体系组成部分,反映其开放的一面;更重要的是学科体系内部内容的不断变更和重组。反映其相对稳定的一面。

应当尊重和赞同侦查技术从侦查学中分离的客观现实,同时鉴于法学学科体系建设的启示,建议我国侦查学体系由总论和分论两大部分组成。其中,总论主要解决侦查学和侦查的一般性问题,分则则主要论及刑法分则规定的各类犯罪的侦查方法问题。前一部分内容对后一部分内容具有普遍的指导意义,后一部分内容则是前一部分内容在各种犯罪侦查情势下的有机运用,二者逻辑关系清晰明确。分述如下:

1. 侦查学总论。侦查学总论主要论及两个方面的问题:

(1)侦查学学科建设的一些基本问题,主要包括:侦查学的研究对象;侦查学的结构体系;侦查学的学科性质;侦查学的基本理论;侦查学的学科历史;侦查学的研究方法。上述问题的研究属侦查学理论研究范畴,对这些问题的解决属侦查学理论的基础。遗憾的是,对这些侦查学学科建设带有根本性问题的研究并未引起人们的足够重视,而且在已有的研究成果中也观点分歧,难于统一,这在相当程度上阻碍了侦查学的正常发展。

(2)侦查的基本问题,这些问题对侦查工作具有普遍指导意义。大致可以由以下三部分组成:

其一是侦查的基本原理,如侦查的概念、性质、任务、历史、原则、功能、价值、构造等。对侦查基本原理的探究是对侦查方法进行深入研究的前提和基础。

其二是侦查的基本措施。尽管人们对侦查措施的称呼和含义理解不同,但笔者认为应遵从我国《刑事诉讼法》第 82 条第 1 项之规定,把侦查定位在依照法律进行的专门调查工作和有关强制性措施。而且侦查学研究的侦查措施应该包括两个方面的内容:一是《刑事诉讼法》规定的侦查措施,诸如讯问犯罪嫌疑人,询问证人,询问被害人,勘验、检查,侦查实验,搜查,扣押物证、书证,鉴定,通缉等;二是《刑事诉讼法》未作规定的一些侦查措施,这些侦查措施在有关侦查职能机构的侦查法规中有所规定,它们往往是《刑事诉讼法》所规定的一些侦查措施实施的基础,如追缉堵截、控制赃物、跟踪守候、秘密逮捕、秘密搜查、刑事隐蔽力量建设和运用、侦查情报建设、技术侦查手段等。《刑事诉讼法》所未规定的侦查措施之所以是侦查学研究的重要内容，是因为这类侦查措施在有关的侦查法规中都有所体现，同样具有法律性。同时，它们在侦查中的地位和作用是技术方法和其他侦查措施不可替代的，其对侦查的影响也是多方面的，缺少这类措施的侦查是不完整的，也不会是有效的。

其三是侦查的基本程序和方法，以往的侦查学教材和专著多将这部分内容称为刑事案件侦查的一般步骤和方法，而且关于侦查工作究竟分几个步骤，在论述时随意性较大。根据我国《刑事诉讼法》对刑事诉讼程序和侦查的有关规定，我们认为我国的侦查工作的基本程序应是三个方面，即侦查的提起、侦查的实施和侦查的终结。之所以不把立案作为侦查的一个程序，是因为就法学理论以及法律规定的角度而言，立案是与侦查并列的一个诉讼程序。同样，分析判断案情和制订侦查计划也不是特定的、独立的侦查程序，因为这两项工作都贯穿于侦查工作的始终。

侦查学总论的上述内容既是相互独立的，又有紧密联系的。言其独立，是因为侦查学的基本问题和侦查的基本问题都可自成体系，解决的分别是学科本身和学科研究对象的根本。但是，二者又有密不可分的关系。因为离开了侦查去探究侦查学，侦查学只能是纸上谈兵，空中楼阁；同样，没有侦查学的基本理论和认识方法作为指导，对侦查的考察便会失去方向。

2. 侦查学分论。侦查学分论的研究重点是各类犯罪的侦查方法，内容上由各类犯罪的特点和侦查要点构成。

为了避免在犯罪类别取舍上的随意性，这部分的内容应以现行刑法分则的规定为依据，分为以下几个方面：危害国家安全犯罪的侦查；危害公共安全犯罪的侦查；破坏社会主义市场经济秩序犯罪的侦查；侵犯公民人身权利、民主权利犯罪的侦查；侵犯财产犯罪的侦查；妨害社会管理秩序犯罪的侦查；危害国防利益犯罪的侦查；贪污贿赂犯罪的侦查；渎职犯罪的侦查；军人违反职责犯罪的侦查。

除了单一型犯罪的侦查问题外，侦查学分论还应关注的另一个问题是复合型犯罪的侦查方法。所谓复合型犯罪，是指一个人或一伙人在一定时间内实施的多种类型的犯罪。传统的侦查学教材对复合型犯罪基本未触及，但是这种犯罪是当前和今后相当长时间内侦查不得不面临的问题，而其侦查方法又与单一型犯罪的侦查方法有较大的差异。因此，作为以侦查活动为研究对象的侦查学理所当然地要对这种犯罪的侦查方法予以关注和重视，诸如流窜犯罪的侦查、有组织犯罪的侦查、计算机犯罪的侦查、暴力犯罪的侦查等。

综上所述，由侦查学总论和侦查学分论组成的侦查学的体系构造如下：

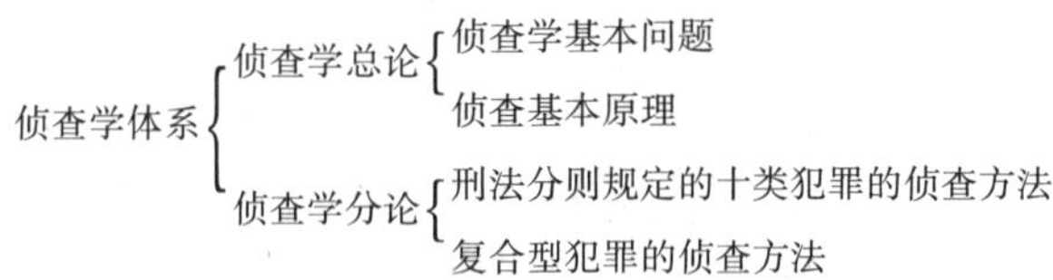

上述考察的主要是侦查学内部结构体系。此外，侦查学与有关学科形成了一些侦查学的边缘学科。这些边缘学科如侦查情报学、侦查心理学、侦查语言学、侦查管理学等，是侦查学研究的侦查实用方法的重要来源。它们的发展和繁荣是侦查学前进的重要的推动力。

另外，需要指明的是，侦查学的结构体系与侦查学专业的课程结构体系是两个完全不同的范畴，不可等同。侦查学专业的课程可以根据专业的侧重有选择的开设，侦查学体系的某一部分内容可以作为一门课程或者分解成为几个课程，不同部分的内容也可以组合成某一课程，课程的设置可以有一定的随意性；但作为侦查学的体系因其有严密的逻辑性，切不可随意肢解。

第十三章　侦查学的学科性质

侦查学的学科性质主要解决侦查学的学科归属问题。学科性质科学准确的定位，不仅是学科拓展其生存、发展空间的需要，也是学科掌握其发展方向的必然要求。由于侦查学本身具有与其他学科不同的学科特点，因而关于其学科性质也有许多分歧性意见。

第一节　侦查学的学科性质

一、侦查学学科性质之争

欧美国家，20世纪初期，汉斯·格罗斯时代大一统的侦查学被裂变成了侦查与技术两部分，其中的技术部分组合成了物证技术学，即"Kriminalistics"。虽然各国物证技术学的内容有所差异，但都将其定位在用于解决物证问题的所有科学原理和方法的总称，并将物证技术学归属到法庭科学（Forensic Science）的范畴。而西方学者的观念中，侦查（criminal investigation）只是一门技艺（Art），而不是一门科学（Science），只是为了把侦查作为一种应用技艺而加以研究，才把侦查"设想"为一门科学。[1] 因此，在西方国家，由于侦查不被视为一门专门的科学，因而其科学性质便无从谈起。

20世纪50年代，侦查学传入我国后，我国法学界承袭了前苏联侦查学属于法学的基本观点，但在不同的历史时期，学者们依然对这一侦查学中的根本性问题进行了苦苦探索，形成了两种主要的意见。

〔1〕［美］查尔斯·奥哈拉著：《刑事侦查学基础》，谭璟彝等译，群众出版社1990年版，第1页。

(一)侦查学属于法学

持该观点的学者们认为,侦查学的研究对象决定了它的法学性质,因为研究对象是科学划分的基础和标志,也是一门学科区分另一门学科的依据。法学是研究法律、法律现象及其规律的学科的总称。侦查学虽不研究法律规范,但它的研究对象——侦查活动属于法律现象,受法律规范的制约,这就决定了侦查学的性质属于法学的分支学科。[1]认为侦查学属于法学的观点中,又有两种代表性的意见:

1. 侦查学属于法学。侦查学属于法学,而且是刑事法学的三大支柱之一,可以说,这是我国法学界的通说。这一观点实际上与前苏联法学界的见解一脉相承。在前苏联,直至20世纪80年代中期的侦查学教科书,仍然将侦查学视为法学的一个部门,更准确地说,是视为大刑法学中的一门分支学科。"犯罪侦查学同刑法学系统中的其它学科一样。都是为实现法律的基本要求服务的。"该观点的立论依据包括两个方面:一方面,从诉讼角度看,侦查活动是一项刑事诉讼活动,是诉讼过程中一个相对独立的阶段,侦查活动的基本形式和各项侦查活动的展开,均由刑事诉讼法予以规范;另一方面,从司法角度看,侦查的直接目的在于揭露和证实已发生的触犯刑法的行为,并将犯罪人缉拿归案,以助刑法惩罚犯罪、保护人民任务之完成。这样,以侦查活动作为研究对象的侦查学,其研究的侦查方法必须受制于刑事诉讼规范,其研究职能也在于实现刑法的任务。由此,将侦查学归属于刑事法学就是顺理成章的事。

2. 侦查学属于边缘法学。所谓边缘学科,是指由于其研究对象和方法介于两门或两门以上学科之间,因而从它们中间分离出来的一门独立学科。边缘学科也有自己独特的研究对象、方法和任务,但它的理论基础毕竟是两门或两门以上学科的内容。如在心理学基础上发展而成的犯罪心理学,以伦理学为基础发展而来的司法伦理学等。而将侦查学视为边缘性学科,是指"侦查学是法学与自然科学和其它社会科学相互交叉、渗透而形成的一门法学边缘学科,属于边缘法学"。[2]侦查学为了完成自己的研究任务,不仅与社会科学,而且与自然科学发生着广泛的联系。尤其是作为传统侦查学研究对象之一的侦

---

[1] "论刑事侦查学的性质",载陈祥印著:《侦查理论与实践研究》,警察教育出版社1999年版,第12~13页。

[2] 杨殿升等编著:《刑事侦查学》,北京大学出版社1995年版,第6页。

查技术，是直接借助于化学、物理学、生理学等自然科学的原理和方法而发展成的一组专门技术，因此，侦查学属于边缘学科。

（二）侦查学属于公安学

将侦查学列入公安学体系，为我国所独创。这种观点的立足点在于，侦查学是研究公安机关如何运用侦查策略手段和刑事科学技术，发现、控制犯罪和揭露证实犯罪的一门综合性应用学科。

在我国，人民警察包括公安机关、国家安全机关、监狱、劳动教养管理机关的人民警察和人民法院、人民检察院的司法警察及海关走私犯罪侦查机关的缉私警察。根据我国法律规定，公安机关、国家安全机关、人民检察院、监狱、海关走私犯罪侦查机关都拥有法定的侦查权。因此，有学者对此观点提出了两点质疑：第一，将侦查学视为公安学的一个分支，由此得出的逻辑结论便是侦查学乃部门性知识，并且只为公安或警察机关所独有。但依据我国《宪法》及有关法律的规定，除公安机关之外，人民检察院也享有侦查权。检察机关作为国家的法律监督机关，代表国家行使检察权。侦查权对检察机关而言是依附于检察权而存在的，是检察权的一种具体实现形式。这样确认侦查学是公安学的组成部分，无疑是确认检察机关的侦查活动不需要运用侦查学知识和接受侦查学的理论指导。这显然与客观事实不相符合。第二，公安学作为一类学科，其划分并非是以某类研究客体（事物或现象）的特殊性为依据的，而是以部门或机关的职能活动特征为依据。这与以研究对象的特殊性为标准划分学科界限的真理性认识相违背。[1]

公安学这一名词在我国虽然出现的时间不长，但有关其概念和性质依然存有争议。有学者认为，公安学是关于我国人民公安工作的理论和知识的体系，是以马克思主义的国家学说为指导，研究人民公安机关在党和政府领导下，保障国家安全，维护社会治安秩序的工作规律、对策、历史及现状的科学。也有学者认为，公安学就是警察学，“它是以如何预防、制止、打击违法犯罪分子的破坏活动，维护国家安全和社会治安以及如何进行公安建设为主要研究对象，全面地研究和揭示公安工作规律的科学”。关于警察学或公安学的学科性质，有两种截然相反的观点。一种观点认为，警察学是社会科学门类之下的

---

〔1〕张远煌著：“刑事侦查学学科性质新探”，载邹明理主编：《侦查理论与实践研究》，警官教育出版社1999年版，第25～26页。

一门独立的学科，与法学是并列关系。持该观点的学者认为，“不能因为警察行为必须依法行事而将警察学列为法学，这也正像教育、经济、政治、军事等都必须依法行事，却都依自身的社会行为规律形成教育学、经济学、军事学和政治学等独立于法学外的学科一样”。[1] 而且，对警察行为来说，光靠法律规范是不能解决治安问题的。警察工作还需要运用政策、策略、计谋、韬略，还要运用武装实力、运用科学技术、运用侦察手段、行政管理手段、军事斗争手段等，这是一种斗争艺术，是一门专门学科，有专门的规律与对策，需要进行独立的研究，这些研究大大地超出了法学研究对象，是法学研究所代替不了的。另一种观点认为，公安学属于法学，因为公安机关是执法机关，公安工作是法律工作或法律现象，要受到法律规范的调整和制约。国家教育部在我国高等教育专业设置目录下将公安学置于法学下即是此观点的反映。但尽管存在上述分歧，公安学学者都将侦查列为公安学的一个重要分支学科，并将其归于公安学的应用学科之中。

二、对侦查学学科性质的定位

侦查学的研究对象决定了它的法学性质。

研究对象是科学划分的基础和标志，也是一门学科区分另一门学科的依据。法学是研究法律、法律现象及其规律的总称。侦查学虽不研究法律规范，但它的研究对象——侦查活动属于法律现象，受法律规范的制约，这就决定了其性质属于法学的分支学科。

侦查学不仅是法学的分支学科，而且在刑事法学体系中具有不可替代的重要地位。从形式上看，侦查学研究犯罪，刑法学等学科也研究犯罪；侦查学研究犯罪的侦查，刑事诉讼法学也研究犯罪的侦查。但从实质内容上看，侦查学研究的犯罪和对犯罪的侦查与刑法学研究的犯罪和刑事诉讼法学研究的犯罪的侦查有着严格的区别。侦查学研究的犯罪和对犯罪的侦查，其重心和角度不同于刑法学研究的犯罪和刑事诉讼法学研究的犯罪的侦查。刑法学研究犯罪的罪名、犯罪的构成、犯罪的量刑、犯罪的原因等，以确定罪与非罪的界限和如何定罪量刑为核心内容；而侦查学研究的犯罪，则是着眼于犯罪人如何进行犯罪以及犯罪的规律特点等，以便为制定侦查对策提供适宜的依据。刑事诉讼法学研究犯罪的侦查，其重点是侦查犯罪的诉讼程序和原则规定；而侦查

---

〔1〕 但重新、杜军著：《警察学》，西南财经大学出版社 1994 年版，第 19 页。

学研究犯罪的侦查则是以刑事诉讼法规定的程序为前提,研究如何运用技术手段、策略措施和侦破方法来揭露犯罪和揭发犯罪人。这种研究重心的不同和研究角度的差异使它们互相区别开来。

但是,侦查学与刑法学和刑事诉讼法学的联系又是十分密切的。侦查学是以刑法学和刑事诉讼法学所研究的一些概念和原理为依据的。没有刑法学研究的如何确定罪与非罪的界限以及如何定罪量刑等依据,研究如何正确揭露犯罪和揭发犯罪人就成了无源之水、无本之木,侦查学也就无从谈起;同样道理,没有刑事诉讼法学对侦查程序、证据原则的研究成果,侦查学也就没有了必要的规范和依据,使侦查成为一种法律意义的随意活动,从而最终不能成立。如侦查学研究立案侦查、分析判断案情,必须以刑法中的犯罪概念、犯罪构成理论、具体罪名的定义为依据;侦查学研究侦查取证、策略措施、侦破方法,也必须以刑事诉讼法学对侦查的一般程序和原则的具体要求来规范。

侦查活动是刑法和刑事诉讼法正确实施的前提和保证,是为实现刑法和刑事诉讼法所规定的任务服务的。刑法和刑事诉讼法是侦查活动的法律依据。刑法规定了对犯罪人惩罚的原则,刑事诉讼法规定了追究犯罪人罪责的程序和原则。这两部法律的任务就是通过正确的法律程序以准确对犯罪人定罪量刑,借以维护社会的安定和保证人民群众生命、财产的安全。

但是,仅仅依靠这两部法律并不能实现对犯罪人的惩罚(自诉案件除外),没有侦查活动就不能查明犯罪事实,不能获得证明犯罪人实施犯罪的证据,不能最终捕获犯罪人,则刑法、刑事诉讼法的规定就失去了其实际存在的价值,实现刑法和刑事诉讼的任务也就成了空话。从诉讼程序上讲,侦查活动作为刑事诉讼的一个重要阶段,其直接目的就是依法收集、审查各种犯罪的证据材料,准确、及时地查明犯罪事实和查获犯罪人。侦查机关正是通过这些活动为起诉、审判提供条件,使打击敌人、惩罚犯罪、保护人民的任务得以完成。因此,对于以侦查活动为研究对象的侦查学而论,它所研究的内容不仅仅在于本学科体系内容的自我完善,而是通过侦查策略措和侦破方法的研究,为完善刑事法学的理论体系服务,并最终为刑法和刑事诉讼法学的有效实施服务。但是,这种服务并不意味着侦查学处于刑法学或刑事诉讼法学的从属地位,因为其研究对象的特殊性,使它成为法学中的一门独立学科。它与研究刑法和刑事诉讼法的刑法学和刑事诉讼法学之间,是一种互为借鉴、互为利用、互为促进的关系,共同构成刑事法学的三大支柱,从不同的角度保证刑事诉讼活动的顺利进行。

第二节 侦查学与临近学科的关系

侦查学作为法学体系中的一个组成部分,它同邻近学科有着密切联系。

一、侦查学与刑法学的关系

侦查学与刑法学之间的联系极为密切。一般而言,刑法学所研究的基本内容是关于犯罪构成要件与刑罚的种类及适用方法的问题。我国刑法学的任务,简而言之,就是研究如何运用刑罚的方法同犯罪作斗争的问题。侦查学并不直接研究犯罪的构成与刑罚,而是专门研究如何运用侦查措施和侦查方法进行侦查活动,如何及时、准确地揭露犯罪和查获犯罪人的问题。

侦查学和刑法学二者之间的关系可以从两方面加以说明:一方面,侦查学在研究和制定侦查犯罪的措施和具体方法时,必须是以刑法所规定的某种行为构成犯罪为前提。如果某种行为按刑法规定根本不构成犯罪,那就谈不上立案侦查。另一方面,刑法所规定的目的和任务,需要通过一系列的侦查活动才能实现。因为没有强有力的侦查活动,除极少数自诉案外,犯罪分子的犯罪事实就不可能查清,犯罪分子就不可能被查获,当然刑法就没有具体的适用对象,刑法所规定的对犯罪人的定罪科刑也就无从谈起。

由此可见,侦查学所制定的侦查犯罪的措施和方法,是实现刑法规范的工具;而刑法学所研究的犯罪构成与刑罚的问题,则是制定侦查措施及侦查方法的法律依据。因此,侦查人员必须认真学习刑法,搞清罪与非罪、此罪与彼罪的界限,明确各种犯罪的构成要件,以及刑罚的种类和适用方法。只有这样,才能对各种犯罪正确地开展侦查活动,及时准确地揭露犯罪和认定犯罪人,也才能保证无罪的人不受刑事追究。

二、侦查学与刑事诉讼法学的关系

侦查学与刑事诉讼法学也有着密切的联系。我国《刑事诉讼法》是国家为了保证《刑法》的贯彻实施而规定的人民法院、人民检察院和公安机关办理刑事案件应当遵守的原则、制度和程序的法律。刑事诉讼法学这门科学主要是研究如何从诉讼程序上保证及时准确地查明犯罪事实,正确地运用刑法。侦查机关为了准确地查明犯罪事实和查获犯罪人，在侦查过程中，必须严格依照《刑事诉讼法》规定的程序进行活动。但是，侦查工作所包括的内容是极其丰富的，《刑事诉讼法》作为一门程序法，它只规定进行侦查活动的程序、规则、制度，并不具体规定进行侦查活动应采取的方法，而这些具体的方法则是靠侦查学来完成的。例如，我国《刑事诉讼法》第108条规定："为了查明案情，在必要的时候，经公安局长批准，可以进行侦查实验。"又规定："侦查实验，禁止一切足以造成危险、侮辱人格或者有伤风化的行为。"这里，法律只规定了进行侦查实验必须遵循的程序和原则，并没有规定侦查实验的规则、步骤和具体方法，以及对侦查实验的结果如何评断、运用等。而这些正是侦查学所要研究的内容。

由此可见，侦查学同刑事诉讼法学是既有密切联系又有明显区别的两个独立的法律学科。具体地说，刑事诉讼法学主要是研究侦查活动的诉讼形式，而侦查学所研究的是侦查活动的方法上的内容。

三、侦查学与法医学的关系

法医学是研究涉及法律事件的人体的检验、鉴定的学科。它的主要任务是研究死亡的原因及各种尸体现象的发生、发展规律；各种暴力所致的损伤及死亡的机理、征象和检验方法；各种猝死的病因、诱因和检验方法；自死、他杀、灾害等原因引起的人体伤亡的规律和特点；涉及法律问题的人体生理状态以及伤、残、病等问题的检验和鉴定；医疗纠纷的鉴定；涉及诉讼的人体组织、分泌物、排泄物的检验方法；个人识别方法等。从法医学的任务来看，法医检验及法医鉴定的意见在有关刑事案件侦查中占有非常重要的地位。

侦查学的重要任务之一是研究刑事案件的证据的收集和评断。在研究证据这一点上，侦查学与法医学方法的同类性决定了这两种学科之间重要的和不可分割的联系，有许多证据在侦查学和法医学中都要加以研究。在许多场合，属于法医学检验和鉴定之列的，也是侦查学意义的客体。比如，对杀人、强奸、伤害等案件中的有关尸体、活体和物证，法医学和侦查学都要加以研究。

应该指出，根据我国《刑事诉讼法》的规定，法医对涉及人体伤亡案件的勘验、检查必须在侦查人员的主持和参加下进行（《刑事诉讼法》第101条）。与之相适应，法医学所规定的勘验、检查必须以侦查学所确定的理论和方法为指导。而侦查学所规定的对有关人体伤亡案件的勘验、检查，离开法医学所规定的具体的理论和方法，也必将成为空谈。侦查学与法医学的关系可以作如下表述:(1)法医学不等于侦查学,法医学的客体仅仅是侦查学客体的一部分;(2)侦查学在研究有关物证、尸体外表检验、发火武器和其他凶器伤害,以及有关物质的化学的和物理学的检验及鉴定等方面,必须借助于法医学的帮助;(3)法医学必须接受侦查学的指导,法医勘验及法医鉴定必须同时在法医学和侦查学的指导下进行。

四、侦查学同犯罪心理学、司法精神病学等的关系

侦查学与犯罪心理学的关系是:一方面,犯罪心理学所研究的犯罪人的心理活动及与其行为之间的关系,是靠侦查学所规定的措施和方法来揭示的;另一方面,对犯罪人的心理活动及与其行为之间的关系的研究,可以丰富和发展侦查学的理论和方法。

侦查学与司法精神病学的关系是:对怀疑有精神病的犯罪嫌疑人,运用侦查学的理论和方法侦查调查其行为是否对社会有危害性,是进行司法精神病学鉴定的前提条件;而精神病人实施的有危害社会的行为,都有一定的规律特点,学习司法精神病学,研究精神病人的症状和行为规律,可以结合侦查的需要,总结出这类案件的规律特点,用来指导这类案件的侦查,从而丰富和发展侦查学的内容,指导侦查实践。

第十四章　侦查学的学科特点

第一节　侦查学的学科特点

侦查学的学科特点，是指该门学科内容所显示的基本特征。侦查学学科内容的作用、学科内容的来源、学科内容的性质都有其自身的特点。

一、应用性

侦查学是应用型学科，它植根于同刑事犯罪作斗争的实践之中，并在同刑事犯罪作斗争的过程中不断的丰富和发展。侦查学的应用性表现在侦查的理论具有很强的实践性，侦查实践的经验和技能在侦查理论中占有较大的比例。侦查理论大多是建立在大量的调查统计、分析研究的基础之上的，或是长期的侦查实践经验的总结、归纳和升华的结果。需要明确的是，应用科学不只是实践经验的简单堆砌。如果将侦查学的应用性只简单的理解为是对侦查经验的总结，这就违背了侦查学作为一门科学自身的规律。侦查学的研究对象和学科性质决定了侦查学理论必须植根于同刑事犯罪作斗争的实践之中，并通过总结与刑事犯罪作斗争的实践经验，不断地探索、研究、更新、完善和丰富侦查学的内容，更好地为打击和揭露刑事犯罪服务。侦查学应用性特点表现在以下几方面：

（一）侦查学借鉴和利用了邻近学科的概念、原理和方法作为本学科立论的依据

侦查学与刑法学、刑事诉讼法学、证据学、犯罪学、犯罪心理学等学科有着密切的联系。虽然这些学科都各自从自身角度来研究犯罪和侦查，但侦查学在研究的内容上与这些学科研究的内容具有交叉性。侦查学的形成是在借鉴和运用

刑法学、刑事诉讼法学、证据学、犯罪学、犯罪心理学等多门学科力量的基础上建立起来的，这些学科的概念、原理和方法成为侦查学据以立论的重要依据。

（二）移植和嫁接自然科学、技术科学的最新成果，建立和发展侦查学的技术手段

侦查学是法学和自然科学、技术科学相结合而产生的应用型学科，侦查学中大量移植和嫁接了自然科学、技术科学的成果。侦查学中移植和嫁接自然科学、技术科学的途径包括：(1)直接运用自然科学、技术科学的理论、方法和成果，即移植；(2)间接运用自然科学和技术科学的理论、方法和成果，即嫁接。侦查学在移植和嫁接自然科学的理论、方法和最新成果的过程中，建立、形成和发展了侦查学所特有的技术手段和方法。

（三）侦查学吸取了具有方法论性质的学科精华，强化了侦查学研究的手段

侦查学的研究主要是从马克思主义哲学、系统论、控制论、信息论、社会学、逻辑学等具有方法性质的学科中吸取方法论的营养，以此来加强侦查学的研究手段。在20世纪70年代末至80年代初，中国的侦查学在理论研究上发展缓慢、内容陈旧、方法简单，其重要的原因在于研究的方法上处于一种封闭的状态。20世纪80年代中期以后，侦查学在研究的方法上加强了开放性，这就促使了侦查学研究的快速发展。

二、实践性

侦查活动是一项实践活动，侦查学的实践性是由侦查活动的性质所决定的。侦查学的实践性表现在：

（一）侦查实践是侦查学的理论源泉

从侦查学研究的对象和研究的内容看，各种侦查措施、侦查策略和案件侦破方法等理论都是建立在对侦查实践的总结与概括的基础之上，通过对侦查实践中第一手资料的去粗取精、去伪存真、由此及彼、由表及里的分析、总结与概括，使感性知识上升到理性知识，从中找出带有规律性的事物，揭示所研究对象的内在的和本质的联系，从而形成侦查学的理论体系。

（二）侦查学的理论产生于侦查实践，同时又接受侦查实践的检验

19世纪中期以后，随着欧洲资本主义社会犯罪现象的急剧增长，犯罪行为人在实施犯罪的过程中不仅犯罪手法娴熟，而且在犯罪过程中逐渐地使用科技手段进行犯罪活动，这就对社会和警察机关提出了强烈的挑战。而与此同

时,作为同犯罪作斗争的警察机关,则仅仅是凭借个人的记忆和经验来侦查犯罪案件,没有任何的科学侦查方法可言。由于缺乏有效和科学的侦查理论方法的指导,面对急剧增长的犯罪形势和越来越狡猾的犯罪,这种仅仅依靠个人记忆力、直觉和经验破案的方法已经远远不能适应同犯罪作斗争的需要。正是由于侦查工作的实际需要,一些自然科学家、犯罪学家开始将他们的研究成果运用于侦查实践之中,加强了对侦查技术和侦查方法的研究,并注意运用科学技术手段和方法来侦破刑事案件。1893 年,奥地利格拉茨地方检察官汉斯·格罗斯通过总结前辈和他自己在侦查工作中的经验以及同刑事犯罪作斗争中所运用过的侦查技术、侦查措施和侦查方法,并加以综合和系统化,编写出版了《司法检验官手册》一书,并在这一著作中最早使用了"侦查学"这一术语。《司法检验官手册》一书的出版,正式宣告了侦查学作为一门学科的诞生。由此能够看出,侦查学理论的产生和发展来源于同犯罪作斗争的实践之中。

侦查学在其形成和发展的过程中,始终直接地指导侦查实践,并接受侦查实践的检验。侦查学来源于侦查实践,理应回到侦查实践中去。产生于侦查实践的侦查学理论只有回到侦查实践中去,才能发挥它对侦查实践的指导作用,才能够实现侦查学理论的目的。另外,侦查学理论只有同侦查实践结合起来,才能检验侦查学理论的原则、手段、方法对侦查工作的正确性和有效性,侦查实践是检验侦查学所规定的原则、手段、措施和方法是否正确、有效的唯一标准。同时,侦查实践的检验又为侦查学理论的研究提出了新的要求,这进一步促进了侦查学理论的研究、发展和完善。发展、完善后的侦查学理论反过来又回到侦查实践之中指导侦查实践,又促使了侦查学和侦查实践两者不断的发展、丰富和完善。

(三)侦查学的任务和目的决定了它的实践性

侦查学的任务和目的,是指通过对其研究对象的探讨应达到的结果。侦查学的任务是在辩证唯物主义思想的指导下,综合运用有关科学知识的理论和方法,研究侦查机关同犯罪活动作斗争的侦查对策,为侦查机关的功能实现服务。具体地说,侦查学的任务和目的表现在两个方面:

1. 实践方面的任务和目的。侦查学实践方面的任务和目的首先是预防犯罪。通过侦查学对犯罪规律、特点、手段、方法的研究,并采取一定的形式提供给社会各方面,发挥社会治安综合治理的效能,有效地预防、控制和减少犯罪。另外,侦查学理论能够为侦查部门提供有效的对策,并通过侦查机关对犯罪活动的及时、准确和有效地侦查打击而产生的威慑和警示效能,发挥其对犯罪的特殊预防功能。其次,侦查学理论能够为侦查机关提供科学和先进的侦查对策。侦查学通过对犯罪的侦查措施、侦查策略和侦破方法的研究,为侦查机关提供了正确、有效的侦查对策,指导侦查工作的具体实施,增强了侦查机关同刑事犯罪作斗争的能力,从而通过侦查工作实现及时、准确地揭露和证实犯罪的目的,为实现刑法和刑事诉讼法的任务服务。

2. 理论方面的任务和目的。侦查学理论方面的任务和目的是:首先,侦查学丰富和发展了邻近学科。侦查学是法学学科中的一门分支学科,侦查学的产生和发展离不开法学学科中各邻近学科的支持和进一步的发展。由于侦查学的内容与其邻近学科研究内容上的交叉,侦查学的形成是在借鉴和运用了刑法学、刑事诉讼法学、犯罪学、证据学等各学科的理论基础上建立起来的,这些学科所揭示出的原理、方法已经成为侦查学据以立论的重要依据,也正是这些学科在研究内容上与侦查学的交叉,通过对侦查学理论的深入研究,进一步促进了侦查学理论不断取得新的成果,而这些新的侦查学理论的成果又为侦查学邻近学科所借鉴和利用,丰富和发展了侦查学的邻近学科理论。其次,侦查学为相关科学开辟了广阔的运用空间。侦查学在发展的过程中,有一个不断丰富、完善自己的理论基础,提高自己的理论水平的任务,这就要求侦查学应当寻找多元化、全方位的发展。这一方面要求侦查学加强移植、嫁接功能,借鉴和利用社会科学、自然科学的最新成果,丰富和发展侦查学的内容。同时,侦查学理论还应当特别关注和研究世界各国侦查学的发展及其研究成果,应用侦查学所确立的原则和方法加以分析,去其糟粕,取其精华,为我国侦查学的发展服务。另外,侦查学应加强纵向继承的功能。中国的法制源远流长,我们的祖先在侦查方面曾经创造了辉煌的成就。根据我国侦查学发展的客观需要,批判地继承前人的侦查成果,进一步发展和完善中国的侦查学理论,是我们应当具有的态度。

三、综合性

侦查理论涉及的知识范围极为广泛,它在研究侦查活动中的任何一项内容时,总是与社会因素、环境条件等众多方面联系起来进行研究、考虑。同时,侦查学在研究本学科的相关问题时,利用、借鉴了大量社会科学、自然科学的研究成果,形成了侦查学理论与其他学科相交叉的模式,这就使侦查学理论研究的内容具有明显的综合性的特征。侦查学的综合性特点具体表现在以下方面:

（一）侦查学理论运用的综合性

侦查工作对象多样化和综合性特点决定了侦查学所涉及的知识和原理十分广泛和多样。侦查学理论中既有社会科学的内容，也有自然科学的内容。因此，侦查学在进行理论研究的过程中，就必须广泛地运用多种能够为本学科所借鉴的概念、范畴、原理，以满足侦查学理论研究的客观需要，充实和丰富侦查学的知识体系。

（二）侦查学研究方法的综合性

侦查工作以及侦查学研究对象的多样性和综合性决定了侦查学研究方法的多样性和综合性。侦查学研究方法的综合性表现在，它不仅和其他学科一样要以辩证唯物主义的方法论为指导，而且还要借鉴、移植和嫁接系统论、控制论、信息论、逻辑学、社会学、数学等诸多学科提供的方法。由此可见，侦查学的研究方法是十分广泛的。

第二节　侦查学的研究方法

侦查学的研究方法，是指在侦查学理论研究中，用来认识问题和处理问题的手段、方式、途径的总和。侦查学的研究方法是由侦查学研究的对象决定的。侦查学的研究必须以马列主义的国家学说和犯罪学的有关理论为指导，紧密结合中国犯罪的实际情况，采取科学的研究方法，对侦查学的相关问题进行研究。

一、侦查学研究的基本方法

（一）唯物辩证法

唯物辩证法是各门学科普遍的认识方法。唯物辩证法关于一般与特殊、共性与个性、必然性与偶然性、原因与结果的学说，都是侦查学研究的重要指导方法。侦查作为一种特殊的社会调查活动，它所面临的矛盾现象是错综复杂的，其认识的难度很大。同时，侦查活动也是物质运动的一种特殊形式，它既受到社会活动规律的制约，也要受到物质运动规律的制约。因此，作为研究侦查活动及其规律的侦查学的根本方法只能是唯物辩证法。唯物辩证法是侦查学的指导思想，研究侦查学中的任何问题都必须符合唯物辩证法的认识方法，以唯物辩证法的基本观点和方法为指导。在侦查活动中，侦查人员只有以唯物辩证法为指导，才能根据案件情况的发展变化全面地认识犯罪活动的本质，防止主观性和片面性，及时发现和纠正侦查活动中发生的错误，保证侦查工作的顺利进行。侦查实践证明，侦查人员能否及时、准确地揭露与证实犯罪，与侦查人员是否始终坚持唯物辩证法有着重要关系。因此，侦查学必须以唯物辩证法作为总的指导思想和基本的研究方法。

(二)逻辑分析方法

逻辑学是关于思维形式、方法及其规律的科学。形式逻辑作为思维的形式，在侦查活动中具有重要的意义。侦查活动的全过程及其各个环节都离不开逻辑思维。侦查活动是归纳法和演绎法的结合以及分析、综合和其他逻辑程序。逻辑学的各种规律和方法是侦查活动中经常使用的方法，尤其是归纳和演绎推理，在分析判断案情时，侦查人员都会自觉或不自觉地使用。侦查推论是逻辑严密的思维形式，当侦查中出现几种可能的假定时，推理必须穷尽一切可能；如果不能穷尽一切可能，则只能作出推测性的判断(或然性判断)，而不能得出确定性(必然性)结论。在侦查实践中，侦查人员不仅要运用形式逻辑的推理方法进行思维判断，而且还要运用这些推理的规则对作出的判断进行验证。

逻辑推理的方法不仅可以为侦查破案提供线索，指明方向和范围，而且可以用来分析鉴别侦查情报，确定侦查情报相互之间的联系和各自的作用。侦查人员通过逻辑分析的方法，可以从大量的情报资料中发现有价值的侦查情报，更好地为侦查工作服务。

(三)系统科学方法

系统科学是一门研究系统的构成、系统的属性、系统的作用以及管理等问题的学科。系统科学方法被引入侦查学理论中，无疑能够科学地解释侦查活动中的有关问题，并对侦查实践起着重要的指导作用。它从一个特定的侧面揭示了刑事犯罪客观存在的本质联系和运用规律，为侦查人员认识犯罪活动及其规律提供了新的研究方法。

(四)统计分析方法

统计分析是发现事物规律特点的重要方法。侦查学的许多原理、手段、方法的提出都是通过统计分析的方法实现的。侦查活动向侦查学提出了两方面的任务：(1)侦查的指挥决策部门需要经常了解和研究刑事案件的客观规律、特点和案件的侦破情况，以便及时制定有效的侦查对策，这就需要有客观的统计数据作为决策的依据;(2)刑事技术鉴定、科学研究需要寻找各种鉴别客体特征的客观标准,以便保证鉴定结论的准确性和可靠性,这就必须要有科学的统计数据作为基础。因此,侦查学必须运用数理统计、概率论和计算机技术的有关原理和方法,研究本学科内的问题,使侦查原理、侦查手段和侦查方法更加符合客观规律。

统计分析的方法在侦查学的研究中,必须对在侦查实践中获取的数据或相关的资料进行归纳、整理之后,采用图表等方法进行统计分析,并与其他方面获取的资料相对照,从中得出科学的结论。

(五)数学方法

数学作为研究事物的数量关系和空间形式的科学,其特有的思维方式、反映事物存在及其运动规律的方式也适用于侦查学的研究。从现代侦查学研究的内容看,数学方法正越来越多地介入到侦查的研究领域之中。侦查学中利用数学所提供的方法来计算和推导刑事犯罪活动及其相关事物的数量、空间形式和可能性,从而获得对它的规律性和本质的认识。马克思曾经指出:一种科学只有成功地运用数学时,才算达到了真正完善的地步。可以预言,在未来的侦查学研究中,现代数学方法将成为侦查学研究中的重要方法。

二、侦查学研究的具体方法

任何学科的具体研究方法都会因这一学科的特点和任务的不同而有所区别。在现阶段,侦查学研究的具体方法主要有:

(一)社会调查方法

社会调查既是一种认识活动,又是一种实践活动。由于侦查和犯罪所涉及的领域非常广泛,因而侦查学中社会调查的研究内容也十分广泛。侦查学的研究必须通过社会调查才能掌握刑事犯罪的活动情况,提出有效的侦查对策,解决侦查中的实际问题。社会调查的内容主要有:对犯罪成员的调查;对刑事案件的调查;对犯罪人使用物品和现场遗留物的调查;对犯罪人经常进行活动的地区、行业及其场所的调查;对侦查主体自身建设的调查等。侦查学中的社会调查方法主要有典型调查法、抽样调查法和综合调查法。在实施调查的过程中,具体可采取调查访问、座谈、问卷调查、测试调查、查阅文献资料等方式。

侦查学中的社会调查方法必须坚持实事求是的基本原则,紧密联系侦查实践活动中的具体情况进行研究,解决侦查工作中存在的问题,推动侦查工作的发展。

（二）历史总结方法

侦查学研究的基本方法之一是对历史和现实的侦查活动进行总结。中国是古代文明的发源地，我们的祖先在执法办案的过程中积累了大量宝贵的侦查经验，它已成为古代灿烂文化的重要组成部分。现代侦查学中的许多侦查方法在历史上都可以寻找到其存在的痕迹。因此，对侦查历史文化的挖掘和整理，可以丰富现代侦查学的内容。另外，现代侦查学通过对各个历史时期侦查破案的典型案例进行研究，可以总结出侦查破案中成功的经验和失败的教训，并从个别和特殊中归纳出一般规律进而上升为理论，更好地指导侦查实践。

（三）比较分析方法

侦查学是一门具有历史性、世界性的学科，它在研究古今中外各种侦查理论、借鉴古今中外侦查破案的经验方面有着广泛的领域。比较分析是侦查学常用的一种认识方法。侦查学内容的发展，体系的完善，原理、手段、方法的更新，必须与历史的和现代的、全面的与局部的、中国的与外国的等纵横方面进行系统的整理和分类研究，使侦查学理论更加成熟和完善。

比较分析的内容可分为横向比较和纵向比较。纵向比较是将历史上各种社会形态的侦查进行比较。横向比较是将不同国家之间的侦查进行比较。通过比较分析，借鉴和吸收古今中外侦查制度中的精华，为我所用。

（四）实验研究方法

侦查学不仅要研究和总结现有的侦查技术手段和方法，还必须运用新成果、新技术、新材料，不断开拓新的侦查技术和侦查方法。因此，我们必须在各鉴定机构、技术研究机构及其实验室积极开展各种刑事科学技术实验活动。这种科学实验要以自然科学、技术科学的原理为指导，运用高、精、尖的科技成果，研究出更准确、更快捷、更有效、更实用的侦查技术手段和方法，更好地为侦查实践服务。

（五）案例研究方法

案例研究法，是指运用典型的刑事犯罪案例研究刑事犯罪侦查学相关问题的方法。它具有直接、具体、易懂的特点。运用案例研究法，是侦查学研究中理论联系实际的良好途径，它既可以牢固地掌握刑事犯罪侦查学的理论和方法，又可以检验、发展刑事犯罪侦查学的理论和方法。

第十五章　侦查学基本理论

第一节　侦查学认识论

侦查学中的认识论，是马克思主义唯物辩证法运用于侦查活动中而形成的一系列基本认识原理。马克思主义辩证唯物主义是指导人们认识世界、改造世界的方法论，对我国侦查学理论的建立具有重要的普遍的指导意义。

一、刑事案件的可知性

刑事案件的可知性，是指犯罪行为是可以揭示的，也就是说，犯罪及其过程是客观存在的，犯罪行为及其变化是有一定的规律的，这种规律可以为人们所认识。刑事案件之所以具有可知性，是由于下述因素共同决定的：

（一）由认识论的基本原理决定

辩证唯物主义认识论的基本原理认为，世界上的一切事物和现象都是可以认识的，刑事犯罪作为一种必然的社会现象，无论是整体还是部分都应该能够被揭示，任何刑事案件都可以被侦破。虽然侦查实践中有一些案件久侦未破，但是“未破”并不意味着不能破，而只是由于主、客观条件的制约，在一定时间内，案件全部情况暂未被认识。随着侦查工作的深入，未破案件始终都存在破获的可能性。在承认刑事案件可知性的同时，应冷静地看到，侦查工作会不时地会误入歧途，陷入僵局。对刑事案件的认识是一个复杂、曲折的过程。

(二)由刑事犯罪的特殊本质决定

刑事犯罪是“孤立的个人反对统治关系的斗争”,[1]具有社会危害性,因此,不仅为统治阶级的法律所禁止,也为广大人民群众所痛恨。一方面,这决定了刑事犯罪大多以隐蔽面目出现;另一方面,又决定了揭示犯罪具有广泛的社会力量,能够得到广大人民群众和社会各界的支持和帮助。

刑事犯罪一般都表现为直接的侵害,是一种客观存在的物质现象,它必然会在一定的时间和空间给予犯罪有关的客观外界环境带来一定的变化,即所谓“犯罪必取一定的运动形态,犯罪必留一定的痕迹物品”。犯罪分子在犯罪前的预谋、准备活动,实施犯罪中在犯罪现场留下或从犯罪现场取走的痕迹物品,在犯罪后对抗侦查、逃避打击的行为一旦为侦查所了解和掌握,无一不形成破案的契机。一般而言,任何犯罪都有一定的痕迹(包括记忆痕迹),侦查主体能够据此对案件的形成情况、犯罪结构因素作出一定程度的分析结论,并有针对性地部署侦查,侦查活动不断演化的总趋势必将使案件情况趋于明朗。

(三)由揭示刑事犯罪的侦查主体的条件和多功能的认识手段决定

侦查工作是同犯罪进行智力斗争的工作,这一工作的特殊性质要求侦查主体具有鲜明的无产阶级立场,树立全心全意为人民服务的思想和科学的思维方法。同时,在业务素质上,侦查人员必须受过良好的专业教育,掌握同犯罪作斗争的基本原理和方法。侦查主体一旦具备了这些优秀品质和素质,就能使揭示犯罪的工作走向深化。

为了使侦查工作在同刑事犯罪的斗争中处于主导地位,法律为其规定了一切必要的方法。这些方法中既有公开的措施,又有秘密的手段;既可利用先进的技术设备,又可动员全社会的力量,还可以限制犯罪嫌疑人的人身自由。而其中的相当部分都是其他认识活动所没有的。法律和社会都给揭示犯罪提供了广泛、必要的认识手段。

二、侦查认识活动的基本特点

(一)侦查认识活动的特定性

特定性是人类认识客观事物时所依据的一个重要范畴。世界上任何事物都不同于他事物,而且任何一个事物都只能与其自身相等同,这就是事物的特定性。所谓侦查认识活动的特定性,是指在侦查活动中思维的对象是特定的,思维

[1] 《马克思恩格斯全集》(第3卷),人民出版社1995年版,第379页。

的过程是特定的，思维的目的是特定的。

1. 侦查认识活动的对象具有特定性。侦查认识活动的对象是刑事案件，而实践中的每一个案件都不同其他案件。首先，每个案件中犯罪人是特定的，被害人是特定的，知情人也是特定的；其次，每个案件中的侵害物是特定的，工具物是特定的，环境物是特定的；最后，每个案件中的作案的工具和动机是特定的，作案的方法和手段是特定的，作案的时间、地点是特定的，作案的过程和结果也是特定的。总之，世界上绝对没有完全相同的两个案件，这就如没有两个完全相同的指纹一样。

2. 侦查认识活动的过程具有特定性。在每个案件中，侦查认识活动总是由特定的侦查人员在特定的时间、地点、环境等条件下进行的。因此，这一活动的过程必然具有特定性。一方面，由于人的生理结构、心理结构及思维方式和能力各不相同，所以不同的侦查人员对同一案件的认识亦有所不同。另一方面，由于人的认识活动总要受外界因素的影响，所以，同一个侦查员在不同案件中进行的思维亦有所不同。这两个方面的因素决定了每件案件中具体侦查认识活动的起点、运行轨迹、演化模式和终点均有自己的特点。

3. 侦查认识活动的目的具有特定性。案件侦查的核心任务是查明谁是犯罪人，这也正是侦查认识活动的最终目的。侦查人员在大量案情材料的基础上进行的分析和推理，最终总要得出谁是犯罪人的结论。这里所说的“谁”可以是一个人或是一些人，但必须是特定的人，因为侦查思维的最终目的不能只是确定犯罪人为不特定的种类人。在日常生活和科学研究中，人们的思维活动往往比较汴重事物之间的一般联系和共性，而不去苛求具体事物的特定性。如当人们研究犯罪原因时，并不是要探索某个特定案件的产生原因。然而，侦查认识活动则不同，它不能以不特定的案件为对象，也不能以某类案件为对象，而只能以发生在某时某地的特定案件为对象。由此可见，特定性是侦查中主体认识活动的一个基本特征。

（二）侦查认识活动具有逆向性

时间联系是客观事物之间联系的一种基本形式。在现实生活中，事物发展总是与时间的运动方向一致，即随着时间的推移，某原因产生某结果，然后该结果作为新的原因又产生新的结果。如果我们的思维方向与客观事物的发展方向一致，即从原因去探索结果及结果的结果，那么，这种思维就是顺向思维。如果我们的思维方向与客观事物的发展方向相反，即从结果去追溯原因及原因的原因,那么,这种思维就是逆向思维。

在侦查过程中,逆向思维是侦查人员的基本思维模式。从整个案件来说,侦查人员首先接触到的往往是犯罪行为的结果,如某人被杀、某财物被盗等,侦查思维就是要从这些结果出发去查明其产生的原因,即通过溯源推理来判断案件的基本情况。从案件的具体情节来说,侦查人员也经常要从结果去推断原因,如现场上的某些物品被烧毁了,要推断其烧毁的原因。总之,根据现在去认识过去是侦查思维的一个重要特征。

虽然已经发生的案件是不可能再现的,但侦查中可以采用模拟再现的方法,侦查人员根据客观事物的发展规律,以结果为出发点,以已知案情为条件,可以充分运用思维构想的能力来描绘案件发生的过程。在有些情况下,还可以进行模拟实验,以保证再现的科学性。

(三)侦查认识活动的多维性

认识活动的多维性,是指认识活动并不是单线定位的简单思维,而是多线、多方位、多角度和综合性思维。侦查活动的多维特点是由于其认识活动逆向探索与案件因果关系往往具有多态性和复杂性所决定的。

刑事案件中因果关系的多态性和复杂性表现在以下几个方面:(1)因果关系的形式是多种多样的,既有一因多果,也有一果多因,还有多果多因。(2)因果关系连接的对象是多种多样的,既有人也有物,还有事。(3)因果关系的性质是多种多样的,既有真实联系,也有虚假联系;既有直接联系,也有间接联系;既有必然联系,也有偶然联系;既有主要联系,也有次要联系。(4)每个案件中因果关系的组合也是多种多样的,既有链条式,也有交叉式,还有网络式。

在侦查人员的逆向认识活动前,复杂多样的因果关系组合便表现为不断扩展的可能性空间。如果某现场发现一具尸体,其死亡原因可能是自杀,也可能是他杀,还可能是意外事故或正常死亡;如果经尸体检验确定为他杀,那么仍有多种可能性,如仇杀,情杀、财杀等,而且这每一种可能性后面仍然可派生出一系列可能性。此外,任何一个犯罪行为都可以造成多个结果,如杀人行为可以造成被害人死亡,可以在现场上留下各种痕迹,可以在有关场所留下各种物证,可以在某些人的头脑中留下印象,也可以使犯罪人出现反常言行。侦查人员在办案时,可能接触的是这部分结果,也可能接触的是那部分结果,而这显然又使侦查认识活动面临的可能性空间大为扩展。

一般而言,侦查人员可以也应该根据可能性大小的不同,首先选择最佳的侦查途径。但是,可能性再大也不等于现实,可能性再小也终有成为现实的可能,因此,侦查思维不能只沿着一条路线进行。侦查人员必须不断开拓自己的思维领域,尽量多考虑几种可能性,特别要注意从不同的方法和角度进行思维,要进行“立体思维”和“全息思维”。这就是侦查思维的多维性。

(四)侦查认识活动的模糊性

认识的模糊性,是指人们对于客体的类属边界与性态的不确定性的认识。辩证唯物主义认为,人类思维对于客观事物的反映并非简单地非此即彼的二元关系,并非要么正确,要么错误。在很多情况下,人们对于客观事物的认识都表现为部分正确和部分错误,有时正确的部分大一些,有时错误的部分大一些,这就是认识的正确度问题。而这实际上是认识模糊性的一种体现。

模糊性是与精确性相对的认识范畴。模糊性与精确性之间是对立统一的关系,其中,模糊性是绝对的,精确性是相对的;模糊性是普遍存在的,精确性只是模糊性的一种特殊表现,精确认识实际上只不过是模糊程度较低的模糊认识。

侦查过程中,思维的模糊性有两种表现形式:一种是被动的模糊思维,另一种是主动的模糊思维。被动的模糊思维,是指由于主客观条件的限制,使思维不可避免地带有模糊性。如前所述,侦查认识活动是对已发事件的逆向探索,侦查人员不可能直接考察该事物的发展过程,只能运用各种思维手段来填补认识中的空白;而且案件中因果联系往往比较复杂,客体的界限和性态处于一种模糊状态,再加上犯罪分子实施犯罪行为时多采用隐蔽方式和伪装手段,所以侦查人员对案件的认识不可避免地带有一定的模糊性。在侦查的初始阶段,由于所获材料十分有限,侦查人员对案件形成情况和犯罪人情况的认识的模糊状态较为明显。即使是最后查明了案情,捕获了犯罪嫌疑人,但由于侦查人员对过去事件的认识,不仅受客观条件的限制,也要受主体知识、能力、经验、感情等多种因素的影响,破案结论也必然带有一定的模糊性。

主动的模糊思维,是指主体有意识地对事物之间的区别进行模糊化处理,然后再进行压缩,抽象出若干相对明晰的界限,以便更为准确地把握客体属性。模糊数学就是要运用数学的方法来刻画和处理对象的模糊特征,以达到比较精确的认识。在侦查中,有时为了保证认识的正确性,主体也会有意识地略去那些尚把握不准的特征,即主动地进行模糊思维。例如,侦查人员在划定侦查范围、推断案件发生时间、确定犯罪人条件等过程中,往往会在某种程度上对客体特征进行模糊化处理,以免失误。此外,侦查中对人的相貌、指纹、足迹等进行的模糊识别，也都属于主动的模糊思维。

三、侦查思维

侦查思维是侦查认识活动的表现形式，是侦查主体认识和揭露犯罪过程中的主观活动，是犯罪现象通过侦查活动在人们头脑中的反映。侦查思维是逻辑思维、形象思维和灵感思维的有机组合体。

(一)侦查思维的特点

侦查思维是人类思维的一个组成部分，它受一般思维规律的制约。但是，侦查思维的对象、过程、要求以及所受到的限制与一般思维有所不同，因此，它既具有一般思维的共性特点，即科学性、间接性和概括性，同时又具有自身的显著特点：

1. 时效性。犯罪分子实施犯罪快，逃离现场快，移赃销赃快。因此，它要求侦查人员必须树立“时间就是胜利”的观念，增强快速反应能力，快速获取犯罪信息，快速分析案情，快速制定侦查对策。

2. 敏锐性。犯罪分子实施犯罪后，往往采用破坏现场、擦扫痕迹、销毁物证、制造假象等方法来掩盖自己的罪行。这就要求侦查人员在分析案情时必须具有思维的敏锐性，善于疑人所不疑，想人所未想，洞察秋毫，见微知著，从蛛丝马迹中发现问题，识别假象，认清本质。

3. 灵活性。由于每个案件的类别、犯罪人员、犯罪时间、犯罪场所和犯罪对象的条件与防范措施的不同，分析案情、识别犯罪的方法也应有所不同。侦查人员在分析案情时，必须“因案而思”，具体案件具体分析，根据案件的不同情况、不同阶段，采取灵活多样的思维方法。

4. 广阔性。犯罪案件可能发生在社会的每个角落，涉及的人、事、物十分广泛。因此，侦查思维必须具有广阔性。它要求侦查人员在分析案情时要具有丰富的联想能力，善于根据获取的材料，全方位、多层次地观察事物。

5. 创造性。任何犯罪案件都具有差异性，这就决定了侦查思维必须具有创造性。它要求侦查人员在分析案情时，必须以一般规律为依托，针对每个案件的具体情况，善于打破思维常规，大胆涉奇探异，另辟蹊径，寻求发现、识别犯罪的方法。

6. 综合性。侦查破案是一项系统工程。因此，侦查思维必须具有综合性。这就要求侦查人员在分析案情时，在对每个具体情节、具体事物分析的基础上，善于把案件各个部分、各个方面和各种因素联系起来进行思考。不仅要看到具体事物自身的特征，而且要看到它们的相互联系。

（二）侦查思维的基本方法

1. 发散性思维。发散性思维是从一个问题出发向多个方面、多个角度进行与之有关的思索的方法。它具有多维性与灵活性特点，能够增强发现和解决问题的能力。这种思维方法主要适用于以下范围：

（1）在分析与案件有关的具体事物时，能够发现该事物与犯罪的多种联系。如对犯罪者遗留在现场上的一个烟头进行发散性思维，就可以发现它与犯罪有以下联系：可以推断犯罪人有抽烟习惯，从遗留有烟头上的手印可以鉴别犯罪人；从遗留的唾液可以化验出犯罪人的血型；从含烟的特点可以推断犯罪人的职业；从烟的种类、价格可以推断犯罪人的生活水平；从烟的产销地可以推断犯罪人居住活动的地区范围；从烟头的新旧程度可以推断犯罪时间；从烟头的遗留状况可以分析犯罪人当时的心理状况；从烟头是否是被害人家中之物，可以分析犯罪人与被害人的关系等。由此可以看出，在分析一个具体事物时，运用发散性思维方法，可以从中最大限度地挖掘出多种犯罪信息。

（2）在探索某种结果的原因时，能够发现产生结果的多种原因。如盗枪案，在分析犯罪人盗枪的动机时，进行发散性思维就可以分析到：可能是为了用枪继续犯罪；可能是为了制造事故报复保管人员或单位领导；可能是出于好奇，为了玩枪；可能是出于经济目的，为了卖钱等。这样就不致把侦查视野限制在一个狭小的范围内。

（3）在调查嫌疑人时，能够注意从多个方面、多条途径、多种措施去开展工作。如可以从有无作案思维因素、作案时间，是否具备作案人的身高、体态、性别、年龄及知情程度、工具条件、结伙条件、犯罪能力、反常表现等多方面去考察。

2. 会聚性思维。会聚性思维与发散性思维在思考问题的方法上相反，它是由多方面、多角度向一点集中的方法。它能够增强认识问题的准确性，主要适用于以下范围：

（1）在确定犯罪痕迹时，能够提高判明犯罪痕迹的准确性。例如，现场的一枚足迹，判断其是否系犯罪者所留，就要从遗留时间分析是否符合实施犯罪时间；从遗留的位置分析是否符合犯罪人的行走路线；从遗留的形态分析是否符合罪犯运作规律；从足迹的附着物质分析是否符合本案所涉及的物质；从有关人员方面分析是否都进行了排除等。

（2）在分析案件要素时，能够增强分析结论的可行性。例如在分析犯罪时间要素时,从现场上的手印、足迹、工具痕迹、尸体、伤痕、地面擦扫情况、刮风下雨、知情人提供的情况中能够分析出有关作案时间的信息,连同现场上能够表现实施犯罪时间的台历、报纸、钟表、日记、信件、车船票等集中起来进行思考,就可以分析出一个相对准确的犯罪时间。

(3)在审查嫌疑人时,能够作出相对准确的结论。排除一个嫌疑人或认定一个嫌疑人不能只凭一个依据。为了避免发生失误,必须对考察的各种资料进行会聚思维,从犯罪时间、思想因素、痕迹物品、作案工具、性别、年龄、身高、体态、知情程度、犯罪能力反常表现等多方面列举出认定或否定的依据。实践证明,列举出的依据越多,结论的可靠性越大。

3. 纵向性思维。纵向性思维是对事物的过去、现在、未来进行系统性思考的方法。在侦查思维中,实际上是根据事物现在的情况,对其过去和未来进行思考。因此,它包括反馈性思维和超前性思维两种类型。

反馈性思维,是由现在追溯过去的一种思维方式,主要适用于以下范围:

(1)在侦查范围内,用于考察嫌疑人发案前后的活动过程和过去的一贯表现。在调查摸底时,经常采用时间排查法,即根据时间的顺延考察对象在发案前后的活动情况。对具有犯罪时间的嫌疑人,在考察时还需要对这个人的历史状况进行纵向考察,如家庭状况、何时工作、受过何种处分、有无劣迹和作案的思想因素等,从而形成一个纵向的链条。

(2)在分析现场情况时,用于研究推断作案过程。为了更好地研究犯罪,往往需要根据现场情况,进行反馈性思维,通过推理大体勾画出作案的过程。如作案人是从哪里来的,从哪里进入现场,先干什么,后干什么,又从哪里出去,往哪里逃走等。

(3)在研究痕迹时,用于推断形成的原因。要想深刻地认识犯罪,对任何一个痕迹、物品和现场变化,都需要进行反馈性思维,以探索其产生的原因。如从伤痕推断凶器,从足迹推断知情程度,从字迹推断文化程度等。

超前性思维,是由现在预测未来的一种思维方法。主要适用于对罪犯实施犯罪行为后的情况进行分析判断,预测其作案后的延续行为,并针对可能出现的情况制定新对策。如根据案件情况,预测犯罪人逃跑的方向,预测犯罪人可能藏身的地方,预测犯罪人销赃的途径,预测其可能出现的反常表现,预测可能会在某个时间、地域对某类对象再次进行犯罪等。

4. 横向性思维。横向性思维是截取事物的某一横断面加以研究的思维方法。它能够增强看问题的广度和协调能力，主要适用于以下范围：

(1)对各种痕迹物品进行横向性思维，能够发现它们之间的内在联系。行为动作对痕迹物品的形成是否符合犯罪的活动规律，它们之间是否协调，就需要对痕迹物品和行为的变化进行横向思考，分析他们之间是否有内在联系。如对一个命案现场，既有自杀的迹象，也有他杀的迹象，如果不从形成的原因之间进行横向思索，案件的性质就会模棱两可。

(2)对案件的各种要素进行横向思考，从其内在联系中把握案件本质。会聚性思维虽然对案件的每个要求都进行了全面思考，但对于要素之间的联系研究不够，有时会发现在单独分析案件的某个要素时所得出的结论感到根据比较充分，而与其他要素联系起来进行思考却发现有许多矛盾。因此，必须加强案件各种要素的横向思考，使它们形成一个有机的整体。

(3)对案件之间进行横向思维，不失时机地实施并案侦查。在侦查每一起案件时，都应对或同一时间，或同一地域，或同类案件，或同种作案工具，或同种作案手段，或遗留有其他相同痕迹的其他案件进行横向思维，从中发现有无内在联系，以便及时并案侦查。

(三)侦查思维的培养

超人的智慧来源于超人的思维。人的聪明才智除了天赋条件之外，主要是靠后天的勤奋学习、努力培养、刻苦训练。为了在打击刑事犯罪活动中占优势地位，侦查主体在努力培养积极健康的情绪、情感和磨练坚定的意志、信念以激发、调整优秀的思维方式的同时，还应积极主动地培养和锻炼自己优秀的思维习惯和能力，克服思维中的障碍，逐渐使自己更加足智多谋。为此，侦查主体既要注重发散思维、收敛思维、联想思维和逻辑思维等一般思维形式的综合培养、训练，又要培养在侦查工作中起灵魂作用的侦查思维。

1. 发散思维培养

发散思维是从一个问题出发，向各个方面、多个角度进行与之有关的思索的方法。它具有以下特点：

(1)流畅性：是指思维的过程流畅，没有阻碍，在较短时间内能得到较多的思维结果。

(2)变通性：发散思维的思路能迅速地转换，从而得到更多的思维结果，为选择解题方案提供更多的可能性。

(3)独特性：发散思维成果具有新颖、独特、稀有的特点，是发散思维的灵魂。

发散思维的特点是由中心向四面八方发散，但是在实际思维过程中并不是每次都向各个方向均匀地发散，而是可能主要沿着某一方向思考就可以解决问题。这样，我们可将发散思维化分为横向思维、逆向思维、颠倒思维等。

发散思维在侦查中的作用有：

(1)核心作用。想象是人脑活动的源泉，联想使源泉汇合，而发散就为这个源泉的流通提供了广阔的通道。发散思维从一个小小的点出发，冲破逻辑思维的惯性，让思维在更广阔的空间自由发展。侦查实践中，侦查主体就是从点点滴滴的疑人疑事、蛛丝马迹入手，运用发散思维开拓思路，在分析多种可能、多种因素、多种结果的前提下，确定侦查的方向和范围。

(2)基础作用。侦查思维中的许多技巧性方法都与发散思维有着密切的关系。侦查思维要求敏锐性、开阔性、灵活性，就是让侦查主体从各个方面和途径寻找解决问题的办法，实际上就是鼓励侦查主体进行发散思维，发散思维是侦查思维的基础。

(3)保障作用。发散思维是收敛思维的前骤。发散思维就是为下一阶段的收敛思维提供尽可能多的解决问题的方案，从侦查工作的角度讲，就是尽可能穷尽一切影响犯罪发生的可能性和因素。这些可能性和因素或方案不可能每一个都十分正确、都有价值，但一定要在数量上有足够的保证，不能有遗漏。只有这样，才能保证下一步收敛思维的可靠和准确。没有发散思维提供的大量的可供选择的方案、设想、可能性、因素等，收敛思维就没有前提和保障。

发散思维训练应注意的要点：

(1)在做发散思维训练时应尽量摆脱逻辑思维的束缚，将头脑中已有的记忆表象和概念等进行反复的重组、改造，大胆想象，暂且不在意其结果的合理性和实用性等。

(2)注重发散思维特征的发挥，从流畅性到变通性再到独特性，循序渐进，逐步进入较高水平的发散思维状态。

(3)有意识地提醒自己跳出逻辑思维的轨道。

(4)训练时允许想象、联想、推想等思维形式的出现，但要以发散思维为主，训练时间不宜过长。

(5)被训练主体互相之间不要盲目攀比。因为发散思维能力不仅靠训练，还要靠人的知识、经验和想象能力，随着主体各方面素质的提高，再经过发散思维训练,大多数主体的发散思维能力都会有很大提高。

2. 收敛思维培养

收敛思维是由多个方面、多个角度向一点集中开展思维的方法,它具有以下特征:

(1)集中性。如果说发散思维的思考方向是以问题为原点指向四面八方并具有开放性,那么,收敛思维则是把许多发散思维的结果由四面八方集合起来,比较分析,选择一个合理的答案,因此,具有集中性。

(2)连续性。收敛思维实际上是一种按照逻辑程序进行思考的方法,是一环扣一环的,是由因果链关系决定的,具有较强的连续性。

(3)求实性。收敛思维是对众多的设想和方案或发散思维的结果进行集合后进行筛选,而能被选择出来的设想或方案必须按照实用的标准来评判,应当是一定条件下的最佳方案,应当是切实可行的,其具有求实性。

收敛思维在侦查中的作用:

(1)定性定位作用。在分析案件要素时,侦查主体要把与各要素有关的种种情况联系起来进行收敛性思维,确定出"最大可能"、"最佳方案"、"最佳途径"等结论,对案件的侦查起着定性、定位的作用。

(2)求准作用。收敛性思维能够增强认识问题的准确性。如在侦查工作中要排除一个嫌疑人或认定一个犯罪人不能只凭一个根据、一个现象。为了避免发生失误,必须对已有的多种材料进行收敛性思维,从作案时间、动机、痕迹物品、作案工具到犯罪嫌疑人的人身特征、行为能力、反常现象等多方面列举出认定或否定的根据,结论才会更加趋于准确可靠。

收敛思维训练应注意的要点:

收敛思维是较为普遍使用的思维方法,由于我国长期采用求同性的教育模式,使得我们所具有的收敛思维能力明显高于应该具有的发散思维能力。但由于收敛思维常常不能单独使用,而要在发散思维的基础上才能得到运用,所以,为了尽快获得实用性的结果,两者也就不必截然分开,而应尽可能地做到相辅相成。事实是,在进行发散思维的时候,并不追求思维结果的最优,发散得多也可,少也行,不算困难。而收敛思维却因承担着评价最优结果的重任,思维得好不好,结果大不相同,因此难度较大。为了能化难为易,我们在运用收敛思维训练时,应注意以下几方面:

注意使用收敛思维的时机。其应根据发散思维的效果和具体情况选择恰当的时机进行。

把握好收敛思维的度。收敛思维越深入,其针对性、准确性、特定性就越强,同时包容性就越差。

在收敛思维与发散思维之间保持适度的张力。

善于积累和运用知识与经验。

熟练掌握逻辑思维的方法。

3. 联想思维的培养

联想思维,是指人脑记忆表象系统中,由于某种诱因导致不同表象之间发生联系的一种没有固定思维方向和方法的自由思维活动,它具有以下特征:

(1)形象生动性。联想思维属于形象思维的范畴,可以借助形象展开思维,它是形象思维的具体化。基本的思维操作单元是表象,是一幅幅画面。因此,显得十分生动,具有鲜明的形象。

(2)连续性。联想思维是由此及彼并连绵不断地进行,可以是直接的,也可以是间接、曲折的;可以由一个事物联系到另一个事物,也可以由一个事物迅速联系到许多其他事物而形成联想链。

(3)概括性。联想思维可以很快把联想到的思维结果呈现在联想者的眼前而不顾及其细节如何,是一种整体把握的思维操作活动,因此,有很强的概括性。

联想思维在侦查中的作用:

(1)联系作用。侦查主体通过联想可以在较短时间内建立起犯罪嫌疑对象(包括人、物、因素等)和某些思维对象之间的联系,这种联系会帮助侦查主体找到解决问题的答案。

(2)基础作用。联想思维虽然不能直接产生有创新价值的新的形象,但是它能为产生新形象、新方案的其他思维提供事实上的基础。在案情分析中,侦查主体在听到别人的意见后就会产生许多联想,有些联想会激发想象思维而产生许多新的形象和方案。而侦查中运用的类比法、组合法、模拟模仿法等也与联想思维有密切的关系,它们都是建立在联想思维的基础上的。

(3)启发促进作用。联想思维所具有的由此及彼,触类旁通的特性,能将侦查主体的思维引向深处或更加广阔的空间,启发活跃思维,使侦查主体产生灵感、直觉、领悟等。

(4)信息的储存和检索作用。思维系统的重要功能之一就是把知识信息按一定的规则存储在信息存储系统中,并在需要时再把其中有用的信息检索出来。

联想思维就是当思维系统存储犯罪信息时，在被存储信息之间建立某种联系，如犯罪与环境的关系、行为与心理的关系等，以便能在将来检索时被快速、准确检索的思维过程。侦查主体在紧急时刻能准确熟练地运用各种处置的方法和策略很大程度上取决于善用联想思维。

联想思维训练应注意的要点：

(1)克服抑制思维发展的障碍。思维障碍包括内部心理障碍和内部智能障碍。当侦查主体的内部心理处于积极、愉快、兴奋的状态时，就很容易使思维活跃；而当内部心理处于消极、压抑甚至悲观、沮丧的状态时，就很难进入良好的思维状态。一个心理调控能力强（即心理素质好）的侦查员就能经常保持良好的心理状态和思维状态。内部智能障碍就是指人的思维方法僵化，也就是思维模式固定化，即思维定势。思维定势一旦形成，思维的空间就会变得狭窄，难以创造出新的方案和形象。

(2)克服思维定势的负面性是“放飞”联想思维的必要条件。训练时，要有意识地打破原有的按部就班、循规蹈矩的思维方式，有意识地尝试没有规律的思考，大胆地提出假设。

(3)注重环境条件的创造。在设定了联想的命题后，要立即进入题目的情境，设身处地进行联想。虚拟的情境越逼真，效果就越好。因此，设身处地、身临其境的客观环境条件的创造是十分重要的。这种环境条件应当与命题内容相接近、相吻合。

(4)注意训练的节奏和时间。开始联想后，每联想到一件事物，就在题目后按表格的形式填写相关的内容，直到不能再联想为止，但不要急于求成。一般可用2～3分钟完成一道题目，时间一到马上转入下一个题目。

(5)动与静的培养。联想思维主要是动态的。联想者需要交往，需要活跃的氛围，需要和别人产生思维的碰撞，促进联想的发展。但有时也需要孤独、沉静，在不受外界干扰的状况下，让思维慢慢地畅游，使联想力得以培养和发挥。

4. 逻辑思维的培养

逻辑思维，是指大脑思维活动依据逻辑的规律和形式进行的思维。逻辑的形式是概念、判断、推理，最基本的结构是三段论。其基本规律有同一律、矛盾律、排中律、充足理由律。逻辑思维具有以下特征：

(1)常规性。逻辑思维的起点和依托是已有的知识和经验，其思维过程是结合普通逻辑判断和推理的过程。它是普遍而常规的，难以产生新颖性。

（2）严密性。逻辑思维的方法是严谨周密的，其过程也是固定的，是以已有的知识或经验（错误）为起点的。如果起点是正确的，其结果也必然是准确的；如果已有的知识本身有误，经验有偏差，所进行的逻辑思维其结果不可避免地发生错误。

（3）稳定性。逻辑思维严密性及逻辑方法程式化的特点，造成了逻辑思维过程的稳定性和结果的必然性。有些逻辑思维的结论虽然符合逻辑，但不一定完全符合客观事实。

逻辑思维在侦查中的作用：

（1）正确认识客观事物和犯罪的规律。侦查主体运用逻辑推理的方法认识客观事物和犯罪的现象，从已知推未知，得到新的认识从而总结出犯罪的规律。

（2）通过揭露逻辑错误发现和纠正形成疑难案件的因素。侦查思维中逻辑的错误有时是不明显的，正确地运用逻辑思维去发现侦查思维中的错误，推进疑难案件的侦查，防止冤、假、错案的发生。

（3）有助于侦查文书和语言的准确表达。侦查文书和语言需简练、准确、逻辑性强，反对套话空话、前言不搭后语和自相矛盾。

（4）筛选侦查方案，评价鉴定结论的证据意义。在侦查工作中须对各种工作方案进行优选，优选是按可行性、可能性及社会经济效益来筛选，筛选的过程主要是借助逻辑思维对每种设想，方案进行分析、比较，最终作出判断，决定取舍。侦查中的有关问题需要进行技术鉴定而鉴定结论的证据意义则要通过逻辑的比较、对比、验证、预测、判断和推理去得出评价。

（5）侦查手段措施的应用和侦查经验的总结提高。侦查手段、措施的应用要通过一定的社会调查和预测分析作为前提，在应用实施后还要注意运用的策略和信息反馈。当一个案件的侦查工作结束或一个阶段的侦查工作结束，侦查主体都需要进行总结，以便进一步提高工作效率和促进侦查理论的发展，这一切都需要运用与逻辑思维有关的分析、比较、判断、预测等方法。

逻辑思维训练应注意的要点：

（1）严格遵循逻辑规则。逻辑思维的训练必须全面掌握和遵循逻辑思维的基本理论和基本法则，严格按照逻辑法则去思考，不发生逻辑混乱。针对命题，对于每一句话、每一个字都要仔细琢磨，对于每句话之间的关系更要认真研究。特别是基本的思路一定要严格依照“三段论”的路线一步步的推导递进，按照逻辑思维的方法和特点，培养严密、严谨和严格的思维习惯。

(2)结合案例,深思熟虑。训练时,主要采用案例分析法。案例应由浅入深、从易到难,在研究案例的时候,一定要深思熟虑,仔细推敲,不可想当然,也不可轻易作结论。要在反复分析研究的基础上得出结论。

(3)反复练习、熟悉运用。针对不同的训练对象,反复进行各种逻辑思维方法的训练,在大量演练的基础上达到熟练,在熟练的基础上做到巧妙;通过训练,不断总结经验掌握逻辑思维的规律,发现逻辑思维在侦查工作中的积极作用和局限性,并在实践中充分发挥其积极作用,克服其局限性。

5. 侦查思维的培养

侦查思维是根据刑事犯罪的特点和侦查工作的特点而形成的,是以逆向思维、联想思维、多向思维、演绎思维等为主的多种思维形式的统一,是多种思维方式相互作用的有机统一体。侦查思维的特征及作用在前文已作论述,以下论述侦查思维培训的要点:

(1)注重思维方式的理论教育。侦查主体必须全面掌握逆向思维、联想思维、多向思维、演绎思维的特点和思维的要素,从理论上对其进行深入的研究,熟悉思维的过程和基本技巧,不断吸取他人的思维技巧和方法,以便在具体的思索实践中促进自己的思维。

(2)收集、熟读大量的各种类型的刑事案件资料和侦查工作经验。侦查思维的培养必须是在了解、掌握大量的刑事犯罪活动资料的基础之上的,所谓见多识广。侦查主体的经历是有限的,他必须通过犯罪资料和侦查工作经验的收集和阅读开阔自己的眼界,掌握各类刑事案件的特点和侦查思维的方式,并对其进行总结和吸取,从而逐步形成自己的侦查思维方式和体系。

(3)经典案例分析与讨论。在侦查思维的培养过程中,应组织侦查主体对各种类型的经典案例进行分析和讨论,模拟案件侦查的全过程,对案例侦查工作中所运用的思维方式、方法进行分析、讨论。通过正反及多角度的分析和抗辩,体会经典案例成功的经验和失败的教训,最终摸索出正确的侦查思维方法。

(4)业务实践中的交流与指导。侦查主体在侦查破案的实践中要经常性地进行交流,具体案件的疑难问题须要及时地提出来与同行进行交流,集思广益。针对一个时期侦查破案工作的情况,要举办友邻地区的经验交流会,交流办案的思路和方法。侦查的理论研究部门和侦查学教育部门要深入到办案的第一线,总结经验,用侦查思维的理论指导思索的实践,使侦查主体的思维更加科学、完善和严密。

四、侦查决策

(一)侦查决策的概念和意义

决策,简而言之就是作出决定。侦查决策,是指侦查工作的组织者、领导者就侦查工作中面临的实际问题,为优化达到一定的侦查目标所作的侦查工作的设计和抉择。侦查决策是一项实践活动,但它必须以侦查认识活动为前提。侦查决策体现了侦查认识和实践的高度统一。

侦查决策是侦查主体主观能动性的突出表现,它贯穿于侦查工作的各个方面,贯穿于侦查破案的始终,是侦查认识过程的重要环节和基本活动。

(二)侦查决策的分类

侦查决策可以从不同角度进行分类:

1. 侦查战略决策和战术决策。这是根据侦查决策目标的重要程度进行的分类。

侦查战略决策是对侦查的全局性、长远性、根本性的重大问题所作的决策,它往往与长期规划有关,常常是关于整个系统的全局安排与统筹。

侦查战术决策是在战略决策的指导下,为解决侦查的局部或个别问题而进行的决策。侦查战术决策是侦查战略决策的短安排,是侦查战略决策在实施过程中的一系列具体决策。

2. 侦查常规决策和非常规型决策。侦查常规型决策是对侦查工作中经常反复出现的问题所作的决策。这类决策的过程有一套可以遵循的程序,在积累和总结经验的基础上,可以掌握其规律性。如对立案侦查的由事到人的案件的常规侦查决策过程是:现场勘查——案情分析——制订方案——部署侦查。

侦查非常规型决策是对过去没有或较少出现的侦查问题所进行的决策。这类决策无过去的惯例作依据或参考,但又必须立即作出决策,为此常依据决策者的知识、经验和创造力迅速作出决断。如对突发性的暴力性犯罪案件的紧急处置工作就不能按部就班,而必须机智灵活,随机应变,否则,就难以保证决策的正确性和及时性。

3. 侦查简单决策和复杂决策。内容单一、包含的方面较少的决策称为简单决策,多适用于个别侦查行为和对个别案件的处理。这类决策的特点是情况比较明确,决策条件充分,应采取的对策容易决断,后果也易预料。

侦查复杂决策较之简单决策难度更大,涉及的问题更多,认识过程更复杂,逻辑思维更严密,一般适用于重大疑难案件和复杂的侦查系统行为的处置。

4. 侦查的高层决策、中层决策和基层决策。侦查的高层决策是由侦查的决策层所制定的涉及整修侦查系统的决策,它对侦查全系统的每一环节都发生影响。

侦查中层决策,是指侦查的管理层所作的决策。这些决策大多属于安排某一阶段的任务,或解决侦查中的具体问题,如省、市、自治区公安厅(局)刑侦总队所作的决策。

侦查的基层决策,主要是指侦查执行层和操作层所作的决策,大多属于经常性的具体任务的安排和对临时出现的问题的处理。这些决策对侦查的全局产生不了重大影响,但决策的技术性、时间性要求比较高,如基层刑警队、侦破小组、侦查员个人有关侦查活动的决策。

一般说来,侦查决策的层次越高,越具有战略性、长期性的特点;侦查决策的层次越低,越具有战术性、短期性的特点。侦查每一层次的决策都应以更高层次的决策为指导,以更低层次的决策为基础。

(三)侦查决策的基本程序

侦查决策不是一次性完成的活动,而是一个认识侦查工作现状、预测侦查工作未来、指导侦查行动的动态过程。一般而言,侦查决策可以分为以下几个步骤:

1. 发现问题,确定目标。发现问题、确定目标是侦查决策的起点。所谓问题,是指应当或可能达到的状况同现实状况的差距;目标,则是指在一定的客观条件下,权衡需要和可能而争取达到的状况,它有一定的时间要求和约束条件。

2. 调查预测,拟订方案。调查是决策的基础,只有通过调查才能占有与所要解决的特定的侦查问题有关的有利条件和有利因素,才能了解解决问题的途径和方法,才能在此基础上着手制订解决问题的方案。每一侦查决策中,客观上都存在若干套可供选择的侦查方案;在拟订侦查决策方案时,要尽可能地顾及实际存在的各种方案,以保证决策的客观性、全面性、正确性。

3. 评估优选,确定方案。这一阶段的工作就是通过对各种可供选择的侦查方案,分析对比,全面评估,总体平衡,然后选取其一,或综合成一。

4. 实施反馈,修正完善。侦查决策方案的订立并不是决策过程的完结,还必须付诸实施,不需要贯彻执行的决策毫无存在的价值。通过实施,验证决策是否正确合理。对于合理的方案进行修改、完善,再付诸实施。这一阶段称为追踪决策。

第二节 侦查学信息论、系统论、控制论

侦查学信息论、系统论、控制论是现代“三论”方法论运用于侦查领域而成为一系列原理和方法。

一、侦查学中的信息论

（一）信息的概念及特征

信息作为科学名词，是20世纪40年代以后的事。信息，被解释为是“对消息的接受者来说原先不知道的报导”，是“由数据、信号等构成的消息中所载有的内容”（《牛津今典》语）。信息论的创始人申农认为，信息是用以消除随机不定性的东西。信息来源于物质，体现物质的特征、物质的运动和发展，是人们认识事物的基础。一般地说，信息是指反映客观世界中各种事物的特征和变化的组合，是一种有用的知识。

信息论则是研究信息的基本性质及度量方法，研究信息的计量获得、传输、处理、交换存储的一般规律的理论，是一门应用数理统计方法研究信息传输和处理的科学。

（二）信息论在侦查实践中的运用

信息论作为一种科学的方法论，引入侦查学领域后，给人们认识侦查和犯罪提供了新的认识方法和认识角度。侦查学信息论的基本观点是：犯罪行为必取一定的形态，不同的犯罪形态反映不同的犯罪行为信息；犯罪信息不仅储存于犯罪行为形态之中，还储存于犯罪痕迹、犯罪行为结构及犯罪行为的联系等诸方面；犯罪信息是形成侦查判断、推理、假定的前提，也是推进侦查、调整侦查的基础。

1. 犯罪行为与犯罪信息。信息论认为，任何物质运动的过程都是能量交换的过程，是信息产生的过程。犯罪人实施犯罪行为，必然要与特定的时间、空间、人、事、物发生相互关系，形成一定的犯罪危害后果，也必然会产生犯罪信息。犯罪信息与犯罪行为的关系具体体现在以下几个方面：

（1）犯罪信息储存于犯罪行为的形态之中。一般而言，犯罪行为是犯罪主体借助某种工具或力量对犯罪对象的侵害，是发生在物质之间的物质运动。所

有构成犯罪的要件都是运动着的物质,而运动着的物质必然要具备一定的形态,因而,犯罪行为必取一定的形态。不同的犯罪行为形态反映出不同的犯罪信息,杀人犯罪的形态反映的是杀人犯罪的信息,盗窃犯罪的形态反映的是盗窃犯罪的信息。

(2)犯罪信息储存于犯罪行为引起的痕迹变化之中。犯罪行为作为一种直接侵害,多要在犯罪现场留下痕迹和其他物证,引起侵害对象及其周围环境的变化。这些变化能够反映出多方面的犯罪信息,诸如犯罪的性质和类型、犯罪的手段和方法、犯罪行为的过程、犯罪工具等。

(3)犯罪信息储存于犯罪行为的因果联系之中。任何犯罪行为的发生都有特定的原因并形成一定的危害后果,这种原因和后果间内在的联系也蕴含着许多犯罪信息。犯罪时机的选择、犯罪方式的确定等无不在相当程度上受犯罪行为因果联系的制约。

2. 侦查过程与犯罪信息。侦查实质上是对犯罪信息处理的过程,侦查的提起、侦查的部署和侦查的推进处处都要以犯罪信息为前提。犯罪行为发生后,即产生出犯罪信息,但这些犯罪信息在未被人们感知、认识前,大多处在隐蔽状态。侦查部门接到报案材料后,即通过现场勘查和调查访问等工作,广泛地接受和收集各种犯罪信息。现场勘查后的临场研究和各个侦查环节的案情分析即是对已接受到的犯罪信息的处理过程。在分析判断的基础上,对犯罪分子的形象进行刻画,实际上就是信息的输出;对侦查工作的部署,实际上就是依据犯罪信息的反馈,对侦查工作进行修正和调整,最后达到犯罪行为的再现。很显然,这一侦查工作的过程实际上就是对犯罪信息的处理过程。

3. 防范控制与犯罪信息。侦查工作的重要任务之一就是防范控制犯罪,而犯罪信息不仅仅只反映具体犯罪行为的特征,而且也预示着犯罪发展变化的规律和趋势。因此,犯罪信息对预防犯罪有重要意义,是制定防范控制犯罪对策的依据。实践中,根据犯罪信息反映出的制度上和工作上的漏洞,及时采取防范措施,可以消除犯罪的隐患;根据犯罪信息所反映出的犯罪活动的规律和特点,可以确定犯罪防范控制的重点和方向等。

二、侦查学中的系统论

(一)系统的概念及特征

系统论的创始人美籍奥地利生物学家贝塔朗菲认为,系统是“由两个以上要素组成的具有整体功能和综合行为的统一集合体”。也就是说,系统是由多个要素构成的具有一定层次结构并与客观环境发生联系的整体。

系统论是研究系统的模式、原则和规律,并对其功能进行数学描述的一门学科。系统论认为,任何事物及其运动过程都是一个多层次的系统,这个系统与其环境构成一个统一体。因此,系统的核心是强调系统和整体的观点。

(二)侦查学中的系统论

侦查学系统论认为,犯罪和侦查均为系统工程。任何犯罪行为都是由犯罪意向、犯罪时间、犯罪空间、与犯罪有关的人和物、犯罪原因、犯罪结果等物质要素构成的,是一个有机联系的整体。侦查的过程实际上就是“信息——反馈——再现”的系统过程,即任何一起刑事案件的侦查都包括信息的发现、信息的收集和储存、信息的处理、信息的输出、信息的反馈、犯罪的“再现”这一过程。

1. 犯罪行为系统。犯罪行为系统主要有两个方面的意义:一是犯罪行为的结构系统;二是犯罪行为的运动系统。

(1)犯罪行为的结构系统。根据刑法学的理论,任何犯罪都是由犯罪主体、犯罪客体、犯罪的主观方面、犯罪的客观方面四重要素构成。根据刑法学的这一基本理论,结合侦查实践需要,侦查学把犯罪行为剖析为下列几个系统要素:

①犯罪意向,指犯罪分子实施犯罪的意图和倾向。

②犯罪时间,包括犯罪的预谋时间、犯罪的行为实施时间、销赃毁证时间等。

③犯罪空间,也称犯罪现场,是指犯罪分子实施犯罪的地点和留有犯罪有关的一切痕迹物品的场所。

④与犯罪有关的人或物。与犯罪有关的人包括犯罪人,被害人、证人等,与犯罪有关的物主要是指犯罪凶器、工具、犯罪遗留物和犯罪所获的赃物等。

⑤犯罪原因,指犯罪行为的具体起因。

⑥犯罪结果,主要是指犯罪行为造成的实际危害后果,如人身伤亡、财产损失,有时也包括犯罪行为的精神性后果、间接性后果。

⑦犯罪过程,指犯罪分子实施犯罪的具体经过,是上述各因素的综合。

(2)犯罪行为的运动系统。从历史和发展的观点看,犯罪行为是由多个环节构成的,具体包括:

①犯罪的预备,指实施犯罪前的预谋活动,如准备工具、制造条件、踩点等。

②犯罪的实施,指犯罪行为对犯罪对象的直接侵害,其中包括犯罪的中止、犯罪的未遂、犯罪的既遂等情形。

③犯罪的后续,指犯罪人实施犯罪到被缉获归案的这一过程的活动。这些

活动情形复杂,除了极少数犯罪人在实施犯罪后投案自首或畏罪自杀外,大多数犯罪人实施犯罪后的后续活动与侦查活动是一种对抗的格局,如表现为隐匿、逃逸、伪装积极、制造谣言、制造假象、窥探侦查、继续进行新的犯罪活动等。

2. 侦查行为系统。侦查系统作为刑事诉讼的一个子系统,也有其独特的内部结构因素和众多的形成、发展环节。如就侦查的结构而言,有侦查主体(包括侦查机构、侦查组织形式、侦查人员)、侦查的手段、侦查策略、侦查的对象等。就某一个具体的刑事案件的侦查过程而言,侦查需要经过受理案件线索的审查、侦查取证、侦查终结三个阶段,每一个阶段又有多个环节,如侦查取证就包括拟订侦查计划、部署侦查实施、发现嫌疑对象、确定重点嫌疑对象及对重点嫌疑对象开展侦查等。

三、侦查学中的控制论

(一)控制论的概念

控制,是指按照给定的条件和预定的目标,对一个过程或一系列事件施加影响的一种行动。控制论是研究各种相关因素组成的系统的调整和控制的一般规律的理论,这一理论是20世纪40年代逐步形成和发展起来的。控制论有两个核心要领,即信息和反馈。控制论主张对系统的控制要通过信息的反馈来实现,为此,提出了建立反馈模型或控制论模型的认识方法。

(二)侦查学中的控制论

侦查学控制论认为,侦查是一个可以由侦查主体加以控制的系统工程。无论是犯罪信息的接受,还是犯罪信息的输出,都是在侦查人员的主持下进行的,受侦查人员主观意志的控制和制约。侦查学控制论的目的是通过对侦查控制系统的研究,为侦查控制提供新的原理和方法,从而提高侦查控制系统的功能和效果。

1. 侦查学控制论的研究范围。侦查学控制论的研究起步较晚,目前主要涉及以下几个领域:侦查活动系统的功能和分析方法;侦查信息处理过程中的程序化、自动化的条件、原则和方法;建立侦查自动信息系统的方式方法;从理论和实践的角度研究侦查数学化、控制化的法律、组织及其他问题。

随着控制论和侦查科学的不断发展,侦查学控制论的领域将越来越大,越来越具有针对性和实用性。

2. 侦查学控制论的新方法。侦查学控制论为侦查领域提供了一系列新方法,主要有:

(1)侦查的系统方法。这一方法以侦查系统这一整体为出发点和归宿点,着眼于分析和发挥侦查系统的整体功能。它运用层次论、结构论和动态原则,分析与综合同步进行。

(2)侦查模拟法。侦查模拟法主要通过建立侦查模型来实现,有观念模型和物质模型两种类型。

(3)侦查的程序设计法。这类方法的实质就是对侦查系统各要素进行设计,使其按固定的程序运行。侦查的程序设计法具有可变性、精确性的基本特点。

(4)侦查的优选法。侦查的优选法是依据信息的反馈,对侦查系统进行合理调控,使其达到最佳的有序状态。

侦查学中控制论涉及侦查工作的各个方面和各个环节,如对侦查工作的组织与控制、侦查计划的调节、侦查途径的调整、犯罪的防范控制等,都要运用到侦查学控制论的一般原理和方法。可以说,侦查学控制论在侦查领域有广阔的运用前景。

第三节 侦查学同一认定理论

一、同一认定概念

(一)同一

所谓"同一",是指特定的客体自身与自身的等同,即是物的自身同一。"同一"一词来源于拉丁文 ibem,意即视为同一,视为相同。在美国,"同一"是以"大自然从不精确地重复其本身"的原理表现。从词源及其应用看,同一都有自身相同的含义。

马克思唯物辩证法认为,物质世界具有特殊性,物质世界的任何一个客体都是独一无二的。正是因为客体存在特殊性,因此,客体只能等同于其自己,而与其他一切客体都有区别。恩格斯曾说:"显而易见,自身的同一,从一开始就有必要的补充,同其它一切都有区别。"在此前提下,他又认为:"植物、动物的每一个细胞,在各自生命的每一瞬间,既是同一的而又有别于自己……每个物体都在不停顿地以受着机械的,物理的,化学的作用,它们始终不停地使物体发生着变异,改变着它的同一……真正的、具体的同一包含着差异。”[1]马克思主义同一观是侦查学同一认定理论的科学依据。

同一和相同或相似不是一个概念，在认定客体同一时，实际上只有一个客体，即这个客体自己与自己同一；在认定客体不同一时，实际上有两个客体，尽管这两个客体的外表可能十分相似，以致很难加以区分，但它们毕竟是两个客体，相似不是同一，不是等同。

（二）同一认定

同一认定，是指其具有专门知识的人或熟悉客体某些特征的人，在研究和比较先后出现的两个反映形象的特征的基础上对其是否出自一个或是否是原属同一整体物所作出的判断。这一概念包含以下基本要点：

1. 同一认定的主体必须是具有专门知识的人或熟悉客体某些特征的人。他可以是司法机关下属的鉴定机关的鉴定人，也可以是被邀请的其他的具有专门知识的人，还可以是犯罪案件中被害人、犯罪目击人。

2. 同一认定的客体只能是与案件有关的人或物（包括场所），而且这些客体或其反映形象在案件发生和侦查过程中已先后出现过两次。

3. 同一认定的目的是确定某一客体是否同一或是否原属同一整体物，也就是解决某一客体与案件的特殊联系。

4. 同一认定的方法必须是以对客体特征的比较为基础。或者说，比较客体特征是认定同一与否的唯一途径。

5. 同一认定属于判断型认识活动，无论是物证技术鉴定中的同一认定，还是案件调查中的同一认定都是对客体是否同一所作出的判断。

（三）同一认定理论中的其他基本概念

1. 客体和客体反映形象。客体是指外界事物，同一认定客体是指一定的人或物的自身。客体的反映形象是客体自身形成的痕迹或以技术加工制成的复制品。

2. 被寻找客体。被寻找客体是指与案件有关的人或物，当然这里的人和物不纯粹是其全部，而是它们各个方面的特性，即表现人或物各个方面特性的客体，如皮肤乳突线花纹、人体的外貌、书写习惯、物的外表结构等。被寻找客体，是指第一次在现场上出现后又离开不见的客体，是侦查人员所要寻找的客体，如

---

[1] 《马克思恩格斯全集》（第30卷），人民出版社1995年版，第530页。

犯罪分子在犯罪现场的电灯泡上留下了右手拇、食、中指的指印，那么，犯罪分子拇、食、中指上的指纹就是被寻找客体。

3. 受审查客体。受审查客体，是指在案件侦查调查过程中被怀疑与案件有关的人或物，是正在寻找、需要审查的客体。如犯罪分子在现场灯泡上留下了右手拇、食、中指的指印，而侦查中发现了某个人具有犯罪嫌疑，那么，这个嫌疑人右手的拇、食、中指的指纹就是受审查客体。在鉴定某一痕迹或物品时，受审查客体就是被寻找客体，其余暂时被列为受审查的客体就彻底地排除了嫌疑。

4. 被认定同一客体。被认定同一客体，是指需要解决是否同一或是否原属同一整体的两个先后出现的客体，都是指案件中有关的或有牵连的人或物的自身。被认定同一客体包括被寻找客体和受审查客体。

5. 检材。检材多数情况下是被寻找客体的反映形象，是为了确定被寻找客体具有哪些特征而利用的，它在未作出同一认定结论前是个未知物，如被寻找客体留下的指印、笔迹等。

6. 样本。样本多数情况下是受审查客体的反映形象，是为了确定受审查客体具备哪些特征而利用的，它是侦查与鉴定中的已知物，是鉴定过程中供分析比较的对象，如受审查客体的指印、笔迹等。

7. 供认定同一客体。进行同一认定时所利用，它包括检材和样本。

（四）同一认定的形式

1. ABA′C 形式

这是一种最典型的同一认定形式。假设被寻找客体为 A，受审查客体为 A′，检材为 B，样本为 C，这种形式可图示为：

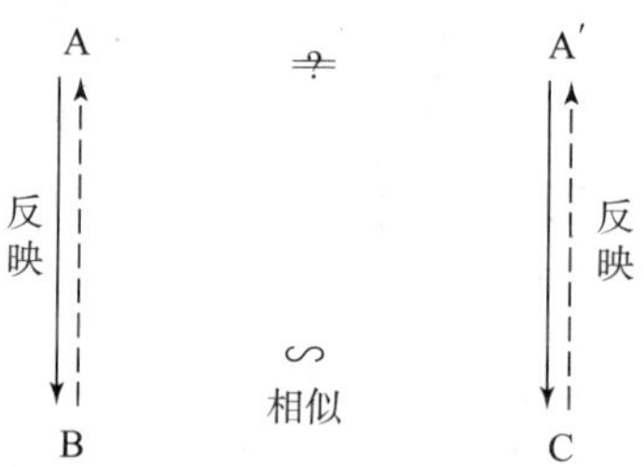

（1）A 与 B 的关系是反映与被反映的关系，通过 B 可以了解 A 的特征。如通过现场上提取的拇指印可以了解留下指印的犯罪分子的有关指纹的特征。

（2）A′与 C 的关系也是反映与被反映的关系，通过 C 可以了解 A′的特征。如由嫌疑人捺取其拇指印样本，通过该指印样本可以了解嫌疑人拇指指纹的纹型和细节特征。

(3)B 和 C 的关系是并列关系,它们是在不同条件下形成的,即使最后证明它们是同一客体所留,它们也不是同一关系,而是许多特征相互符合的并列关系。如现场上提取的拇指指印是凶器上的血指印,取自嫌疑人的指印样本是用油墨按指所留,血指印和油墨指印也不是同一指印,而只能是两个有许多特征相互符合的并列指印。

(4)A 与 A′分别代表被寻找客体和受审查客体,它们之间的关系取决于鉴定人最后作出的判断。如果鉴定人作出的是肯定同一认定结论,它们的关系就是同一关系。如作出的是否定同一认定的结论,它们的关系就是并列关系。如判断现场上犯罪分子右手拇指指纹留下的血指印就是嫌疑人的右手拇指所留,那么,犯罪分子右手拇指指纹与嫌疑人右手拇指指纹就是同一关系,否则就是并列关系。

2. ABA′形式

这种形式的同一认定中,由于没有出现受审查客体的特征反映体,所以人们便通过比较 B 与 A′的特征来判断 A 与 A′是否为同一客体。这是断离客体同一认定的基本形式,如图示:

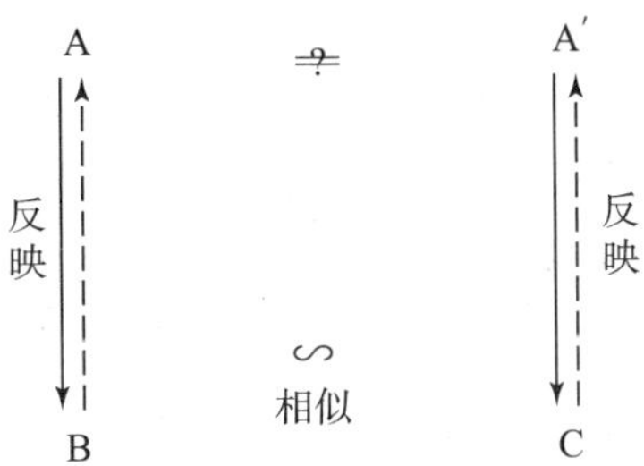

B 为现场上发现的客体的断离部分,A 为客体的另一部分(被寻找客体),B 和 A 互为特征反映体,通过 B 可以了解 A 的特征,通过 A 也可以了解 B 的特点。A 和 B 的关系是原属同一整体的两个断离部分。A′是受审查客体,它和 B 的关系要通过研究它们各自的特征并加以比对后才能决定。如果彼此特征吻合,那么,证明 A 和 A′原属同一整体,A 就是 A′;如果特征不吻合,那么,证明 A 和 A′不属于同一整体,A 不是 A′。

ABA′是一种特殊形式的同一认定。首先,这种同一认定的客体已被分离为两部分或多部分,因此,它本身在数量和形态上都发生了一定的变化。其次,特征反映体 B 就是原整体物的一部分,它与被寻找客体 A 共同构成原整体物,因此,B 所反映的实际上是原整体物的共同特征。最后,这种同一认定往往要综合利用客体多方面的特征,其中既有形象特征,也有物质成份特征;既有该客体本身固有的特征,也有附加特征;既有断离以前就形成的特征,也有断离时才形成的特征。

二、同一认定的科学基础

(一)客体的物质性与反映性

客体的物质性,是指客观的犯罪行为必然产生客观的物质结果。刑事案件是犯罪人的行为作用于一定的物质客体而形成的,犯罪行为是一种物质运动,是犯罪人内心起因的外化,任何犯罪行为都是通过一定的物质运动形态与周围的物体发生相互作用,使客体物质形态发生一定变化,产生一定的客观反映。这种物质形态的变化是犯罪人本身无法改变的。例如,杀人犯罪一般都有尸体和凶器,放火一般有被焚烧的物质和引火物等。客体物质性的表现形态多种多样,有犯罪行为引起现场环境和物质形态的变化,犯罪行为引起物质性质的转化和物品数量的增减,犯罪行为引起人体或动物机体的破坏等。

客体的反映性,是指客体反映出的一定的形态特征能够为人们认识和感知,即客体的特征能在其他客体上借助一定条件予以再现的属性。客观物质都具有一定的形态,或为固态,或为液态,或为气态。根据物质变化规律,客体的物质形态在外力作用下可以互相转化,如血液可凝固为血斑,毒液可挥发为毒气等;而客体存在和运动的形态可以反映其各种特征和表象,为人们提供了认识客体的物质基础。

(二)客体特征的共同性和客体本质的特殊性

客体特征的共同性,是指各种客体所具有的共同点和共同要素,它一般是从个别中抽象出来的,存在于同一类或同一种事物之中,是客体普遍具有的特性。如指纹纹线的形式、系统、类型及细节是构成指纹的共同要素,不具备这些共同要素就不称其为指纹。同一工厂、同一台车床、同一个模具生产出的产品的规格、型号也是相同的,都具有共同的一般特征。共同性是事物分类的基础,是同一认定确定一般特征的依据,是认定具体客体的基础和前提。

客体本质的特殊性则是指每个特定的客体所独具的特性,是客体的特殊点和个别要素。指纹虽具有形式、系统、类型和细节等共同要素,但人各不同、指各不同则是这些要素的特定化。客体的特殊性表明客体只能与自身等同,客观事物都有其各自质和量的规定性，没有两个完全相同、绝对一致的客体。就人的相貌而言，基于遗传的原因，父母、子女及兄弟姐妹之间，其相貌可能极其相似，但是骨骼、软组织有个体差异，加上疾病、心理因素的影响，会形成各不相同的个体特点，这种个体特点是区别不同人相貌的依据。

同一认定的基础就在于任何客体都有特殊性，都有相互区别的规定性。所以，当一个客体先后在不同时间或不同地点被发现时，只要它留下自己的反映形象或其他特征反映体，人们就有可能解决这两个先后被发现的客体实际上是否为同一客体或是否原属同一客体。

（三）客体的可变性和稳定性

马克思自然辩证法原理认为，不论什么客体的运动都是呈现相对静止和显著变动的两种状态。当客体的运动处在第一种状态的时候，它只有量的变化，而无质的变化，所以显示出好似静止的状态。当客体的运动处在第二种状态的时候，表明客体已发生了质变，由一事物变化为他事物。客体的变化性表明了其运动的绝对性，客体的稳定性表明了其静止的相对性。

客体的相对稳定性是对客体进行同一认定的必要条件，否则就不可能对任何客体作出是否同一的结论。一个在不同时间写的字迹会发生这样或那样的变化，但它们能反映出的书写习惯却是稳定不变的，这就是笔迹鉴定的前提和条件。不同的客体的稳定时间各不相同，有的长期处于相对稳定状态，有的在较短时间内又可能发生明显变化。即使是同一客体的稳定性强弱也是不同的，属于生产生活用品的物体，如在经常使用的条件下其变化一般较大，若长期闲置不用，其变化性一般较小；人的动作习惯，如经常反复练习就可能改变某些动作的特征，反之，某些习惯就会停滞在原来水平；属于人和动物生理特征的，因年龄阶段和健康状况等差别，有的时期变化显著，有的时期则变化缓慢。

（四）同一认定的条件

并非在任何情况下，一个客体先后出现两次以上都可以解决是否同一的问题。进行同一认定必须具备以下条件：

1. 客体的特性必须具备相对稳定性。如果客体无相对静止的状态，就无法对客体进行同一认定。在侦查实践中，一个客体两次被发现的时间往往有一定的间隔，间隔时间有长有短。稳定性大的客体，进行同一认定的可能性就大；稳定性小的客体，进行同一认定的可能性就小。

2. 客体的特性必须得到较好的反映。同一认定是对被认定同一客体特征的认识,除断离体同一认定场合外,通常都是利用客体的反映形象进行的。反映形象所反映的客体特征愈清楚,进行同一认定的可能性愈大。如果特征反映十分模糊,则同一认定就无法进行。

3. 对客体的特征必须有较高的认识水平。认识水平的高低和进行同一认定的准确性的大小成正比。为此,首先,要有有效的科学技术手段,是否采用了有效的科学技术手段是决定检验和识别客体特征能力的重要因素之一。其次,要具备有较高业务水平的检验人员,同样的痕迹、笔迹或其他特征反映体,检验人员业务水平较高、经验丰富的,比专业水平低、经验不足的检验人员能发现更多的特征。所以,检验人员专业水平高低和经验是否丰富,也是决定对客体特征认识能力高低的重要因素。

三、同一认定的类型

(一)从进行同一认定的主体看,同一认定可分为鉴定型同一认定和非鉴定型同一认定

鉴定型同一认定,是指鉴定人根据侦查部门或审判部门的决定和聘请而进行的同一认定,主要是指各国法律规定的鉴定对象中的同一认定,如指纹鉴定、足迹鉴定、工具痕迹鉴定、笔迹鉴定、声纹鉴定等。鉴定型同一认定的主体必须是在案件中所要解决的问题方面具有专门知识的人,而且鉴定型同一认定一般都是在各种检验的基础上进行的,其中大多数都要用专门的仪器来分析识别和比较客体的特征。

非鉴定型同一认定是由对被寻找客体的外表特征有所了解的犯罪目睹人、被害人等在侦查员的组织和主持下进行的同一认定。这种同一认定总是以具体人的观察、记忆、分析等个体认识活动为基础,而且个人的有关经验和能力往往起决定性作用,因此,其主体必须是了解所要认定是否同一的那个客体的特征的人,并且应该在识别分析该类特征方面具备足够的经验和能力。辨认是一种主要的非鉴定型同一认定,作案手法同一认定也是非鉴定型同一认定。

鉴定型同一认定和非鉴定型同一认定之间存在明显区别。首先,鉴定型同一认定的主体是鉴定人,其前提条件是具有解决案件问题所需的专门知识;非鉴定型同一认定的主体是被害人、证人或侦查人员,其前提条件是了解所要认定的那个客体的特征。其次,鉴定型同一认定一般要通过技术检验实现,所以,检验方法的科学与否十分重要;非鉴定型的同一认定往往要通过特定人的辨认和思维来实现,因此,个人的经验和能力是决定因素。最后,鉴定型同一认定的结果

是我国《刑事诉讼法》规定的证据之一——鉴定结论;非鉴定型同一认定的结论可能是一种法定证据,如证人证言或被害人陈述,也可能只是采取某种侦查措施的依据,如并案侦查的依据。

(二)从被认定同一客体看,同一认定可分为人身同一认定、物体同一认定、场所同一认定

人身同一认定按具体的被认定同一客体的不同,分为指纹同一认定、脚纹同一认定、人体外貌同一认定、牙齿同一认定、动作习惯同一认定。人身同一认定,除动作习惯同一认定外,都是根据人身机体某一部分的反映形象来进行的。而人的技能与习惯是经过长期练习而获得的,每种技能与习惯都必然表现为人的肌体的定型化运动或动作。各种技能与习惯只有当它符合同一认定条件时,才可能进行同一认定。从目前情况看,对人的书写技能习惯可以利用笔迹特征进行同一认定;对人的讲话技能与习惯,可以利用声纹特征进行同一认定。

对尸体的同一认定也是人身同一认定,这种同一认定可以通过各种科学鉴定来实现,也可以通过有关人员的辨认来实现,其主要依据是死者的相貌、衣着、牙齿、身体的疤痣、内脏的解剖病理特征和生前的手术特征等。

物体同一认定可以按具体被认定同一物体是否断离,分为完整物同一认定和断离物同一认定。如鞋底的同一认定、工具刃口的同一认定是完整物的同一认定,两截木棍的同一认定就是断离物的同一认定。

完整物同一认定是最常见的同一认定形式,其主要依据是客体的形象特征。断离物同一认定是一种特殊形式的同一认定,这种同一认定的客体在进行同一认定之前已经断离为两部分或多部分。根据物体的断离方式不同,又可分为断裂物同一认定和分离物同一认定。前者指单一客体在较强烈的外力作用下以断裂的方式分为两部分或多部分,如撕开的报纸、扯裂的纺织品等;后者指组合客体被分离成一两部分或多部分,如拆开的机器、脱落的家具把手、被分离开的弹头与弹壳等。这种同一认定所依据的不仅有客体断离面的形象痕迹,还有客体的物质成分特征和附加特征。

场所同一认定是依据场所的综合特征来判断其是否同一的一种认识活动。一般来说,场所同一认定都是要求认定某个场所是否就是与案件有关的那个场所。从某种意义上而言,场所也属物体的范畴,但场所与通常所指的物体终究有较大的差别。一方面,场所有比较固定的空间位置;另一方面,场所总是由许多物体综合而成的,所以,这些物体间的相互关系对场所同一认定具有重要意义。

场所同一认定是在实施侦查活动的过程中所进行的同一认定。它有两种形式:一是由侦查人员根据某场所上的各种痕迹和物品来认定其是否是犯罪现场;二是由被害人对某场所进行辨认以认定它是否为要查找的那个与案件有关的场所。

(三)以进行同一认定的依据为标准,同一认定可以分为根据客体的形象特征进行的同一认定、依据客体的动作习惯进行的同一认定等

1. 根据客体的形象特征进行的同一认定。形象特征,是指客体的外表结构、形状、图案、花纹颜色等方面的特征,如人的相貌、手指的乳突花纹、工具的外表形状、鞋底的花纹等。根据客体的形象特征进行的同一认定是传统的同一认定,在今天仍然是最主要的同一认定形式。一般而言,同一认定并不能直接以客体特征为依据,而要以客体的反映形象特征为直接依据。反映形象是客体的某些外表形象特征在另一个客体上的反映,它是特征反映体的一种。反映形象又可分为物质性反映形象和意识性反映形象,前者如指印、足迹、工具痕迹等,后者则是指客体在辨认者大脑记忆中留下的印象。

2. 依据客体的动作习惯进行的同一认定。动作习惯特征,是指反映某客体特殊运动规律的那些特征。利用客体的运动习惯特征来进行同一认定的主要领域是人身同一认定。人的动作习惯特征可分为三种:生理活动习惯特征、心理活动习惯特征和特殊的技能习惯特征。

生理活动习惯特征,主要是指以人的某些生理功能为基础而形成的习惯特征,如人的说话习惯和走路习惯就是以生理功能为基础而逐步形成的,它们分别构成了声纹鉴定和步法鉴定的主要依据。

心理活动习惯特征,是指以人的神经系统活动为基础而形成的个性心理特征。不同人有不同的心理活动习惯,主要表现在兴趣结构、能力结构、气质结构和性格结构等心理要素的综合上的差异性。在侦查中利用犯罪人的个性心理特征来对其进行同一认定,是一个难度较大的课题。在这方面,根据犯罪分子在犯罪手法和现场上显示出的个性心理特征来查找罪犯或者并案侦查,已有一些成功的尝试。

技能习惯特征,是指因某种特殊的需要而在生理机能的基础上反复练习而形成的带有技能性的习惯特征。笔迹鉴定所依据的主要就是技能习惯特征。另外,编织、裁剪缝纫、纳鞋以及各种手工修理、雕刻艺术都能够形成具有特定性的技能习惯特征。

3. 根据客体的物质成分特征进行的同一认定。物质成分特征，是指客体成份的结构、排列及其含量、比例等方面的特征。根据物质成分特征的属性不同，这类同一认定又可分为根据客体本身的物质成分特征进行的同一认定和根据客体附着物物质成分而进行的同一认定。

4. 根据客体的时空位置特征进行的同一认定。时空位置特征，是指客体在一定时间内所占有的空间和方位。这种特征具有很强的特定性，但由于稳定性较小，反映性较低，所以其同一认定价值不高，它主要用于种类认定和否定的同一认定，在肯定同一认定时，它只能作为辅助性依据。

在侦查实践中，确定侦查范围，查找嫌疑人和审查嫌疑人都是利用客体时空位置特征的主要形式，如某人不在犯罪现场的证明实际上就是依据客体的时空位置特征得出的否定同一的结论。此外，在场所同一认定中，时空位置特征也起着十分重要的作用。

5. 根据客体的气味特征进行的同一认定。气味特征，是指客体中某些物质所具有的能够刺激动物感官并产生味觉的特征。目前在同一认定中利用的主要是人体的气味特征。

(四)根据同一认定的结论，同一认定可分为肯定性同一认定和否定性同一认定

前者可确定某客体与案件事实的联系，后者可排除某客体的嫌疑。根据结论的确定性程度，同一认定又可分为确定性同一认定和非确定性同一认定(又称推测性同一认定)。其中，非确定性同一认定并非毫无意义，而是一种带倾向性的推测。

四、鉴定型同一认定的一般方法

(一)检验前的准备工作

检验前的准备工作包括熟悉案件情况，查验送检材料，了解鉴定要求，准备必要的器材，复制检验材料。

1. 熟悉案件情况。进行同一认定，特别是完整物同一认定，之所以必须熟悉案情，首先，因为物证技术鉴定中的同一认定多数是根据客体的痕迹或复制品进行的，而痕迹和复制品的形成条件、发现和收取的方法对研究客体的特征有着重要意义。其次，被寻找客体留下痕迹后，一般并不会马上被发现，而当它作为受审查客体被发现时，往往已经过了相当长一段时间。在这段时间内，这个客体本身会发生人为的或自然的变化，这些变化的情况，对研究客体的特征也有着重

要意义。另外,被寻找客体留下的反映形象,在被发现和提取前后,也可能发生变化,这些变化对以后评断检验结果也有重大意义。最后,比对样本的收集方法、保存方法对同一认定结论的评断也有重要意义。

总之,熟悉案件情况对正确进行科学检验和正确评断检验过程中所发现的符合点和差异点都是十分必要的。鉴定人员熟悉案情的方法通常是听取送检人员的介绍,或调阅案件中的有关笔录,必要时还可对犯罪现场进行实地观察研究。

2. 查验送交检验的材料。查验送检材料的主要目的是:查看送检材料是否短缺和是否完好无损;初步确定检验现场物证材料的可靠程度,为解决是否需要修改鉴定要求提供依据;了解现场物证材料是否有鉴定条件,样本是否有可比条件。

查验送检材料,应从检验包装物开始,检验包装是否完好,物证是否由于包装不善而发生变化;对包装物中的物品,应当根据清单核对。查验时,检材和样本要严格分开。对检材要核对其名称、数量,对样本要了解其来源和收取方法。送检材料如果容易损坏,要采取适当的保存措施。

对检材的查验。检材是否符合鉴定条件,可以从数量和质量两个方面检查。从质量上看,检材必须清楚地反映被认定同一客体上的特征;否则,被认定同一客体虽然有比较稳定的特征,同一认定也无法进行。从数量上看,检材反映的客体特征必须达到一定的数量,如果数量太少,也难进行同一认定。如指纹鉴定,如果送检的现场指印只有两三根外围纹线,那就无法进行同一认定。

对样本的查验,要从以下几个方面进行:(1)样本的来源是否可靠。样本是研究受审查客体特性的依据,所以,来源应当可靠,样本必须确实取自受审查客体。(2)样本的数量是否充足。为了确保全面研究受审查客体的特性,为比较检验创造良好的条件,必须根据送检材料的性质提供足够数量的样本,此点在笔迹鉴定中尤为重要。(3)样本是否有可比条件。为了进行比较检验,样本不仅数量上要足够、质量上也要有可比条件。例如,现场痕迹是在什么条件下形成的,样本亦应尽可能在相同条件下制取。

3. 了解鉴定要求。鉴定要求是送检单位提请鉴定人解决的问题。鉴定人员在开始检验前,应当运用自己的专业知识考虑送检单位提出的鉴定要求是否合适,是否需要进行修改。一般地,修改有以下三种情况:

(1)对鉴定要求并无实质性改动,只是使问题的提法在措辞上更准确。这种修改无疑是允许的。

(2)由于鉴定要求解决的问题范围太大,鉴定人员认为需要修改鉴定要求,缩小检验范围。此类修改,问题比较复杂,应当和送检单位商讨后决定。

(3)鉴定人员初步研究认为通过鉴定不仅可以解决送检单位提出的要求,而且还可以解决其他对案件有意义的问题,因而认为有必要修改鉴定要求,扩大检验范围。这类修改反映了鉴定人员为侦查工作服务的主动性,无疑是应当鼓励的。

4. 准备必要器材。为了检验供认定同一客体,往往需要比较精密的科学器材。科学仪器在进行同一认定中的作用主要表现在两个方面:一方面,科学仪器有助于发现更多的同一认定特征。被寻找客体反映在痕迹、笔迹中的特征,究竟能发现多少、利用多少,往往与所采用的科学仪器有密切关系;另一方面,科学仪器有助于顺利地进行比较检验,为了解决是否同一问题,不仅要检验供认定同一客体上反映的特征,而且要对发现的特征进行比较检验。各种供比对用的精密仪器,如比较显微镜,比对投影仪等,能够提供既准确又方便的条件。

5. 复制检验材料。无论检材和样本是原物自身还是其反映形象,在检验前都要采用科学技术方法进行复制。复制的方法有拍摄照片、制作复印件、制作模型、制作幻灯片、制作实验样本等多种。为了便于进行比较,复制样本时必须选准客体的部位,采用与检材形成时相同的条件与方法。

(二)分别检验

分别检验是检验的第一阶段,它的任务是要研究被寻找客体和受审查客体各自的特征,以便为下一阶段的比较检验提供良好的条件。分别检验的对象为:研究被寻找客体的特征,要检验该客体留下的反映形象中的特征;研究受审查客体的特征,需要检验取自该客体的样本;有时还要检验受审查客体自身。

分别检验要按一定顺序进行。就客体而言,首先应检验被寻找客体留下的反映形象,而后再检验受审查客体的样本,这是因为掌握了被寻找客体反映形象中的特征后,在检验受审查客体样本时,就可以使目标更加明确。就特征而言,应当先检验一般特征,后检验细节特征。前者表明整个客体的特点,后者说明了客体个别部位的特点。当发现客体的一般特征有明显的本质差异时,即可作出否定同一认定结论,而无须对细节特征进行徒劳的检验。但一般特征只能说明客体的种类属性,不能说明客体的特性,所以,当发现客体的一般特征相符合时,为了确定客体的特性,还需要对客体的细节特征进行研究。对客体特征的检验,不仅要注意特征本身,而且还要注意特征与特征之间的关系。只有根据客体的一般特征和细节特征的总和,才能把客体特定化,从而将其与所有同类的其他客体区分开来。

(三)比较检验

在分别检验的基础上进行比较检验,旨在对被寻找客体和受审查客体的特性进行研究和比对,以确定两个客体特性之间有哪些相同,有哪些不同。

对客体特性的研究,是通过对特征的研究来实现的。比较检验的顺序是先比对一般特征,后比对细节特征。比对研究的对象一般是两个客体的反映形象(检材和样本)。有时候作为辅助手段,也可以比较被寻找客体和受审查客体本身。

在比对反映形象过程中,可以利用各种光学仪器、摄影技术和某些辅助性工具。比对反映形象的方法,通常有特征比照法、特征重叠法和特征接合法,可根据反映形象的性质和特点适当选用。

1. 特征对照法。特征对照法是把相互比对的两个特征反映体并列地置于同一视野内,对它们所反映的客体特征进行比对研究的方法。该方法简便实用,既可以用肉眼直接比对特征反映体,又可以比对它们的同倍放大照片,还可以利用投影比对仪进行比对。对特征进行比对研究时,不能孤立地比对各个特征而应当从特征的形态、特征的具体位置、特征与特征的相互关系等方面进行研究。必要时,还可以借助各种几何线条来确定特征与特征之间的相互关系。

2. 特征重叠法。特征重叠法适用于对一些图像比较简单、点线界限明显的反映形象(如图章印文、辨认照片等)进行比对。采用这种方法,至少要有一个反映形象是透明的,如果反映形象不透明,应当事先将反映形象制成幻灯片。特征重叠法还可以利用仪器进行。

3. 特征接合法。将两个反映形象分别制成同倍放大照片,然后在同一部位将两张照片剪开。用一张照片的一半与另一张照片的另一半相结合。如果两个反映形象实际上是同一客体所留,在接合的照片上可以发现特征能准确地结合。

(四)综合评断

综合评断是同一认定鉴定最后也是最关键的一个阶段。综合评断的目的就是要对比较检验中发现的符合点和差异点进行科学的分析判断,并在分析判断的基础上,对是否是同一问题作出正确的结论。

综合评断一般从评断差异开始。评断差异点的目的是分析研究差异点形成的原因。产生差异点的主要原因有:(1)由于现场痕迹和样本形成的机理不同而产生,例如,由于手指印形成机理不同,环形纹可能变成类似长圆螺形纹;(2)由于被寻找客体在形成痕迹后继续使用或进行过修理、擦拭等而产生,如鞋底形成痕迹后继续穿用,由于磨损、修补而产生差异;(3)由于反映形象本身形成后发生变化而产生;(4)由于被寻找客体和受审查客体本来就是两个客体。

为了确定差异点形成的原因,应当仔细研究被寻找客体的反映形象形成的机理(如留下指印时手的动作、字迹形成时的书写姿势等),全面了解受审查客体的使用、修理和保管情况以及反映形象的发现、收取、保存、运送的情况。如果确定差异点是由上述第一、二、三种原因引起的,则差异点并不影响对是否同一问题作出结论,但究竟是否同一,还必须对符合点的总和进行评断;如果差异点不可能用上述第一、二、三条原因加以解释,就可以作出否定结论。在解释差异点产生的原因时,还应当考虑到犯罪分子可能故意改变客体特征。如犯罪分子故意改变自己的笔迹特征,故意掩饰或破坏自己指纹的特征,故意损坏犯罪工具特征等。

如果被寻找客体和受审查客体的特征没有本质上的差异或者虽然有差异,但已得到科学的解释,还要对符合点进行评断。对符合点评断的目的就是判断检验中发现的符合点作为一个整体是否具有特定性,是否可能在其他客体上重复出现,是否可据以作出受审查客体就是被寻找客体的鉴定结论。

评断符合点首先要评断符合特征的质量。所谓客体特征的质量,是指它对同一认定的价值,这种价值取决于特征的性质和出现率。客体的特性按其性质可分为一般特征和细节特征两大类。一般特征是说明客体总体特性的特征,是某一类、某一种或某一型号的客体所共有的特征,如指纹的类型、鞋底的花纹结构、手枪的口径和来复线条数等。细节特征是说明客体局部特性的特征,是某一客体所特有的特征,如指纹纹线的分歧与结合、鞋底的破损、手枪来复线磨损程度、笔画搭配比例关系等。客体特征的质量也取决于特征的出现率,如在指纹的细节特征中,小眼比起点、终点罕见,其价值就要比起点、终点高。

评断符合点也不可忽视符合特征的数量。究竟需要多少个符合点才可以作出肯定同一的结论,迄今为止,无论是哪一种同一认定,实践中都没有数量标准。一般来说,如果符合点中有罕见的特征,要求的数量较之常见的特征要少一些。

经过评断,如果认为已经发现的符合点作为一个整体,不可能在其他客体上重复出现,就可以作出受审查客体就是被寻找客体的结论;如果认为符合点仅仅是一些一般特征,就不能作出受审查客体就是被寻找客体的结论。在这种情况下,鉴定工作就只能以确定某些一般特征相同而告终。

(五)制作鉴定书

表述鉴定结论的法律文书,就是鉴定书。鉴定书的内容包括:送检事项、检验、论证、结论四个部分。

送检事项部分,应当写明送检单位,送检人,受理日期,简要案情,检材的名称、种类、数量、提取方法、载体及包装、运送情况,鉴定要求。

检验部分,应当记录检材和样本的形态、色质、大小、检验和实验的步骤、方法、手段等,通过检验所发现的数据、特征,检材与样本的相同与不同特征。

论证部分,应当对检验发现的特征、数据进行综合评断,并论述结论的科学依据。

结论部分,应对送检单位提出的是否同一的问题作出回答。鉴定结论,无论是肯定结论或否定结论,都应使用确定的语气。如确因检材不够,缺乏鉴定条件,无法作出肯定结论,也可以提出分析性意见。

鉴定书应当文字简练,描述确切,照片清晰真实,特征描画鲜明。要能使懂得同一认定基本知识的人阅读鉴定书后能够判断鉴定人的检验方法是否正确,以及鉴定结论是否是从检验所发现的特征中得出的正确结论。

五、对同一认定结论的评断

我国《刑事诉讼法》规定,各种证据必须经过查证属实,才能作为定案的依据。以解决是否同一问题为目的的鉴定结论,和其他证据一样,也必须经过查证属实,才能作为证据加以使用。鉴定结论虽是在科学检验的基础上作出的,但它是否确实可靠,在案件中的证据意义如何,都须由侦查人员和审判人员正确地进行评断。鉴定结论的评断分为两个方面:一是评断鉴定结论的科学可靠性;二是评断鉴定结论的证据意义。这两方面互相联系,科学可靠性是鉴定结论构成诉讼证据的基础,证据意义则表明鉴定结论在证据体系中的地位和作用。

(一)对同一认定结论科学可靠性的评断

同一认定鉴定结论是鉴定人根据自己的专门知识,对案件中的专门性问题,经过科学的检验和分析后作出的,一般说来是科学可靠的。但由于种种原因,鉴定结论也可能不正确，因此，各种鉴定结论不应盲目相信。在评断鉴定结论的科学性时，应注意审查以下几个方面的情况：

1. 关于鉴定人方面的情况。审查鉴定人是否具备解决案件中专门性问题的知识以及解决专门性问题的实际能力。这一点可从多方面考察，如鉴定人是否受过专门的业务教育、从事科研工作的工龄、有无鉴定经验、有何技术职称等。若鉴定人不具备条件，其所作的鉴定结论是不足信的，必要时应另行指派、聘请鉴定人。另外，还要对鉴定人的职业道德进行审查，查明其是否受有外界干扰、故意作虚假鉴定的情况。

2. 关于检验方面的情况。首先，应审查检材是否具备鉴定条件，样本是否有比对条件，尤其是要注意检材和样本的来源是否确实。把来源不确实的材料作为鉴定依据，根据不具备鉴定条件的材料作鉴定结论，或是鉴定材料在收取、传递、保管过程中受到意外损伤，都可能会使鉴定结论发生错误。

其次，要注意考察检验工作是否充分，如果检验不够充分，作出的鉴定结论就不能认为在科学上是可靠的。如在检验可疑文书上是否有添写内容时，如果鉴定人只对有关部分字迹的墨水进行比对检验，而未对字迹笔画的细微特征进行检验就不能认为检验是充分的。

另外，要审查鉴定结论的科学依据，即鉴定人所依据的原理是否科学，运用的设备是否完善，采用的方法是否正确。如果鉴定人运用的原理和方法尚未得到验证，在学术界还存有争议，根据这些原理和方法进行的检验就很难认为在科学上是可靠的。

3. 关于论证方面的情况。在同一认定鉴定书的论证部分，应当就此对检验中发现的差异点与符合点进行综合评断。在评断同一认定结论时，应当注意论证是否充分。如果在检验部分描述了发现的差异点，结论是认定同一，但在论证部分却未对差异点进行解释，或者虽有解释，但缺乏说服力，这样的论证就是不充分的。论证不充分，结论就不易使人信服。

4. 审查鉴定结论和其他证据的关系。即审查鉴定结论与其他证据是否协调一致，有无矛盾。如相互矛盾，则要对鉴定结论与其他证据一并审查，以确定其客观真实性。

（二）对同一认定结论证据意义的评断

评断鉴定结论的科学可靠性是要解决鉴定所确定的事实是否正确，而评断鉴定结论的证据意义则要解决鉴定所确定的事实对于确定犯罪事件和认定被告人有罪究竟有什么意义。违背科学性的鉴定结论,当然毫无证据意义。但同是符合科学的鉴定结论,在案件中的证明力也不尽相同。有的证明价值较大,有的证明价值较小。

1. 对认定人身同一结论的评断。对人身进行同一认定所依据的反映形象,可能有两类情况:一类是同正在侦查的犯罪事件没有联系。例如,根据指纹登记卡片上的指纹对犯罪嫌疑人进行同一认定,根据照片对无名尸体进行同一认定等。根据这类反映形象进行同一认定作出的结论,对侦查证实犯罪的意义,要根据它们在侦查任务中所起的作用来决定。另一类是同犯罪事件存在联系,其中又可分为以下几种情况:

(1)反映形象是实施犯罪或掩盖犯罪行为时形成的。如实施犯罪时,在犯罪现场入口处的气窗木框上留下的指印,根据这种反映形象作出认定同一的结论,是证明被认定同一的人实施犯罪的有力证据。

(2)反映形象是在犯罪现场逗留时形成的。根据这类反映形象作出的同一认定结论,不能证明一定的人实施了某种犯罪行为,而只能证明一定的人到过犯罪现场。如果要证明被认定同一的人不仅同犯罪现场有联系,而且同犯罪行为也有联系,那么,还须查明一系列其他情况,如此人平时是否来过犯罪现场,特别是发案前后是否到过犯罪现场,在现场接触过哪些物品等。必要时,还可询问其本人发案前是否到过现场,若到过现场,要仔细了解和研究其在现场的情况;若否认到过现场,而同一认定结论又证明他接触过现场物品,则要仔细研究其为什么要否认到过现场,是出于狡猾抵赖还是出于害怕心理。

(3)反映形象是在案件中发现的一些物品上提取的。如在现场勘查中发现的遗留物上或在搜查中发现的可疑文书上提取的痕迹。根据这类反映形象进行的同一认定的结论,并不能证明一定的人实施了犯罪行为或者在犯罪现场逗留过,但这个结论却能为侦查人员找到同犯罪事件有联系的人和十分重要的线索与方向。在这种情况下,侦查人员应仔细研究,留在这些反映形象上的物品为什么会出现在犯罪现场或某个人的住处。为了研究这些问题,有时可以对受审查的人直接讯问。

2. 对认定特定物同一的结论的评断。对特定物同一结论的评断包括两个方面:第一,确定被认定同一的物同犯罪事件的联系;第二,确定特定物与一定人的联系。

被认定同一的物同犯罪事件的联系,有三种情况:

(1)已被认定同一的物是犯罪分子实施犯罪的工具。如根据门上的撬压痕迹认定为某一工具所留;根据碎尸骨骼中发现的刀刃碎片,认定碎尸是使用了某一把菜刀等。这都可以证明已被认定同一之物为犯罪工具。

(2)已被认定同一的物曾在犯罪地点被使用过。如根据现场上的鞋印,认定为送交检验的胶鞋所留,这个结论只能说明这只胶鞋曾经在犯罪地点被穿用过,但不能说明它就是犯罪时所穿用的,要想证明这点,还要查明一些其他情况,排除在犯罪时间以外留下这个鞋印的可能。

(3)已被认定同一之物,同犯罪事件只有间接联系,既不是犯罪工具,又不曾在犯罪地点被使用过。如根据现场遗留物上的工具痕迹,认定为某一工具所留,这个结论既不能证明这一工具就是犯罪工具,也不能证明它在犯罪现场上被使用过。但是,既然它通过现场遗留物和犯罪事件有着某种间接联系,所以,还可以为侦查犯罪提供一定线索。

第十六章　侦查学的学科历史

世界学者普遍公认，系统的侦查学产生于近代资本主义社会，其创始人是奥地利犯罪学家汉斯·格罗斯（Hans Gross，1847～1915）。侦查学产生的标志是汉斯·格罗斯于1893年出版的经典性著作《司法检验官手册》。但是，单靠汉斯·格罗斯一个人是不可能创立侦查学的，在汉斯·格罗斯之前，已经有许多人开始探究侦查领域的某一个或某一些问题，并且取得了一个又一个理论上的突破，是他们为汉斯·格罗斯把侦查对策方法系统化提供了理论源泉。因此，在论述侦查学形成和发展的历史时，既要充分肯定汉斯·格罗斯的开创性贡献，又不可能不涉及侦查学形成过程中的一些先驱性人物及其在侦查学上的历史功绩。

第一节　侦查学的萌芽

任何一门学科的形成都不是一蹴而就的，都要由许多人经历相当长一段时间的探索。侦查学同样也经历了较长时间的萌芽，这一萌芽时期主要是指系统侦查学产生前的几十年间。这一段时间内，侦查学领域已开始出现了一些分支性的自成体系的理论和学科。其中，人体测量法、指纹鉴定法、笔迹鉴定法是这一时期侦查学发展的几大主流，构成了侦查学诞生的前奏曲。

从整体上看，萌芽时期的侦查学研究还基本上局限于侦查的一些技术领域，而且内容多是零散的，多系将自然科学和技术科学的成果运用于侦查的某一狭小领域，解决的大多是同一认定问题。这一时期尚不见系统论述侦查措施和方法的著述。可以说，局限于侦查技术领域的人体测量法、指纹鉴定法、笔迹鉴定法是侦查学萌芽的三大主要标志。

一、人体测量法

(一)人体测量法的创始人

人体测量法的创始人是阿尔方斯·贝蒂隆(1853～1914)。据有关资料介绍,[1]阿尔方斯·贝蒂隆是法国人,他行动慢条斯理,说话呆板乏味,生性孤僻,对人疑忌心重,说话刻薄狠毒,浑身透着一股令人生厌的学究气。他的父亲路易·阿道夫·贝蒂隆是巴黎人类学会副会长、德高望重的名医和统计学家,其祖父是自然科学家和数学家阿尔基·盖亚尔·贝蒂隆。虽然贝蒂隆有着良好的家庭环境,但其本人却因学习成绩差和品行乖戾而三次被法国三所一流的学校开除学籍。后他到一家银行当学徒,几个星期后又被解雇。不久,他又去英国给人当家庭教师,但也由于工作差劲被辞退。多亏了他父亲的一些关系,1879 年 3 月,贝蒂隆在巴黎警察厅谋了一个录事的差事。而正是在这个录事的岗位上,贝蒂隆成了侦查舞台上的风云人物。

(二)人体测量法的创立过程

也许是对录事工作感到十分厌烦和百无聊赖的缘故,也许是回想起了孩提时代其爷爷、父亲进行的各种测量和分门别类的活动,贝蒂隆当上差事以后的 4 个月,即 1879 年 7 月,开始了对囚犯的分析比较,并被允许对登记在案的囚犯进行登记测量。在此过程中,他逐渐得出了一个坚信不疑的结论:对于不同的人,他们身体的某些部位的大小、长短可能会一样,但四五个部分的尺码都一样是不可能的。他的这个结论参考了比利时天文学家和统计学家阿道夫·凯特勒创立的定律。该定律认为,人的身长有一定规律,世界上高个、矮个人数均等,中等身材居多,世界上没有身体各部分尺寸都相同的两个人,统计发现每个部位尺寸相同的可能性为 4:1。贝蒂隆在给时任巴黎警察总监路易·安德烈的报告中断言,如果人身高等同的概率为 4:1,那么身高再加上一项,如腰的长度,等同的概率就降到 16:1;如果进行 11 个项目的测量,那么,找到 11 个项目都一样的人的概率是 4,191,304:1;要是测量的项目增加到 14 项,机会便会下降到 286,435,456:1。他自认为他的这种对人身鉴定的方法是绝对可靠的。

但是,贝蒂隆的做法和方法遭到了从上到下的嘲笑,巴黎警察总监安德烈给

---

〔1〕 参见[德]于尔根·托瓦尔德著:《19－20 世纪西方大要案侦破纪实》(上),流水等译,中国人民公安大学出版社 1987 年版。

贝蒂隆提出了严厉的警告。就在这个时候,贝蒂隆的父亲给他以极大支持,阿道夫·贝蒂隆利用其和友人的影响,说服了巴黎警察新任总监卡梅卡斯,为贝蒂隆争取到了3个月极为有限的实验期限。但是,奇迹发生了,1883年2月20日,贝蒂隆用他的方法成功地鉴别出了第一个犯有前科的羁押犯的身份,并在这一年成功地鉴别出了26名羁押犯的身份。紧接着,贝蒂隆又研究出了一种将人的面部上不可改变或难以改变的特征拍摄下来的方法。1884年,他鉴别出了300多名有前科的罪犯。1885年,贝蒂隆荣升为巴黎警察局辨真局局长,巴黎的一些新闻记者为贝蒂隆的鉴定方法冠以一个新的术语——贝蒂隆法则。

(三)人体测量法的影响

还在贝蒂隆实验期间,他著名的父亲就预言贝蒂隆从事的"是一门实用的科学,对警察部门来说是一场革命"。1884年,英国人斯波曼对贝蒂隆法则产生了极大兴趣,专程赴巴黎讨教。法国监狱管理局局长埃贝尔在拜访了贝蒂隆后,立即决定将贝蒂隆法则运用于法国监狱管理实践。1892年以来,贝蒂隆法则成了举世瞩目之物,首先在西欧,尔后在世界迅速传播,并被誉为"十九世纪警务中最伟大的发明"。

然而,随着同一时期指纹鉴定方法研究的不断深入,阿根廷和南美其他国家首先抛弃了贝蒂隆的人体测量法。英国人亨利的指纹鉴定法也开始从英国向外传播,打入了贝蒂隆法则在欧洲的地盘。1902年,匈牙利、奥地利、丹麦、西班牙纷纷转而采用指纹鉴定法,紧接着,整个欧洲都摒弃了人体测量法。在这种形势下,贝蒂隆本人仍狂妄地拒绝了法国一些学识渊博而且对他满怀好意的人的劝告,甚至到1911年他用人体测量法鉴定失败后也丝毫不为所动,仅仅认为指纹是人体测量法的一个"可以容允"的补充。他始终不相信指纹那"小小的痕迹"能够成为可靠的鉴定依据。1914年3月,贝蒂隆去世后的几个星期,在摩纳哥召开的国际刑事警察代表大会上,指纹鉴定法取代了人体测量法作为公认的国际鉴定方法。至此,贝蒂隆法则寿终正寝。

尽管如此,人体测量法的出现仍然可以被视为人身鉴定领域乃至侦查领域的一次深刻革命,它揭开了探究科学侦查方法的序幕。人体测量法所确立的一些人身登记和测量的方法仍然在现代的情报工作和人身外貌识别中被采纳。遗憾的是,这一方法及其创始人并没有实事求是地正视其在侦查犯罪中的地位和作用,过分夸大了其功能而又顽固地排斥其他鉴识方法。

二、指纹鉴定法

（一）对指纹特性的认识

指纹鉴定法是与人体测量法同时代出现的人身识别方法，与人体测量法不同的是，指纹鉴定法的形成过程要曲折和漫长得多，而且凝聚了世界上不同国度的众多研究者的智慧和汗水。

对人体指纹的运用可以溯源至东方文明古国，中国早在西周时期就将手指的纹印叫“质剂”，到了唐代被称为“画纸券”的按手印方法更是成了民间表示契约关系的信用方法。然而，中国人并没有对指纹的特性进行科学阐释，更没有把指纹与揭露犯罪联系在一起。世界范围内，最早向社会倡议用指纹鉴别犯罪人身份的是美国显微学家托马斯·泰勒，他在 1877 年给美国农业部的一次授课中，用幻灯显示了手掌和手指尖端的纹线印迹，并提醒大家注意，这些纹线可以用来鉴别犯罪人，特别是通过犯罪人在现场物体上留下的手印与捺印的犯罪嫌疑对象的手印相比时，可以确定犯罪嫌疑对象是否是犯罪嫌疑人。

托马斯·泰勒只是提出了一个美妙的建议，他并没有对指纹进行更深入地研究，更没有科学地揭示出指纹的特性。世界上第一个作出皮肤乳突线花纹具有稳定性结论的人是英国人威廉·赫谢尔（1833～1913）。作为英属印度孟加拉的殖民官员，由于受到去孟加拉做生意的中国商人在契约上按指印以表示信誉的启示，从 1858 年开始，威廉·赫谢尔经过了长达近 20 年的观察和研究，终于得出了手指纹线终身不变的结论，他认为，手指纹理的特征终生如一，根据这些特征，任何时候都可以准确地辨认出任何人。以此为据，赫谢尔把捺印手印运用到了其所管辖区域内监狱的管理中，取得了令人难以置信的效果。然而，威廉·赫谢尔的研究和实验并没有得到上司的赏识，其有关指纹的建议也被视为胡思乱想而落入了冷宫。

威廉·赫谢尔是不幸的，但是，对指纹研究前进的步伐是不可阻挡的。一位名为亨利·福尔兹（1843～1930）的荷兰籍医生不仅得出了与威廉·赫谢尔同样的结论，而且还将其发现的结论公之于世。与威廉·赫谢尔一样，亨利·福尔兹的研究也是在亚洲进行的。1879 年他在东京筑地医院讲授生理学课程时，对遗留在瓦器碎片等物上的手印产生了浓厚的兴趣。起初，他注意的只是指纹与人种的关系以及指纹的遗传问题。一次完全偶然的机会，福尔兹利用犯罪人遗留在现场酒杯上的手印，成功地帮助日本警方破获了一起盗窃案。从此，福尔兹毫不怀疑地认为他已经发现了一种可使全世界警察的侦查工作得到改进的方法,即利用现场指印破案的可能性。同时,他还根据自己早年做过头巾分类工作的经验,提出了将指纹分类、存档的建议。1880 年年初,他将自己的全部研究成果整理后寄给了远在伦敦的《自然》杂志社。信中他认为,手指皮肤上的纹理是终生不变的,所以指纹肯定是比照片更好的一种人身鉴定依据。1880 年 10 月,《自然》杂志社发表了福尔兹的信,并立即引起了轰动。

(二)指纹鉴定方法的创立

对指纹特征的科学认识只是指纹运用的前提和基础。如何科学、有效地将指纹用于揭露犯罪、鉴别人身之中去,成了许多有识之士苦苦探求的目标。在这一艰难的探索过程中,有三个人的名字是值得提及的,这就是弗朗西斯·高尔顿、胡安·符采蒂奇、爱德华·亨利。

弗朗西斯·高尔顿曾被誉为英国历史上最杰出的人体测量专家,他于 1885 年 5 月开始潜心于指纹鉴定方法的研究。他收集了许多指纹图片,经过长达数年的研究后认为,要以指纹鉴定法代替贝蒂隆的人体测量法进行同一认定,就必须创立一套对指纹进行登记和分类编目的方法,经过无数次的观察,高尔顿把指纹分成了四类:左三角指纹、右三角指纹、无三角指纹和多三角指纹。在此基础上,高尔顿作出了对指纹学的创立和发展具有重要意义的三条结论:指纹终身不变;指纹没有重复,每个指纹都是不同的;指纹可以分类。1892 年,高尔顿写完了《指纹》这部经典性著作,书中详细地阐述了其指纹理论和鉴定方法。1895 年以后,他的指纹鉴定法在英国得到了短期采用,而此时贝蒂隆的人体测量法尚未废除。

胡安·符采蒂奇是阿根廷布宜诺斯艾利斯警察局的警官。在人体测量法占统治地位的 1891 年,符采蒂奇即开始潜心指纹法的研究。1892 年 9 月,他便对指纹分类的原则和方法有了明确的见解,并且完全依靠自己的摸索,得出了与高尔顿近似的四种指纹类型:弓型纹、内箕型纹、外箕型纹、螺环型纹。在此基础上,他自费出版了自己写的第一部书《人体测量法与指纹法概论》,书中对指纹鉴定法比之人体测量法的优越性作了论证。然而,1893 年 7 月,警方领导人下令禁止符采蒂奇继续进行指纹研究。在十分抑郁的心境中,符采蒂奇写出了他的第二本书《同一认定方法》。到了 1894 年,指纹鉴定法的优越性越来越明显,阿根廷很快成了世界上第一个在警察部门单用指纹鉴定法作为鉴别方法的国家。1904 年,符采蒂奇出版了《比较指纹学》,详细地阐述了他的指纹分类依据和方法,其理论和方法在拉美和使用西班牙语的国家和地区享有盛誉。

爱德华·亨利，英国人，1891 年担任英属印度孟加拉警察总监后，在警察系统推行贝蒂隆人体测量法时，他开始对指纹进行系统研究。在弗朗西斯·高尔顿的鼓励和帮助下，他解决了指纹的分类和查找的方法，并于 1896 年在印属孟加拉省创立了十指指纹档案。亨利首先将指纹分成五种基本类型，即弧、帐、正箕、反箕和螺环形，再将这五种指纹分成若干亚种，划分亚种的依据是把被高尔顿称为“三角”的纹理进一步精确化，并用数字和字母构成指纹的表现式，根据这些表现式使可以将指纹卡片加以分类和储存。此后，亨利指纹鉴定法迅速普及，很快就具有世界意义，1897 年在英属印度全境推行。1900 年，全英推行并迅速在大不列颠帝国的各个自治领地迅速传播。1905 年 3 月 27 日清晨，在伦敦东部泰晤士河南岸离格林威治不远的一个萧条冷落的德特恒区发生了一起凶杀案——斯特拉顿案，在这个案件中，指纹鉴定结论作为证据在刑事诉讼中第一次得到了确认。1914 年，在摩纳哥召开的国际刑事警察会议上指纹鉴定方法得到了国际确认。

人们对指纹特征的认识经历了一个漫长的过程，对指纹特征的运用又充满了艰难和曲折。同时，指纹鉴定法与同一时期的人体测量法又有着激烈的斗争。可以说，指纹鉴定法的出笼从一个侧面反映了侦查科学前进的艰难。但是，指纹鉴定方法的形成和发展对于侦查科学的形成有着不同寻常的影响。因为指纹和指纹鉴定结论作为证据得以确认使得“物证为王”的资本主义诉讼证据制度有了科学的基础，也使得以追求口供的纠向式诉讼制度下的侦查方式得以根本变革。

三、笔迹鉴定法

笔迹鉴定有着千年以上的历史，但是笔迹鉴定作为一门科学却是近代的事。中国是使用文字最早的国家，其笔迹鉴定实践可以追溯至公元 210 年的三国时期，但是科学系统的笔迹鉴定方法却产生于西方。早在 1609 年，法国人弗朗科尼·迪麦尔在一篇关于笔迹鉴定的论文中就介绍了笔迹鉴定的方法和原理。虽然当时一些国家的法院承认笔迹鉴定具有证据价值，但是，笔迹鉴定方法从其诞生之日起就伴随着它是否科学可靠的争论。在争论声中，笔迹学领域出现了一些影响较大的流派。

（一）笔相学派

笔相学派是笔迹鉴定中最为古老的流派。1622 年，意大利人卡米洛·巴尔迪发表了《依靠书法认识人的生活方式、性格和个人品质的方法》,这是世界上与笔迹鉴定有关的第一部著作,巴尔迪也以此成为笔相学派的早期倡导人。

笔相学派中又分为两派:一派是法国神甫米尚(1806~1881)为代表的心理笔相学派。他于1872年发表了《笔迹学的体系》和《笔相学的方法》两本专著,书中对巴尔迪的观点进行了详细地论述,并加以了补充和发展。因此,各国侦查学家一般都把米尚作为心理笔相学派的鼻祖。笔相学派的另一流派是生理笔相学派。该派以意大利犯罪学家龙勃罗棱(1836~1906)为代表,他于1895年发表了《笔相学指南》一书,阐述了生理笔相学的体系,他力图用生物学的原理来解释人的笔相,认为笔迹是人的天生品质的反映,天生犯罪的特点可以从笔迹中表现出来。

(二)书法家鉴定派

书法家鉴定派流行于18世纪末19世纪初。由于当时尚没有专门的笔迹鉴定人员,所以许多欧洲国家的法律都规定要由掌握书法秘密的教师、文书、书记员等"书法家"担任笔迹工作,这些人一般都不掌握笔迹鉴定的基本知识,只能根据职业所培养起来的观察力和个人经验来进行鉴定。他们往往只注意笔迹中字母和笔画的形状以及笔画连接形式等表面特征,并据此对书写人进行同一认定。

(三)特征描述派

特征描述派是由法国的阿尔方斯·贝蒂隆于19世纪末创立的。这一学派强调笔迹鉴定人员在比对检材和样本时应先把被检笔迹中那些多次重复的特征抽出来,然后再按统一规定的专门术语对这些典型特征进行描述,描述的内容主要是字母和笔画的间隔、倾斜度、位置、大小、形状等。其代表人认为,笔迹鉴定一般只能作出否定同一或笔迹相似的结论,而不能作出肯定同一的结论,一个人的笔迹可以由他人伪造。此外,该派在鉴定实践中还运用照相底片重叠法来进行特征的比较以加强鉴定的客观性。

(四)书法测量派

书法测量派是由书法特征描述派发展而来的。法国的埃德蒙斯·洛卡尔首先提出了这一理论。他认为,笔迹鉴定的基础是字母各部分之间的大小比例。他试图用数字方法来抵消鉴定人的主观因素对笔迹鉴定的影响。这一学派的观点显然受了19世纪末20世纪初自然科学飞速发展的影响,其方法虽提高了笔迹鉴定的精确性和规范性,但却忽视了笔迹特征数量与质量的辩证关系,有机械比对的缺陷。

第二节　侦查学的诞生

从古代文明到近代警察制度的确立经历了一个漫长阶段，警察制度的确立到侦查制度的独立又有一个痛苦的过程。根据马克思主义的犯罪观，侦查应该是一种几乎和犯罪同时产生的社会职能活动，有着悠远的历史。但是，尽管如此，以侦查活动为研究对象的侦查科学的出现却是近代资本主义时期的事件。作为全面指导侦查实践的科学理论，侦查学产生于19世纪末期的资本主义社会，有其特定的历史环境和独特的形成形态，是一种历史的必然。

一、奴隶社会、封建社会未能出现系统侦查学的原因

尽管侦查与犯罪共生共有，具有悠久的历史，但经过了漫长的奴隶社会、封建社会和资本主义社会初期，无论是东方还是西方，直到19世纪末期，都没有形成系统的侦查科学，这的确是一种历史事实。归根到底，造成这种历史事实的根源是社会经济基础以及由此而决定的社会生产力水平。

在奴隶制时代，即使在自由民内部，法律也公开确认由于社会地位的不同而在法律适用上的不平等。奴隶社会实行的是控诉主义诉讼制度，即弹劾制和当事人主义制度，行政、军事、司法合一的体制造就了既没有独立的审判机关，又没有与审判机关相互配合的侦查机关和检察机关存在的可能。司法上实行的是私人告诉制，不告不理。还普遍实行神明裁判的证据制度，在审理案件时，采用决斗、宣誓、水审、火审、动物审等方法，凭借神的力量判明犯罪嫌疑人是有罪还是无罪。因而，奴隶社会的整个诉讼制度，特别是盛行的野蛮证据制度，势必导致诉讼程序的简化，从而使得无从和无须科学系统调查和侦查程序，当然，也就没有强化侦查的必要。很显然，在生产力极其低下的奴隶社会，在相对简单的犯罪状况下，由于没有物质基础、科学基础和社会需求，根本不可能也没有必要产生系统的侦查科学理论来指导还十分古朴和原始的侦查工作。

封建社会在各方面都较奴隶社会有一定的进步。在诉讼制度上，私人告诉制让位于公诉制，控告式诉讼让位于纠问式诉讼，国家开始形成中央集权的全国统一的司法体系。在中国，虽然地方办案由行政长官统揽，但中央已开始设置专

门机构,如隋唐时代的大理寺、刑部、御史台就是三大司法机构,其中刑部专司刑狱。此种体制一直沿袭到明清。在欧洲,随着封建专制制度的确立,设立了检察机关,负责对犯罪的侦查和起诉。法定证据制度代替了神明裁判。这些制度的变革和进步无疑对侦查是一次推动,至少出现了一定的侦查程序和专门行使侦查职能的机关。证据的要求也在一定程度上促使了侦查活动的开展和侦查水平的提高。应该说,在封建社会,侦查工作科学化和文明化的程度较之奴隶社会有了根本的飞跃。

但是,在封建社会,全世界范围内普遍实行的是纠问式诉讼,司法机关对于犯罪事件,无论是否有被害人的控诉,都根据其职权主动进行追诉和审理。在诉讼中司法官员是唯一的主体,他既执行审判职能,又执行追诉职能,犯罪嫌疑人或被告人员是被追究和审讯的对象,而没有反驳控诉和进行辩解的权利。与这种专横的诉讼制度相适应,封建的刑事诉讼采用了有罪推定原则和法定证据制度。法定证据制度要求每一种证据事先由法律规定证据可靠性和证明力,而既不考虑证据本身的真实性如何,也不考虑该证据对具体案件的证明力如何。在证据中,口供被奉为“证据之王”。在有罪推定思想的指导下,为了证实有犯罪事实,司法官员就必然会不择手段地获取“最关紧要”的证据——口供。于是,刑讯逼供就成了封建专制诉讼制度下野蛮、残酷办案的最有效的手段,此种情形下,侦查审理案件本质上就无科学性可言。因此,尽管封建社会设置了一些专门机构行使侦查职能,并在一些诉讼程序的规定中涉及一些侦查的方法和步骤,但科学方法仍然不是发现、揭露和证实犯罪最主要的手段,同时,封建社会生产力发展仍然缓慢,侦查工作赖以发展的物质基础相对较为薄弱,侦查活动依然简单。整个封建社会,有关侦查方面的论著很少且内容十分零乱,多以一些办案经验和案例的形式出现,著作仅限于勘验检查方面,特别是法医检验方面。当然,这些文献和科学经验不失为侦查学的历史渊源。

综上所述,由于奴隶社会、封建社会的生产力尚不发达,犯罪活动相对简单,加上诉讼制度的制约,科学的侦查尚不是揭露犯罪和证实犯罪最主要的手段。同时,这一时期还没有大量出现侦查学产生所必需的自然科学、技术科学和社会科学,因此,侦查学的形成既无可能也无必要。

二、侦查学形成的历史条件

研究侦查学形成的历史条件是为了揭示侦查学形成的历史必然性。侦查学诞生于 19 世纪末期的资本主义世界,是由多种因素促成的结果。

（一）资本主义诉讼制度的变革

17、18 世纪，资产阶级在反对封建专制统治的斗争中，对于封建专横的司法制度进行了猛烈抨击，同时提出了一系列反映资产阶级意志和主张的诉讼原则和思想，为建立资产阶级的刑事诉讼制度奠定了基础。资产阶级在取得政权后，陆续地将这些原则和主张规定在宪法和其他法律之中，确定了诉讼的辩论原则和辩护原则。如 1808 年，《拿破仑刑事诉讼法典》就规定了侦查辩论式诉讼原则，又称混合式诉讼原则，即侦查是秘密的，审判是公开的，采取言论辩论形式。其后，德国、日本都仿效《拿破仑刑事诉讼法典》规定了与其大致相似的诉讼形式。资产阶级还彻底批判了封建专制的有罪推定思想，确定了无罪推定原则，从而保障了犯罪嫌疑人和被告人的合法权益，使之成为刑事诉讼的主体之一。在证据制度方面，资产阶级完全否定了法定证据制度，代之以自由心证原则，即对各种证据的证明力，法律不作明确规定，而由司法官自由判断取舍。这一系列的变革必然引起诉讼活动多方面的变化，如废除刑讯逼供的审讯方法，否定口供至上，确定举证责任由控诉人员承担，犯罪嫌疑人和被告人获得辩护权等 。

这些具有划时代意义的变革对侦查也产生了极其深刻的影响，它首先使得侦查这一职能活动获得了法律制度上的确认和根本保证。在这些新的司法制度中，侦查在刑事诉讼中就被摆到了一个十分重要的位置，并且根据上述基本的诉讼原则，口供主义被摒弃，客观证据尤其是物证就必然引起重视，研究物证的侦查技术方法自然而然就成为人们关注的焦点和重点。同时，确定了控诉人员的举证责任，作为控诉方的侦查工作就显得尤为重要，因为倘若侦查获取的证据没有全面、充分的证明力，在辩论式诉讼中便难于取胜。因此，资产阶级新的刑事诉讼制度的确立给公诉机关的侦查提出更高的要求，也给侦查理论研究提出了更高要求。

（二）犯罪骤增后的社会需求

侦查始终同犯罪相适应，犯罪手段的高明程度和犯罪现象的严重程度在一定程度上决定和影响着一个时期的侦查水平。资本主义社会，不论是资本积累阶段，还是在工业革命阶段，犯罪问题都是一个突出的社会问题。恩格斯在《英国工人阶级状况》一书中曾对典型的资本主义国家当时的犯罪进行了考察。他说，随着资本主义的发展，“英国的犯罪的数字也增加了，不列颠民族已成为世界上犯罪最多的民族。从内务部每年公布的‘犯罪统计表’中可以看出，犯罪的数字在英国是以不可思议的速度增加着”。仅仅在英格兰和威尔士，当事人因刑事犯罪而被捕的事件的数字是:1805 年为 4605 件,到了 1842 年,即达 31,009 件。“换句话,在 37 年中逮捕事件的数字增加了六倍”。[1] 不仅在英国,其他资本主义国家的犯罪现象,从 19 世纪以来都不同程度地增长着。19 世纪最后 20 年,随着资本主义向帝国主义转变,犯罪现象特别是累犯现象剧烈增加。同时,由于犯罪利用了当时一些先进的科技手段,因而,其犯罪的技巧和手法达到了相当高超和专门化程度。显然,侦查人员的经验和简单的侦破方法已不能适应同犯罪作斗争的需要。要有效地对付日益增长的复杂犯罪,维护和巩固资产阶级的统治秩序,就必须大力加强对新的更加科学有效的侦查手段和方法的研究,提高侦查水平。所以,运用新的、科学系统的侦查对策体系同犯罪作斗争就显得十分迫切。这就为侦查学的产生提出了强烈的社会需求。

(三)资产阶级科学技术和生产力发展所带来的科学和物质基础

19 世纪中期,西方各国相继完成了资产阶级革命,实现了一系列资产阶级民主改革,大大地促进了资本主义生产力的发展,随着文艺复兴运动的兴起,欧洲出现了一大批自然科学家和技术科学家,他们在各自的研究领域均取得了革命性成就。科学的方法论和自然科学、技术科学的一系列理论成果和实验手段被广泛运用于各个领域。这些崭新的科技成果也迅速为侦查所吸收和利用,转化成了侦查的技术和方法。在对物证技术需求的推动下,侦查的技术手段在运用当时的物理学、化学、生物学、医学等科学最新成果的基础上迅速发展起来。侦查在新的历史条件下被更加紧密地纳入了日益同科学相结合的轨道。

(四)侦查学分支学科的不断聚合

在系统的侦查学产生前的几十年,侦查学的一些重要的分支性学科与临近学科先后创立并发展起来,为系统侦查学的诞生奠定了雄厚的理论基础。18 世纪末,与侦查工作密切相关的法医学被认为是一门科学,19 世纪末得到了蓬勃发展,尤其是病理学和显微病理学研究的进展,使法医学者能够以精神观察、尸体解剖、显微检验和化学检验为依据,准确地解决侦查中的有关问题。19 世纪初,法国人马蒂厄·奥尔菲拉发表了《毒物的特性》一书,并和比利时人琼·塔斯塔等药剂界先驱对各种毒物加以离析和鉴别,奠定了毒物检验的基础。19 世纪中叶,法国神甫米尚和意大利犯罪学家兼法医学教授龙勃罗梭创立了笔相学。1879 年,法国人阿尔方斯·贝蒂隆创立了世界上第一次科学意义的鉴别人身的

[1] 《马克思恩格斯全集》(第 2 卷),人民出版社 1995 年版,第 416~417 页。

人体测量法。19 世纪末,以弗朗易斯·高尔顿、爱德华·亨利为代表的一批人创立了现代指纹鉴定方法。这些领域内技术方法不断的、大量的问世,为侦查学的诞生作了充分的理论上的准备。因为近现代科学在不断分化的同时,也有着不断聚合的趋势,侦查学的形成正是分支学科大量出现、各分支学科内容又相互交融的结果。

由上可见,近代资产阶级侦查学是为了适应资产阶级新的司法制度,尤其是刑事诉讼制度,在强化对以不可思议迅猛增长的犯罪的侦查这一社会需求下,在侦查与当时蓬勃发展的自然科学和技术科学相融合的过程中产生和形成的。侦查学的形成反映了社会历史要求,同时也是该学科内在发展的必然趋势。

三、侦查学的形成

(一)侦查学的创始人

国际公认,现代侦查学的创始人是奥地利的司法官汉斯·格罗斯(Hans Gross,1847～1915)。他于 1893 年出版的著作《司法检验官手册》(Handbuch Für Undersuchug scrithcer)标志着侦查学的诞生。1899 年,该书在印行第 3 版时,汉斯·格罗斯在书名后加设了一个副标题"侦查学体系"(System Für Kriminalistiks)。从此以后,世界各国的语言中便增加了一个新的词汇——侦查学或物证技术学。1898 年,汉斯·格罗斯创办了侦查学领域内的第一本专业杂志《犯罪学与侦查学档案》。1912 年,在格罗斯的不懈努力下,奥地利的格拉茨大学成立了世界上第一个侦查学研究所。由于汉斯·格罗斯在侦查学领域内的上述开拓性贡献,后人多称其为"现代侦查学之父"。

(二)侦查学创立的标志

汉斯·格罗斯 1847 年生于奥地利的格拉茨。在格拉茨大学法律专业毕业后,1869 年开始在上施泰尔工作区从事侦查工作,经过一段时间的侦查实践,他深深地感到,必须为侦查工作建立新的道德基础和科学技术基础,尤其是科学技术基础。他确信任何科学成果和技术方法都有助于侦查。汉斯·格罗斯经过了 20 年的苦心钻研,自学了化学、物理学、摄影技术、植物学、动物学、显微镜检验技术,终于写成了《一个侦查员的经验》一书。这部著作是侦查科学的第一部著作,于 1892 年正式出版。

1893 年,汉斯·格罗斯出版了体系更为完善、内容更为丰富的《司法检验官手册》。作为侦查科学诞生的标志物,《司法检验官手册》的出现一方面是汉斯·格罗斯侦查实践经验的总结,另一方面也得益于萌芽时期侦查科学先驱性人物在摄影技术、文书检验、指纹鉴定、枪弹检验、毒物检验、血痕检验等领域内已经取得的丰硕成果。

该书在理论体系上分为两部分:第一部分是犯罪现象,主要论述犯罪及其规律特点;第二部分为科学侦查的方法,包括侦查策略方法(Modus Operandi)和物证技术方法(Kriminalistiks)。在《司法检验官手册》中,汉斯·格罗斯集当时侦查科研成就和实践经验之大成,把侦查对策方法与法医学、毒物学、显微学、人体测量法、笔迹学、枪弹检验、司法化学等技术方法合为一体,并将之归结为“侦查学”。《司法检验官手册》后来也因此更名为《侦查学手册》(handbuch für kriminalistiks)。

汉斯·格罗斯在《司法检验官手册》中虽然主要论及的是侦查的技术方法,但也涉及了勘验和讯问等策略措施问题。如他在关于现场搜集物证的原则中写道:“在官方没有详细记录物体的特征及对物体进行拍照之前,千万不要改变物体的位置,不要提取物体,甚至不要触及任何物体。”汉斯·格罗斯确定的这一现场勘查规则一直被视为不可动摇的“黄金规则”。汉斯·格罗斯还十分重视审讯中证人的证词作用,他在书中写道:“被审视的人是骨架子,而证人的证词则是审讯时的血和肉。”

汉斯·格罗斯虽然吸收了侦查科学领域大量先驱性人物的技术方法,但他本人也创立了司法弹道学。在《司法检验官手册》中,他对发火武器的构造、运用和鉴别方法列了专篇,为侦查枪杀案件和检验枪弹痕迹奠定了基础。汉斯·格罗斯还十分重视化学方法在侦查中的运用,他在书中列举了部分案例来说明尘土对破案的作用,并提醒司法检验人员要注意搜集和研究被害人衣物和现场遗留物上的附着物。

当然,与任何科学一样,侦查学在形成阶段不仅体系上尚不完备,而且在内容上也有诸多片面和不科学之处。汉斯·格罗斯在《司法检验官手册》中就断言:“在侦查每一个犯罪行为时,侦查员都必须寻找妇女罪恶之手,因为一切犯罪行为都受到妇女幕后的影响。”他主张讯问时要根据被讯向人的面部表情来确定犯罪的倾向,如此等等。但是,尽管如此,《司法检验官手册》中所包含的现场勘查、讯问、笔迹学、司法弹道学、刑事化学、指纹鉴定、人体测量、刑事摄影等方面的内容依然可以构成现代侦查学体系的雏形。因此,虽然汉斯·格罗斯并不是第一个把科学分析方法用于侦查工作的人,他的学术观点中也有糟粕,但因他首先提出了侦查方法体系和物证技术体系,并且创制了“侦查学”这一学科术语，对侦查学的建立和发展有着不可磨灭的贡献。

第三节　侦查学的发展

侦查学诞生迄今仅有100年的历史，当属年青学科。但其内在的发展经历了一个相当艰难曲折的过程。侦查学发端于西方资本主义国家，由于它是指导同刑事犯罪作斗争的有效的方法论，因而很快得以向世界传播。然而，由于不同国家在特定的历史时期内所形成的不同的犯罪形态，更是由于这些国家政治、经济、文化背景的不同，使得侦查学的传播和发展不可避免地出现了差异，形成了不同的侦查学发展模式。

一、欧美侦查学的发展

欧美侦查学主要是指以美国为代表的资本主义国家的侦查学。虽然现代科学的侦查学的主要发源地是法国、英国、德国和奥地利，而且毒物学、指纹学、法医学等都是由欧洲人创立的，但是，整个欧洲大陆在侦查学领域的进步和发展由于受到两次世界大战的严重破坏，其领先的地位在20世纪以来逐渐削弱。而在美国，由于工业革命和科技发展的刺激，侦查科学得到了飞速发展，进而其在资本主义国家异常突起，成为侦查学前进的领路人。以美国为代表的欧美侦查学的发展成就主要表现在三个方面：

（一）侦查实验室的广泛建立

在西方国家，最先提出侦查机关应建立自然科学实验室，将自然科学家变成侦查学家思想的是瑞士人鲁道夫·阿奇巴德·赖斯。20世纪初期，他同瑞士瓦特州警察署和州政府密切合作，自费在洛桑建立了一个“警察科学研究所”，并设法使这个研究机构附属于洛桑大学。这一研究机构被国际学者公认为侦查学的首批研究机构。与此同时，法国的侦查学家埃德蒙斯·洛卡尔在里昂创建了欧洲第一个警方的侦查实验室。洛卡尔不仅在指纹学、笔迹学领域颇有建树，而且也是一位刑事化学家。他是欧洲也是世界上侦查实验室的创始人，很多新的实验方法都是由他首先采用的，他在里昂创办的实验室实际上是当时侦查学鉴定和教学实验的国际中心。此后，1935年在英国伦敦苏格兰场建立了英国第一个警察实验室即国家警察实验室。1938年10月，德国也建立了当时世界上规模最大、技术装备最好的中央警察技术研究所。

正当西欧各国的侦查实验机构不断开拓新的鉴定领域、探究新的鉴定方法的时候,第一次世界大战和第二次世界大战接踵而至,许多警察实验室成为战争废墟。而在大洋彼岸的美国由于受战争影响较小,在20世纪四五十年代,其侦查实验室得以迅猛发展。其中,成立于1932年11月24日的联邦调查局科学实验室在当时的联邦调查局局长丁·爱德加·胡佛的领导下,研究领域不断拓展,科学仪器不断更新,规模亦不断扩大。工业革命和科技发展带来的充足的资金来源,活跃的学术空气,使得联邦调查局科学技术实验室的法庭科学家们不仅在国内法庭科学界,而且在世界法庭科学界起着主导作用,产生了决定性影响。进入20世纪90年代后,该实验室已拥有了静电检测仪、中子活化分析仪、原子吸收分光光度仪、X射线感应荧光分析仪、配有X射线分析仪的扫描电子显微镜、傅利叶变换红外分光光度仪、X射线衍射仪、高效液相色谱分析仪、离子色谱分析仪、显微分光镜、质谱分析仪等精良的设备并投入使用。联邦调查局科学技术实验室的三个检验处,即文件处、科学处和特别项目处的对外服务项目已达到六十余项。

目前,西方各资本主义国家均已建立了独立的、具有相当规模和精良设备的侦查实验室或物证技术实验室。

（二）物证技术学科领域的不断拓展

在欧美国家,侦查学在很大程度上就是物证技术学。欧美学者给Criminalistics所下的定义就是"The sum of these Sciences insofar as they are applied to criminal detective"(运用于侦查领域的各门科学知识的总称),"Their utility is associated mainly with physical evidence"(其主要作用于物证方面)。因此,欧美的侦查学几乎涉足了物证技术的各个领域,不仅包括了我国传统侦查学中所涵盖的同一认定技术,而且也包括了法医学、法毒物学、法动物学、法植物学、法人类学、法工程学等众多的法庭科学领域。据法国《拉鲁斯大百科全书》第6卷第3476页载,法国的侦查学(Criminalistique)就包括了法医学、警察科学和警察技术三个部分。[1] 1950年,美国加利福尼亚刑事工作者协会也认为:"侦查学是把自然科学运用到法律科学上来指导物证的辨认、鉴定、区别和解释的专门学科

〔1〕 蔡晋主编:《刑事侦查与司法鉴定》,知识出版社1982年版,第33页。

和科学训练方法。”[1]

20世纪以来,物证技术学随着警察实验室和现代科技的迅猛发展而迅速繁荣起来,物证技术的研究领域也不断拓展。如人身识别同一认定领域,汉斯·格罗斯时代仅仅只局限于人体测量、指纹鉴定、笔迹鉴定等几个领域,而进入20世纪以后,这一领域的新兴学科已有足迹鉴定、牙齿鉴定、唇纹鉴定、声纹鉴定、眼纹鉴定、耳纹鉴定、DNA鉴定等。其他物证技术领域的发展也是如此,工具痕迹、油漆、玻璃、毒品、毒物、伪造文书等物质的检验技术更是日新月异,在侦查领域中的应用有着越来越广阔的前景。

(三)技术方法和策略方法的融合

人们一般认为,欧美侦查学家和物证技术学家比较注重科学技术方法在侦查中的应用问题,对一些侦查理论、策略、原则涉猎较少。但在进一步的考察后发现,欧美学者对侦查的理论和策略原则也作了许多有益的探索。美国物证技术学的先驱者保罗·柯克1953年在其著述《刑事侦查》中就用一整章的篇幅介绍了同一认定问题,在阐述了“同一”的概念及同一认定与种类认定的区别后,柯克指出了在同一认定中引入数学原理的重要性,认为要保证同一认定的科学性,应该使对客体特征的定性分析转化为定量分析,并且要为各种同一认定客体建立特征的基础数据库。

欧美的物证技术学的内容虽然主要局限于技术领域,但是一些侦查著述中依然要论述侦查中的策略原则和侦破方法。美国侦查学家卡尔斯·奥哈里和格列高里·奥哈里所著的《刑事侦查学基础》一书中虽然认为侦查只是一门艺术(Art),但在具体阐述这门“艺术”时,却包含了Information(侦查情报)、Interrogation(侦查讯问和询问)、Instrumentation(仪器操作分析)的所谓“三I”内容,其中有侦查措施、各类犯罪侦查方法、侦查员出庭作证等,全书的社会科学属性占据了主导地位。由此看来,欧美侦查学中已出现了技术策略化和策略技术化的双重趋势,技术和策略的融合在侦查学的未来发展中不可避免。

二、前苏联侦查学的发展

由于特定的历史原因,前苏联在20世纪中叶对东欧、朝鲜、中国、越南等社会主义国家的政治、经济、文化都产生了极大的影响。与此相适应,前苏联的侦

---

[1] 蔡晋主编:《刑事侦查与司法鉴定》,知识出版社1982年版,第21页。

查学也有着相当广泛的国际作用。与欧美技术科学型的侦查学相比较，前苏联侦查学的发展是另一番景致。

(一)前苏联侦查学内容的拓展

前苏联的侦查学是在1917年10月革命前的二三十年开始萌芽的，这一时期侦查学的主要成果表现在侦查技术领域，这与侦查学形成的一般规律一致。十月革命后，前苏联早期的一些侦查家们就侦查学的一般问题、刑事照相、指纹学、刑事登记等撰写了侦查学领域的第一批著作，初步确定了侦查学的地位。

直到20世纪30年代中晚期，前苏联才有了第一部高等院校通用的侦查学教材。在这部教材中，沙维多和温别尔格教授提出了侦查学结构的“二要素说”，即认为侦查学的内容包括“技术上的手段”和“策略上的手段”两个方面，侦查的策略方法成为侦查学体系的独立内容，从此，侦查的策略措施问题引起了越来越多的人的重视。在蓬勃发展的心理科学、逻辑科学、管理科学、军事科学等理论和方法的影响下，侦查策略方法不断得以规范化、科学化，并在侦查学中占据着越来越重要的地位，为侦查学性质的转化树起了第一座丰碑。

与此同时，随着侦查策略措施内容的出现，侦查技术和侦查策略措施在具体侦查情势下的组合，即具体犯罪的侦查方法问题也自然而然地引起了学者们的注意，并很快地在侦查学中找到了其独立的位置。20世纪50年代以后，前苏联侦查学已经成为一门“关于如何通过利用在专门科学和总结实践基础上研究制定的手段、措施和方法，对犯罪有组织有计划地侦查，按照诉讼法规有效地收集、检验物证以及预防犯罪的科学”。[1] 至此，前苏联侦查学的“三块结构体系”——手段、措施、方法，也就是侦查技术、侦查措施、侦破方法正式形成。

随着侦查学研究的不断拓宽，侦查学的学科属性也逐渐发生了变化。随着新的内容的不断注入，侦查学的社会科学属性越来越突出。侦查学技术也越来越多地处于为侦查措施和侦破方法服务的地位，以心理学、逻辑学、管理学、法学、军事学为理论依据的侦查方法问题变成了侦查学的核心，侦查学的社会科学属性大大超出了它的技术科学属性。随着侦查与法律日益紧密地结合，侦查主体、侦查客体、侦查的程序和方法越来越多地写进了法律范畴，尤其是侦查与刑法、刑事诉讼法密不可分的关系使得以侦查方法为研究对象的侦查更多地具有了法律属性，侦查学终于由一门单纯地为侦查服务的技术性应用学科过渡为刑

〔1〕《犯罪对策学专题报告》，司法科学鉴定研究所1958年版，第18页。

事法律学科。

（二）前苏联侦查学的理论研究、教材建设和人才培养

1. 理论研究。前苏联早期侦查学家在20世纪20年代就已经撰写出了侦查学领域的第一批著作。1938年，沙维尔教授首先论证了侦查学的对象和方法问题。他认为，侦查学不是一门狭窄的技术性学科，而是一门法律学科，它具有政治内容，并积极采用自然科学和技术科学的成就来达到侦查犯罪的目的，它运用的是辩证方法，所研究的手段科学、客观，符合法制原则和民主原则。

关于同一认定问题，早在1925年，亚基莫夫在《方法学上的一致性》一文中就比较详细地论述了同一认定理论中的一些基本问题，如同一认定的概念、特征和分类，同一认定的科学方法，同一认定的标准和划分的条件等。20世纪30年代波塔波夫首次系统研究和阐述了同一认定理论的科学基础和基本方法。

1937年，前苏联第一部《司法弹道学》问世，该书作者切尔瓦柯夫教授在1953年又出版了《司法弹道学概述》，书中系统论述了枪弹痕迹鉴定的原理。

1938年，波塔波夫第一次将"笔迹学"列为专章写进了通用的侦查学教材。1940年，他的《科学的笔迹学》一文从原则上奠定了笔迹鉴定的新原理。1940年，温别尔格写完了《笔迹的司法鉴定》一书，提出了新的笔迹特征分类和检验的方法。此后，许多专家、学者陆续论证了笔迹形成的生理学基础、笔迹与高级神经之间的关系以及与此相关的一些问题，如左手笔迹的检验、数字笔迹的检验、书面语言特征检验、签名字迹检验、铅字图样拼成的文书检验及变化笔迹的检验。

1947年，雪甫琴科的《现代痕迹学的科学基础》一书面世，书中论述了痕迹鉴定的基本原理。与痕迹检验有关，巴里塔扎尔提出了从质量上和数量上判断分析特征符合点和差异点的理论，柯勒马阔夫的《人身同一认定的实质和任务》一文解决了人身同一认定的理论原理。

进入20世纪60年代以后，前苏联侦查学界又开始研究控制论等新的理论和方法在侦查中的运用问题。1964年出版了《概率论和数理统计法》以及《搜集与检验证据的数学方法》等。与此同时，在侦查学的策略措施和侦破方法的研究中广泛地引入了逻辑学、心理学、管理学等科学的最新研究成果和方法。

2. 教材建设。前苏联第一部侦查学教材于1925年出版。1935年至1938

年,前苏联出版了第一部高等院校通用的侦查学教科书计两卷,上册为《侦查技术和策略》,下册为《各类犯罪侦查方法》,该书由当时的苏联总检察长维辛斯基主编,许多著名学者如戈隆斯基、波塔波夫、格罗莫夫、亚基莫夫等参加了该书的编撰工作。该书的出版是前苏联侦查学发展史上的一座丰碑,它为"培养从事实际工作和科学研究工作干部之用的理论水平更高的苏维埃侦查学教科书的不断出版奠定了基础"。[1] 此后,前苏联教科书和专著不断出现,较有影响的有1951年捷尔基耶夫的"侦查学",1963年米切特列夫萨拉莫夫的"侦查学",1968年别尔金、朱衣可夫的"侦查学",1980年瓦西利耶夫的"侦查学"和1985年潘捷列耶夫、谢里马诺夫的"侦查学"。他们中的相当部分已被以"犯罪对策学"或"犯罪侦查学"为名翻译介绍至中国。

3. 人才培养。1938年前,前苏联尚无一位侦查学方面的法学博士或副博士。前苏第一批侦查方面的法学博士产生于20世纪30年代末,其中有波塔波夫、亚基莫夫、温别尔格、米特切列夫、戈隆斯基、捷尔基耶夫等,他们后来都成了侦查学教授,并在各自的研究领域中成了开拓性的风云人物。此后,苏联每年都有许多人通过侦查学方面的法学博士或副博士的论文答辩。

与科学研究和人才培养相适应,前苏检察院、内务部、司法部、各加盟共和国、各法学院、民警学院等都设立了侦查学科学研究机构。

三、新中国侦查学的发展

中国是世界侦查制度和方法的发源地,古人在侦查领域所取得的举世瞩目的成就是中华民族古代灿烂文化的重要组成部分。但是,由于近代半殖民地半封建社会的专制和腐败,科技革命和司法革新未能出现在中国,以致侦查科学未能从中华沃土上滋生出来。新中国成立后,侦查学逐渐得以确立并在新的历史时期迅速发展。

(一)新中国侦查学的萌芽时期(1948~1953)

这一时期,我国召开了数次公安工作会议和侦查工作会议,规定了一系列侦查专门工作,为建立具有中国特色的侦查工作奠定了基础,也为侦查专业教学和科学研究提供了必要的政策和理论依据。

与此同时,开始了侦查工作教材的编写。这些侦查教材的编写,一方面系统地总结了解放区侦查工作的经验,另一方面在坚持人民民主专政的前提下又批

---

〔1〕[苏]瓦西利耶主编:《犯罪侦查学》,原因译,群众出版社1985年版,第18页。

判地借鉴了国外和国民党的某些侦查手段和方法，如华北军区政治部保卫部1948年8月编印的《侦查工作技术参考资料》就参考了日本《犯罪搜查学》和国民党时期编写的《侦探学》中有关盯梢、坐探、抓捕、摄影、信检、犯罪隐语等方面的内容。

由于当时特定历史条件的限制，侦查工作与治安管理、政治保卫等工作合为一体，尚无独立的体制。因此，侦查教材的内容也带有一定的依附性，无独立的学科体系而言，或者说，形成的是一个“大侦查学”体系。这与近代资产阶级侦查学形成时的体系特征是一致的。

（二）新中国侦查学的创建时期（1953～1965）

我国侦查学创建时期有两个基本特征：一是系统地总结了新民主主义革命时期和新中国成立初期侦查工作的经验，形成了具有独立体系和内容的侦查工作教材。1953年至1954年，中央人民公安学院和各地中央人民公安学院分院相继建立，并组建了侦查教研机构，开设了侦查课程，编写了多种侦查专业教材和参考资料。在这些教材和参考资料中，较为系统地总结了新民主主义革命和新中国成立初期侦查工作的基本经验，阐述了包括专案侦查、秘密侦查力量建设、犯罪活动的调查研究、特种行业控制和侦查技术建设等侦查专业工作。随着具有独立体系和内容的侦查工作教材的不断出现，侦查学的教学和研究亦开始兴起。1953年12月，中央人民公安学院编写了一部《刑事侦查工作讲义》，内容涉及现场勘查、调查、逮捕等方面的内容，该教材构成了此后此类教材编写的基础。1963年3月，西南政法学院刑侦教研室集体编写的《刑事侦察学教学提纲》被正式采用于该院法律专业本科教学，该教材共5篇27章，近20万字，是国内首次采用“刑事侦察学”这一术语的教材，在一定程度上标志着我国侦查学的学科建设进入了一个新的阶段。

创建时期我国侦查学的第二个基本特征是学习前苏联侦查工作的基本经验，借鉴前苏联的“犯罪对策学”。由于特定的历史原因，在20世纪50年代初期，前苏联作为法学分支学科之一的犯罪对策学被我国全面引进和采用。公安部、中央人民公安学院、司法部司法科学鉴定科学研究所和一些政法院系先后聘请了前苏联的犯罪对策学专家讲学，在此过程中翻译了一些前苏联的侦查学教材和前苏联专家的讲稿，如1956年由公安部办公厅编译处翻译的前苏联侦查业务教材《秘密调查》，提供了秘密侦查手段和侦查控制工作方面的宝贵经验。1957年8月，由中国人民大学法律系翻译的柯尔金的讲稿“犯罪对策学”是一本比较成熟的犯罪对策学。应该说,这些举措对我国侦查工作的发展和侦查科学的创建起过一定的作用。

总之,这一时期的侦查学通过总结我国侦查工作的历史经验,为我国侦查工作的方针、原则的确立和侦查基础工作与专业工作的建设奠定了理论依据。同时,通过学习前苏联侦查工作经验,借鉴其犯罪对策学,进一步丰富了我国侦查学的内容,使我国侦查学在创建阶段就处在一个较高的起点。

(三)新中国侦查学的停滞时期(1966～1976)

从1966年到1976年长达10年的时间里,我国的侦查工作遭到了严重破坏,侦查的一些基础工作和专业工作被取消,专门工作被群众工作所替代,公安民警政法院校陆续停办,侦查学教学和科研工作基本停止。与此相适应,侦查科学的发展呈空白状态,侦查学既无内容,也无形式。

(四)新中国侦查学发展的新时期(1976～)

侦查学在总结和研究新的历史时期的犯罪活动规律特点和侦查对策方法的过程中逐步走向成熟和完善。发展时期的侦查学有以下基本特点:

1. 确立了具有中国特色的社会主义侦查学的发展方向。新的历史时期的我国侦查学研究在古为今用、洋为中用、理论与实践相结合的原则的指导下,始终坚持了具有自己特色的社会主义方向。如确立了以马列主义、毛泽东思想、邓小平理论为指导思想和唯物辩证法为研究原则的理论基础,建立了阐明和指导我国实践的基础理论;全面、客观地反映我国侦查理论和侦查实践发展的演变的科学史;用历史的、科学的、法制的观点研究我国古代和现代侦查策略,建立了社会主义条件下的侦查策略理论体系;针对现代犯罪规律特点,建立适合我国国情的案件侦查理论和方法;根据我国管理体制改革模式的特点研究我国侦查管理的理论和方法,如此等等。这些方向性的指导原则,对引导我国侦查学的发展起到重要作用。

2. 建立了侦查学的理论基础。理论基础是阐明该门科学主要内容的基本原理和基本方法的理论体系,是该门学科赖以存在和发展的前提。我国侦查学的理论基础问题,学术界经过较长时间的研究和讨论,虽未完全求得认识上的统一,但比较一致的观点是:我国侦查学的理论基础是认识论、同一认定理论及信息论、控制论和系统论。其中,认识论是侦查学第一层次的理论基础,贯穿于侦查活动的始终,包括犯罪案件可知性理论、案件侦查认识活动特殊性理论、侦查主体的思维模式理论、侦查决策的类型和步骤的理论等。同一认定理论是认识论在侦查活动中的具体化，是一个认识方法体系。就认识过程而言，侦查过程是一个同一认定过程。信息论、控制论、系统论仍属于认识的方法论体系。侦查活动是一个以信息为基础并由侦查主体加以控制的系统工程。

3. 建立了比较严密的学科体系和比较完善的学科群体。我国侦查学体系经历了不断发展、充实和完善的过程。20 世纪 50 年代的侦查学体系由侦查技术和侦查措施构成，称为“两块论”体系。20 世纪 60 年代发展为侦查技术、侦查措施、侦破方法三部分，称为“三块论”体系。20 世纪 80 年代以后，许多学者认为由于新学科的分离，侦查技术不宜作为侦查学的构成体系，侦查原理和侦查策略在侦查中居于核心地位，应成为侦查学体系的重要组成部分，因此，认为侦查原理、侦查措施和策略、侦查方法构成当代侦查学的体系，故有“新三块论”之称。本教材中依从侦查学各结构要素之间的逻辑关系，提出了侦查学体系由总论和分论两部分构成的设想。在侦查学体系不断发展的同时，随着我国侦查实践经验的丰富，侦查理论和教育的迅速发展，为了适应各方面的需要，侦查学分支学科纷纷创立，如侦查语言学、侦查情报学、侦查心理学、侦查逻辑学、侦查管理学等。侦查学由单一学科发展成为以案件侦查为主体的十几个分支学科的学科群，拓宽了侦查学的研究领域。

4. 侦查理论研究的重点围绕侦查实践，并用研究成果指导侦查活动。20 世纪 80 年代以来，侦查理论工作者和实际工作者都很重视研究工作，学术空气活跃，他们以研究侦查实践中亟待解决的突出问题为重点，取得了突破性的成果，并用以推动侦查工作的深入发展。如通过对刑事犯罪活动规律特点的研究，为制定侦查工作的总体部署、战略决策、侦查破案组织形式和社会治安综合治理提供了依据；将刑事案件的侦查步骤统一为侦查的提起、侦查的实施和侦查的终结三个阶段，使其与刑事诉讼法规定的程序保持一致；根据现代犯罪特点，将刑事案件的侦查过程分别确定了“从事到人”和“从人到事”两种，根据不同的犯罪手法特点具体选择，改变了传统的侦查模式，从而推动了侦查措施和侦查方法的变革；职务犯罪侦查和经济犯罪侦查是我国侦查学的新领域，通过研究已经建立了各自的侦查理论体系，从而充实和丰富了各类案件侦查的方法，充实和完善了各种侦查措施的研究。

图书在版编目(CIP)数据

侦查学原理 / 任惠华主编. -- 北京:法律出版社,
2012.2(2022.7 重印)
ISBN 978 -7 -5118 -3085 -2

Ⅰ.①侦… Ⅱ.①任… Ⅲ.①刑事侦察学-高等学校
-教材 Ⅳ.①D918

中国版本图书馆 CIP 数据核字(2012)第 013592 号

侦查学原理
ZHENCHAXUE YUANLI

任惠华 主编

策划编辑 徐 蕊
责任编辑 徐 蕊
装帧设计 凌点工作室

出版发行 法律出版社
编辑统筹 法律教育出版分社
责任校对 郑怡萍
责任印制 刘晓伟
经 销 新华书店

开本 720 毫米×960 毫米 1/16
印张 19 字数 309 千
版本 2012 年 2 月第 1 版
印次 2022 年 7 月第 8 次印刷
印刷 天津嘉恒印务有限公司

地址:北京市丰台区莲花池西里 7 号(100073)
网址:www.lawpress.com.cn
投稿邮箱:info@lawpress.com.cn
举报盗版邮箱:jbwq@lawpress.com.cn

销售电话:010-83938349
客服电话:010-83938350
咨询电话:010-63939796

书号:ISBN 978-7-5118-3085-2
定价:39.00 元